KB115733

내로
남불
의
시간

내로남불의 시간

발행일   2022년 2월 25일

지은이   내기타
펴낸이   내기타
펴낸곳   인라이트
출판등록   2022. 1. 11.(제2022-000001호)

홈페이지   https://url.kr/gv6wjx
이메일   myguitar0309@gmail.com

ISBN   979-11-978056-0-8 03340 (종이책)

내로남불의 시간

침몰하는 내로남불호

내기타 지음

평범한 가정주부가 낱낱이 뜯어본
지금 여기, 대한민국의 정치판

인라이트

목   차

제3부 침몰이 시작되다

제4부 최후의 발악

프롤로그

저는 매일 아침 신문을 받아 틈틈이 읽고 있습니다. 출퇴근 길 종이 신문을 읽고 있는 저를 의아하게 쳐다보는 분들도 있고, 종이 신문을 팔 사이에 끼고 출근하는 모습을 보는 직장 동료들은 "요즘도 신문 보는 사람이 있네."라는 말을 건네기도 합니다.

그 세월이 어언 10년이 훌쩍 넘었습니다. 신문을 읽으면서 필사筆寫하는 습관이 생겼고, 그 과정에서 자연스럽게 사회가 어떻게 돌아가는지 생각할 수 있는 시간이 많았습니다.

2019년 여름, 대한민국을 논쟁의 도가니로 몰아넣은 '조국 사태'를 기억하실 겁니다. 저는 그 당시 지식인들과 정치인들이 내뱉은 말을 생각해 보았습니다. 과연 저들이 말하는 진실은 무엇일까? 그들이 말했던 공정과 정의에 부합하는 행동을 하고 있는지 따져 보기 시작했습니다. 결론은 '내로남불'이었습니다. 정의와 공정을 말하지만, 행동은 반대였습니다.

"기회는 평등하고 과정은 공정하며, 결과는 정의로운 대한민국을 만들자. 한 번도 경험해 보지 못한 대한민국을 보여 주겠다."라던 대통령 취임식 연설. 우리 모두가 기억하고 있습니다. 촛불 혁명 정신을 계승했지만, 그 정신은 간데 없고 촛불잔치로 퇴색되는 이 시점이 아쉽기만 합니다. 혁명은 시스템과 사람이 바뀌어야 진정한 혁명이라 말할 수 있습니다. 자칭 '촛불 혁명'은 시스템은 그대로, 사람은 더 불공정하고 파렴치한 사람으로 바뀐 것에 불과했습니다. '촛불 잔치'라고 생각하는 이유가 여기에 있습니다.

2020년 전국 대학교수 906명을 대상으로 설문 조사한 결과 올해의 사자성어로 '아시타비我是他非'를 꼽았습니다. '아시타비'는 '내로남불'을 한자로 바꾼 신조어입니다. '내로남불'은 '내가 하면 로맨스, 남이 하면 불륜'의 줄임말로, 똑같은 상황이라도 '나는 옳고 남은 틀렸다'는 뜻입니다. 2019년 시작된 조국 사태의 여파가 다음 해인 2020년까지 이어졌으니, 얼마나 사람들의 관심을 받았는지 짐작할 수 있습니다. 조국을 비롯해 조국 가족을 옹호하는 정치인들이 얼마나 뻔뻔한 행동을 많이 했는가에 대한 방증이라고도 할 수 있겠죠.

이 글을 쓰고 있는 지금 뉴스 속보가 하나 떴습니다. 공정과 정의의 아이콘 김경수 경남도지사의 공직선거법 위반 혐의가 대법원에서 확정되었다는 뉴스입니다. 드루킹과 공모해 대통령 선거 관련 인터넷 뉴스 기사의 댓글을 조작한 죄가 인정된 것입니다. 댓글 조작의 최대 수혜자인 문재인 대통령을 비롯한 여권 인사들이 사과할까요? 결론은 뻔하겠죠? 2011년 국정원 댓글 사건과 드루킹 사건을 비교했을 때 2011년 사건은 사건 축에도 끼지 못할 만큼, 2017년 김경수와 드루킹 일당의 범죄는 조직적이었습니다. 댓글 조작 횟수는 상상을 초월할 정도로 어마어마했습니다. 자세한 내막은 뒤에서 설명하도록 하겠습니다.

혹시 알고 계십니까? 중동 및 아프리카의 독재자 카다피, 무가베 등은 한때 민주화 투사였다는 사실. 민주화를 위해 싸웠던 인간들이라고 하기에는 너무나 다른 삶을 살다가 국민들에게 쫓겨났습니다. 사치와 향락, 부정 축재와 부패, 언론 탄압 등의 대명사가 되어 버린 과거 민주화 투사들입니다. 놀랍고 충격적이지 않습니까? 이런 아이러니한 상황이 우리에게 다가오는 듯합니다. 다수의 힘을 악용해 자기네들과 생각이 다르면 처벌하는 역사왜곡방지법이 통과되는 순간을 우리는 목격했습니다. 민주화 투사 훈장을 자손만대 물려주려는 시도는 실패하긴 했지만, 저들만의 공화국을 만들려는 만행을 우리는 봤습니다. 잠시 망설여집니다. '이 글을 쓰고 잡혀가면 어쩌지'하는 생각을 잠시 하게 됩니다.

가짜 뉴스와 역사 왜곡은 대한민국을 둘로 갈라놨습니다. 친정권 광신도 집단들이 생산하는 가짜 뉴스는 SNS를 통해 재생산되면서 믿음이 되고, 더 나아가 종교적 광기로 표출되어 사회를 분열시키고 있습니다. 근거 없는 역사 왜곡으로 「죽창가」를 외치며 반일 감정을 부추기면서, 역사 이래 5,000년 동안 우리를 괴롭힌 중국에게는 아무 말 못 하는 개탄스러운 현실에 우리는 직면해 있습니다. 잘못된 정보가 왜곡되어 생산되고 SNS를 통해 재생산되어 진실·믿음으로 굳어져 결국 종교화되지 않도록 서둘러야 합니다. 어린 학생들은 일본이 조선 식민 지배에 대한 사과를 한 번도 하지 않았다고 믿고 있습니다. 또 강제징용을 다녀온 노동자 할아버지 할머니들이 보상을 전혀 받지 못했다고 믿고 있습니다. 둘 다 사실이 아닙니다. 그러나 우리는 그렇게 배워 왔고 세뇌되었습니다. 제대로 알아야 합니다. 확증 편향의 사고는 팩트 앞에서도 굴하지 않고 굳건하게, 궤변으로 왜곡을 감추고 있습니다.

이 책에서는 키워드인 '내로남불'을 여러 분야로 나누어 서술했습니다. 정치, 인사, 입시, 반일 선동, 대중 사대외교, 대북 굴종 외교, 부동산, 탈원전에서 일어나는 내로남불뿐만 아니라 정책 실정에 대해서도 썼습니다. 뉴스 기사를 참고해 내로남불 행태의 잘못을 꼬집었고 댓글을 인용해 민심이 어떠한지 썼습니다. 제가 인용한 댓글의 원작자분들께 이 책을 빌어 양해의 말씀 올립니다. 비판에서 양념과 같은 역할을 하는 욕설과 비속어는 싣지 못해 죄송합니다.

내로남불에 최적화된 정치인과 지식인들은 국민들 앞에서는 공정과 정의감 넘치는 말, 예쁘고 옳은 말로 국민들의 호감을 삽니다. 반칙과 특권으로 세상을 살아가는 사람들을 따끔하게 혼내자며, 어렵고 힘들게 살아가는 국민들의 허탈감을 감언이설로 위로해 줍니다. 하지만 정권을 잡고 나선 변합니다. 알고 보니 더 무서운 사람들이었습니다. 조지 오웰의 작품 『동물농장』에 나오는 '나폴레옹'처럼 말이죠. 표창장을 위조해 자식을 좋은 대학에 입학시키고, 자기 자식들은 특목고·외고·자사고에 진학시키고, 다른 집 자식들은 갈 수 없도록 만들어 버렸습니다. 어떤 국회의원은 부동산 가격 폭등으로 신음하는 국민을 위한다고 하며 부동산 전·월세 상승을 제한하자는 입법을 하고서는 자기 집 전·월세금은 법안이 통과되기 전에 올려 버렸습니다. 이 사람들 눈에는 국민들이 뭘로 보이는 걸까요?

저 사람들이 우리 국민을 개돼지 취급하지 않도록 우리가 변하면 됩니다. 이중 잣대('고무줄 잣대'라고도 함)로 세상을 평가하고 자신들에게 유리한 제도를 만드는 사람들. 이제는 우리가 몰아내야 합니다. 이런 사람들의 민낯을 알리고 다시는 정치판에 발붙이지 못하도록 해야 합니다. 이런 정치인들에게 기웃거리며 콩고물을 바라는 지식인·연예인들도 사라져야 합니다. 우리가 냉철하게 심판해야 정치가 바뀌고, 우리의 삶이 행복해집니다.

저는 전문적으로 글을 쓰는 작가가 아닙니다. 글을 잘 못 씁니다. 글쓰기 실력을 키우기 위해 신문 베껴 쓰기를 시작했고, 이제 걸음마 단계에 불과한 초보 글쟁이입니다. 이 책은 청소년부터 어른까지 남녀노소 구분 없이 읽었으면 하는 바람으로 썼습니다. 그래서 간결하고 쉬운 문장으로 쓰려고 노력했습니다. 혹시 부족한 부분이 있다면 질타해 주십시오. 후속 출간에 반영하도록 하겠습니다. 제 주장의 근거이자 독자 여러분의 이해를 돕기 위한 신문 기사, 도표, 사진, 그림은 저작권 관련 문제로 인해 QR 코드 링크로 대신했습니다. 스마트폰을 옆에 두시고, QR 코드를 촬영해 근거 자료를 확인하시기 바랍니다. 오류가 있다면 수정하겠습니다.

아침 라디오 방송에 출연한 어떤 대학 교수가 이런 말을 했습니다. "나도 한때 그 사람들을 지지하고, 대한민국의 변화에 많은 기대를 걸었고 응원했던 사람이다. 그런데 이제는 그런 마음이 전부 사라졌다. 그 사람들의 내로남불을 정리해서 책을 써 보려고 했는데 너무 많아서 포기했다."저도 마찬가지였습니다. 열렬히 응원했습니다. 그러나 큰 기대는 실망으로 돌아왔습니다. 다시는 국민의 기대를 저버리는 정치인들이 등장하지 않았으면 하는 바람으로 이 책을 썼습니다. 책을 쓰기 위해 자료를 수집하고 검증하다 보니 그 교수님의 말씀에 공감이 가더군요. 한도 끝도 없습니다.

이 책은 이번 한 번 출간으로 끝나지 않습니다(마지막 출간이길 바라지만 될 수 있을지…). 우리는 감시자가 되어야 합니다. 내로남불, 이중 잣대를 비판할 줄 알고, 가짜 뉴스를 선별할 수 있는 '찐시민'이 됩시다. 독자들의 제보와 신고를 기다리겠습니다. 책 뒤편에 신고·제보 QR 코드를 만들어 놓겠습니다. 언제든지 신고하고 제보해 주십시오. 검증을 거쳐 글로 싣도록 하겠습니다. 끊임없이 추가해 후속편에 삽입하도록 할 예정입니다. 진정한 공정과 정의가 바로 설수 있도록 쉬지 않고 감시하겠습니다. 레이더망에 걸려들면 바로 책으로 박제하겠습니다. 필명을 '내기타(내로남불 기동 타격대)'로 지은 이유입니다. 후속작은 여야를 가리지 않을 예정입니다.

자유시장경제체제와 자유민주주의를 사랑하고 아끼는 대한민국 국민들께 이 책을 바칩니다.

2021년 7월 21일 18시 18분
부산대학교 근처 미용실에서

제1부

내로남불호
암초를 만나다

박근혜 정권의 실정으로 정권을 얻게 된 내로남불호,

60%에 가까운 지지를 얻으며 순항하다가 암초를 만난다

'조국 암초'

제1장

월드 스타
내로남불

정부 기관과 외신으로부터
인증받은 내로남불

'내로남불'이 더불어민주당을 연상시킨다고 대한민국 정부 기관인 중앙선거관리위원회가 인증했습니다. 해외 언론까지 'Naeronambul'을 문재인 정권의 트레이드 마크로 인정했습니다. 내막을 살펴보겠습니다.

국민의힘 측은 2021년 4월 5일 과천의 중앙선거관리위원회 청사를 항의 방문했습니다. 2021년 4·7 재보궐선거에서 중앙선거관리위원회는 '내로남불'등의 표현을 국민의힘 투표 독려 현수막에 사용하지 못하도록 결정했기 때문입니다. 국민의힘 측은 이러한 결정에 대해 "'내로남불', '위선', '무능', 이것이 특정 정당을 떠올리게 한다는 이유로 불가 판정을 내렸는데 결국 이것이 민주당을 떠올리게 해서 이런 결정을 내리신 거냐. 결국 선관위도 민주당이 내로남불, 위선, 무능이라는 것을 인정하는 것이냐"물었고, 이에 선관위 측은 "네, 그것은 저희뿐만이 아니고 국민이면 누구나 대다수가 특정 정당을 쉽게 유추할 수 있는 것"이라고 답변했습니다. 국가 공식 기관이 더불어민주당을 '내로남불 정당'으로 인정했다는 점에서 헛웃음이 나옵니다.

이뿐만 아니라 택시 랩핑 선거 홍보물에 민주당 당색인 파란색을 사용한 사례, 친여 성향의 김어준이 진행하는 교통방송의 '#1(일)합시다'캠페인에 대해서는 허용 방침을 결정해 선거 중립성 시비를 불러왔습니다. 또 여성 단체로 구성된 서울시장위력성폭력사건공동행동이 '서울시장 보궐선거 왜 하죠?'라는 캠페인을 시작했으나 선관위는 불허했습니다. 독자 여러분은 선거 국면에서 '1', '파란색'하면 어느 정당이 떠오릅니까? 고무줄 잣대도 이런 고무줄 잣대가 없습니다. 여당(더불어민주당)은 되고, 야당(국민의힘)은 불허한답니다.

중앙선거관리위원회 위원 아홉 명 가운데 일곱 명이 문재인 대통령과 김명수 대법원장, 더불어민주당이 임명한 인사입니다. 최근 사퇴하긴 했으나 4·7 재보궐선거에서 활동한 조해주 위원은 문재인 대선 캠프 특보 출신입니다. 선수 친구들이 심판을 보는 상황이라 해도 과언이 아닙니다. 더 이상 가타부타 말하지 않겠습니다. 2022년 대선에서 어떤 상황이 벌어질지 기대됩니다.

2021년 4월 7일 자 『뉴욕타임스』에는 'Naeronambul'이라는 단어가 등장했습니다. 한국의 4·7 재보궐선거에서 더불어민주당이 참패한 원인을, '조국 사태'를 출발점으로 한 불공정과 위선이라고 본 것입니다. 『뉴욕타임스』는 「선거 참패는 한국 정치 상황의 변화를 알린다」라는 제목의 기사에서 "문재인 한국 대통령의 더불어민주당은 서울과 부산에서 열린 시장 선거에서 보수 야당인 국민의힘에 패배했다."라고 보도했습니다. 여당의 패배 원인으로 성추문, 외교 실패, 조국 사태, LH 땅 투기 의혹 등을 꼽았습니다. 특히 "조국 사태에서 특권 없는 세상을 만들겠다던 대선 공약이 무색하게 됐다."라고 지적했습니다.[1]

---

1) Choe SangHun, 「Election Rout Signals a Shift in South Korea's Political Scene」, The New York Times, 2021. 4. 7., https://www.nytimes.com/2021/04/07/world/asia/koreamayorelectionmoon-ohsehoon.html?smid=urlshare, 2022. 1. 18.

중앙선거관리위원회는 '내로남불'이 특정 정당을 연상시킨다며 사용을 금지 시켰습니다. 그런데 한국에서 금기시되던 단어가 세계 언론에서 주목받고 인정받았습니다. 한때 싸이의 「강남스타일」 덕분에 '오빠oppa'와 '강남gangnam' 이라는 단어가 해외에 알려진 적이 있습니다. 더불어민주당과 문재인 정부 사람들은 우리말을 세계화시키는 데 일조하신 분들입니다. '불고기bulgogi', '김치 kimchi'등과 같은 반열에 오른 '내로남불'의 외신 입성을 축하합니다. 한 번도 경험해 보지 못한 일들의 연속입니다.

제2장

내로남불의
대명사 조국

내로남불의 백미白眉 조로남불

앞에서 워밍업 좀 하셨습니까? 지금부턴 내로남불 인명사전에서 빠질 수 없는 조국의 내로남불, 일명 '조로남불'에 대해 말씀드리려 합니다. 내용이 너무 많아서 혹시 독자 여러분들이 읽다가 식상하다고 느낄까 봐 대표적인 것들만 언급하고 넘어가겠습니다. 아래 내용은 2013년, 조국이 본인과 생각을 달리하는 사람들에게 전하는 글입니다. 조국 님의 말씀대로 출판해 드리겠습니다.

조국(@patriamea):
"(…) 극우몰상식파들, 너희가 뱉어놓은 말과 글 다 모아서 출판하길 권유한다. (…)"

2013년 5월 24일 오전 9:37

1. 윤석열, 과거엔 형님, 지금은 적폐

조국은 2012년 국정원 댓글 사건 관련 채동욱 검찰총장과 윤석열 검사를 옹호하는 글을 트위터에 올렸습니다. 2013년 4월부터 국정원 댓글 사건을 맡아 박근혜 정권과 대립했던 윤석열이 직무에서 배제되자 올린 글입니다. 이랬던 조국은 2020년 자신이 몸담고 있던 정권에 윤석열 검찰총장이 칼을 겨누자 유구무언이 됐습니다. "울산 사건 및 조국 전 장관 관련 사건 등 주요 사건 재판부 판사들에 대한 불법사찰 책임이 있다"라는 추미애 장관의 발표문을 공유할 뿐이었습니다.

조국(@patriamea):
"(…) 윤석열 찍어 내기로 청와대와 법무장관의 의중은 명백히 드러났다.
(…) 무엇을 겁내는지 새삼 알겠구나!"

2013년 10월 18일 오후 8:53

조국(@patriamea):
"윤석열 형(저와 동기이죠), (…) 징계라도 무효입니다. 굴하지 않고 검찰을 지켜 주세요. (…)"

2013년 11월 9일 오후 9:06

2. 장학금 기준 내로남불

2012년 4월 자신의 트위터에 "장학금 지급 기준을 학생의 경제 상태 중심으로 옮겨야 한다."라고 했습니다. 가정 형편이 어려운 학생이 장학금을 수령하는 구조로 변해야 한다는 취지의 글입니다. 가정 형편이 어려워 아르바이트를 해서 학비와 용돈을 조달하는 학생들이 들으면 환호할 말입니다. 박수 치고 환영할 만한 발언입니다. 천사도 이런 천사가 어디 있겠습니까. 천사 조국입니다. 그러나 조국의 딸 조민은 부산대학교 의학전문대학원에 재학하면서 낙제를 두 번이나 했음에도 장학금을 3년 동안이나 받았습니다.

조국은 공직자 재산신고에서 56억이라고 신고한 바 있습니다. 조민이 받았던 장학금은 조 씨의 지도 교수인 노환중 교수의 개인 장학회에서 지급하는 장학금이라 논란거리가 될 수 없다는 견해도 있습니다. 하지만 56억의 재산을 갖고 있는 조국 일가가 이런 장학금을 받는 것이 조국 자신의 발언으로 비추어 봤을 때 적절한지 생각해 봐야 할 문제입니다. 2017년 조민은 카카오톡 대화방에서 "소천장학금 제가 받을 건데 다른 사람에게 말하지 말라"하고 어머니 정경심 교수에게 알렸고, 정 교수는 "절대 모르는 척하라"하고 답했습니다. 장학금에 촉각을 곤두세우는 이유는 다음과 같습니다.

2019년 6월 조국 사태가 터지기 직전 노환중 교수는 부산의료원 원장으로 영전합니다. 노 교수는 문재인 대통령의 주치의도 겸임합니다. 조국은 당시 청와대 민정 수석이었습니다.

조국(@patriamea):
"장학금 지급 기준을 (…) 경제 상태 중심으로 옮겨야
한다. (…)"

2012년 4월 15일 오후 11:28

3. 법무부 장관 사퇴 없이 수사받겠다는 조국

2019년 조국은 법무부 장관 청문절차에서 많은 결격사유가 있었습니다. 그럼에도 불구하고 사퇴하지 않고 결국 법무부 장관 자리에 올랐습니다. 그런데 그는 과거 조윤선 문체부 장관이 '문화계 블랙리스트'사건에 연루되어 수사를 받게 되자 다음과 같은 말을 트위터에 남깁니다. "도대체 조윤선은 무슨 낯으로 장관직을 유지하면서 수사를 받는 것인가."라며 "우병우도 민정 수석 자리에서 내려와 수사를 받았다."라고 했습니다. 조윤선 장관이 자택과 사무실을 압수 수색 당하자 "조선 시대 언관言官에게 탄핵당한 관리는 사실 여부를 떠나 사직해야 했고, 무고함이 밝혀진 후 복직했다."라고 했습니다. 그런데 정작 조국 본인은 셀 수 없이 많은 범죄 혐의를 받고 있음에도, 말도 안 되는 변명과 모르쇠로 법무부 장관직을 지켰습니다. 범죄 백화점이 범죄 구멍가게를 비난하니 기가 찹니다.

조국(@patriamea):
"(⋯) 탄핵당한 관리는 사실 여부를 떠나 사직해야 했고,
무고함이 밝혀진 후 복직(⋯)"

2015년 4월 12일 오후 8:43

조국(@patriamea):
"(⋯) 무슨 낯으로 장관직을 유지하면서 수사를 받는
것인가? (⋯)"

2017년 1월 11일 오후 7:59

자신에게 닥칠 일을 미리 예견이라도 한 듯합니다. 검찰 수사를 받으면서 장관 자리에 오를 것을 어떻게 정확하게 예측했는지 신기할 따름입니다. 4년 뒤의 일을 예측할 수 있는 조국. 과거의 조국이 미래의 자신의 처지를 미리 알고 꾸짖는 선견지명. '조스트라다무스'라 칭합니다.

4. 고등학생이 논문의 제1저자, 조국 딸은 천재

조국은 "학인과 그렇지 않은 사람의 논문 수준은 다르다. 그러나 후자의 경우도 논문의 기본은 갖추어야 한다."라고 트위터에 게시했습니다. 아무리 허접한 논문이라도 갖춰야 할 기본 조건이 있다는 뜻으로 한 말입니다. 조국의 딸 조민은 고교 시절 2주가량 인턴을 한 뒤 의학 논문의 제1저자로 등재된 사실이 드러났습니다. 이 논문을 2013년 대학 수시 전형 자기소개서에 소개했습니다. 보통 논문을 쓰려면 대학원생들은 몇 학기 동안을 고생하며 씁니다. 2주만에 끝나는 연구·실험이 존재한다는 것도 웃긴 일이지만 고등학생이 주요 학술지의 논문 제1저자로 등재됐다는 사실은 이 논문의 진위를 의심하기에 충분했습니다. 많은 인터넷 논객들이 "조국 딸은 천재.", "고등학생이 제1저자? 와, 대단하다."라는 반응을 보였습니다.

결국 해당 논문에 참여했다는 조국 일가의 주장은 법원의 판결로 허위임이 드러났습니다.

조국의 말대로 지금도 연구실에서 불철주야 실험을 진행하며 한 자 한 자

논문을 쓰는 대학원생들이 있습니다. 2심 판결에서 유죄가 확정됐음에도 아무런 반성과 사과가 없습니다. 평범하게 살아가는 일반 시민들의 노력과 열정을 한순간에 허탈감으로 바꾼 죄를 조국 일가는 알아야 합니다.

조국(@patriamea):
"직업적 학인과 그렇지 않은 사람의 논문 수준은 다르다. 그러나 후자의 경우도 논문의 기본은 갖추어야 (…) 지금 이 순간도 잠을 줄이며 한 자 한 자 논문을 쓰고 있는 대학원생들(…)"

2012년 4월 19일 오전 9:28

5. 내가 하면 주소 이전,
남이 하면 시민의 마음을 후벼 파는 위장 전입

조국은 2010년 8월 한겨레 칼럼 「'위장'과 '스폰서'의 달인들」에서 국회 청문회 대상자였던 이현동, 신재민, 조현오의 위장 전입에 대해 신랄하게 비판했습니다. "맹모는 실제 거주지를 옮긴 실거주자였기에 위장 전입 자체가 거론될 수 없다. 인지상정? 이는 좋은 학군으로 이사하거나 주소를 옮길 여력이나 인맥이 없는 시민의 마음을 후벼 파는 소리이다."[2]라고 기고했습니다. 그런데 정작 본인은 1999년 울산대 법학과 조교수로 근무하면서 주소를 서울 송파구로 이전했습니다. 당시 취학 연령 8세였던 딸(조민)의 학교 배정을 위한 위장 전입

---

2) 조국, 「[기고] '위장'과 '스폰서'의 달인들」, 한겨레, 2010. 8. 26., https://www.hani.co.kr/arti/opinion/column/436976.html

이었다는 것이 다수의 의견입니다.

그러나 조국은 이런 의혹을 일축하며 "현 정부의 7대 인사 배제 기준에 해당하는 위장 전입은 아니다. 문재인 정부의 기준은 2005년 이후 2회 이상 위장 전입한 사람만을 공직 후보자에서 배제한다는 것이다."라고 말했습니다. 자신이 한 위장 전입은 2005년 이전이니 인사 배제에 해당하지 않는다는 말입니다. 선과 악의 기준을 자기 멋대로 설정해 위기를 모면하려 하는군요. 하지만 찐시민들은 진실이 무엇인지 알고 있습니다. 입으로만 떠들고 행동은 하지 않는 '입진보'라는 말이 딱 어울립니다.

[기고] '위장'과 '스폰서'의 달인들 — 조국

"'공정한 사회'가 되려면, 일단 이런(위장 전입) 후보자 지명부터 철회해야 (…) 이(이명박) 대통령은 (…) 마이클 샌델의 『정의란 무엇인가』를 (…) 읽지 않았음을 자인(…)"

한겨레, 2010. 8. 26.

과거 조국은 그의 저서 『조국, 대한민국에 고한다』에서 부산 동보서적의 폐업 사태를 보며 '서울, 서울'하는 우리나라 산업 구조와 정치인들의 행태를 비판했습니다. 지방을 서울의 '내부 식민지'라고 갈파한 전북대 강준만 교수의 말을 인용해 자신의 논리를 뒷받침하기도 했습니다. 그러나 정작 조국은 부산·울산을 두고 서울로 위장 전입했습니다.

또 위의 책에서 "선배들은 '겉만 빨갛고 속은 하얀 사과가 되지 말고, 겉도 속도 빨간 토마토가 돼라.'라고 했다. (…) 언행일치, 지행합일을 이루는 '토마토'

가 되는 것은 참으로 힘든 일이다. 그러나 각성과 추구, 그 자체만으로도 아름답고 의미 있지 않으랴."라고 했던 조국의 발언이 떠오릅니다. 맞습니다. 아름답고 의미 있는 각성과 추구만 하고 행동하지 않는 당신은 진정한 진보입니다. 조국에게 묻습니다. 당신은 토마토입니까? 사과입니까? 조국 당신은 토마토를 가장한 사과, '토사'입니다.

6. 내가 하면 투자, 남이 하면 투기

2009년 조국은 자신의 저서 『보노보 찬가』를 통해 "대한민국은 어린이에게 주식·부동산·펀드 투자를 가르친다. '동물의 왕국'이다."라고 주장했습니다. 그런데 조국의 부인 정경심은 자녀와 함께 사모 펀드에 74억여 원의 투자를 약정하고 실제 10억 원 이상을 납입한 사실이 드러났습니다. 이에 조국은 펀드 투자는 아내 정경심이 한 일이라 잘 모른다고 주장했으나 거짓으로 들통났습니다. 조국과 정경심이 주고받은 메시지에 따르면 조국이 "엄청 거액이네. 인컴 income(소득)이 엄청났구먼"이라고 하자, 정경심은 "약 6000~7000만 정도 불로 수입. 할 말 없음. 그러니 작년보다 재산 총액이 늘었지."라고 답했습니다.

어렸을 때부터 자녀들에게 경제 교육을 시키는 게 잘못됐다는 생각은 마치 조선 시대 선비들의 언행을 떠오르게 합니다. 돈을 버는 경제활동을 천시했던 조선의 성리학자들은 사농공상士農工商 순서로 계급을 나눴습니다. 돈을 벌어 사람의 삶을 윤택하게 하는 공업과 상업을 천시했고, 그로 인해 조선은 멸망의 길로 접어들었습니다. 저축하고 투자하는 습관을 통해 돈의 소중함을 알게 하고, 종잣돈 만드는 방법을 터득하게 하는 것이 살아 있는 교육입니다. 책상 앞에 앉아서 공부만 하는 책상머리 수재秀才보다는 경제 교육을 통해 실사구시實事求是형 인재를 만드는 것이 시대의 흐름입니다. 자본주의에 최적화된 두뇌와 본성을 소유하고 있으면서 겉으론 조선 시대 선비들처럼 돈을 멀리하며 청렴한 척하는 가식적인 모습입니다.

조국 일가는 '동물의 왕국'에 살면서 우리는 '사농공상'의 조선 시대에서 살아야만 합니까. 모두 다 용이 될 필요 없으나 가재, 붕어, 개구리로 살아야만 하는 우리의 모습이 처량합니다. 우리도 용처럼 56억 원 정도의 재산을 갖고 싶은 가재·붕어·개구리입니다. 그런데 갑자기 궁금해집니다. 북한의 김여정이 문재인 대통령을 '삶은 소 대가리'라고 했으니 대통령은 소가 됐습니다. '동물의 왕국'에 살고 있는 조국 일가는 뭔가요? 가재·붕어·개구리의 최상위 포식자 호랑이인가요? 기생충은 아니겠지요? 우리는 가재·붕어·개구리, 대통령은 소, 조국 일가는 호랑이. '동물의 왕국'맞습니다.

7. 내가 하면 앙가주망,[3] 남이 하면 폴리페서[4]

조국은 서울대에 같이 근무하는 김연수 체육교육과 교수가 2008년 총선에 출마하자 "교수의 지역구 출마와 정무직 진출을 규제할 수 있는 규정을 제정

---

[3] 앙가주망engagement,: 프랑스어로 '사회 참여'를 뜻함. 지식인들이 사회적 참여를 통해 사회 발전에 대한 도덕적 의무를 다한다는 의미로도 사용됨.

[4] 폴리페서polifessor,: 정치를 의미하는 'politics'와 교수를 의미하는 'professor'의 합성어로, 학생들을 가르쳐야 할 교수가 정치에 기웃거리면서 학생 교육이라는 교육자의 본질을 잊게 된 사람들을 뜻함.

해야 한다."라며 학교 측에 윤리 규정을 마련할 것을 촉구했습니다. 2004년에는 서울대학교 『대학신문』에 「교수와 정치―지켜야 할 금도襟度」라는 글에서 "출마한 교수가 당선되면 국회법상 임기가 시작되는 다음 달 30일로 교수직이 자동 휴직되고 4년 동안 대학을 떠나 있게 되는데, 해당 교수가 사직을 하지 않는다면 그 기간 동안 새로이 교수를 충원할 수는 없게 된다. 또한 낙선해서 학교로 돌아오더라도 후유증은 남게 된다."[5]라고 했습니다.

조국이 청와대 민정 수석과 법무부 장관으로 임용된 것은 위에서 이야기한 선출직 공무원이 아닙니다. 이러한 사실을 두고 조국이 폴리페서를 비판한 내용은 조국의 상황과 다르다는 견해가 있을 수 있습니다. 그러나 조국이 말한 핵심은 '교수의 공백으로 인한 학생들의 학습권 침해가 상당하다. 그러니 이것을 규제하자.'라는 것 입니다. 조국이 몸담았던 민정 수석과 법무부 장관직은 분명히 정무직 공무원입니다. 조국은 "교수의 지역구 출마와 정무직 진출을 규제하자."라고 했습니다.

조국은 청와대 민정 수석으로 근무하면서 2년 2개월, 법무부 장관으로 1개월 총 2년 3개월 동안 학교를 비웠습니다. 학내 게시판 스누라이프SNU Life에는 한 학생이 쓴 "폴리페서 그렇게 싫어하시던 분이 좀 너무하시는 거 아닌가요. 학교에 자리 오래 비우시면 그거 다 학생들한테 피해로 돌아가거든요. 제발 하나만 하셨으면 합니다. 폴리페서들이 국회의원 나가서 4년 학교 비워서 주는 피해나 조국 교수님이 3~4년씩 학교 비워서 학생들에게 주는 피해나 뭐

---

5) 조국, 「교수와 정치―지켜야 할 금도襟度」, 대학신문, 2004. 4. 12., http://www.snunews.com/news/articleView.html?idxno=1009

가 다른지 모르겠네요."라는 내용의 비판 글이 올라왔습니다.

이에 대해 조국은 '선출직이 아닌 민정 수석의 업무는 앙가주망이기 때문에 말을 바꾼 것이 아니다.'라는 내용의 글로 해명했습니다. 학교를 비운 것은 선출직이든 임명직이든 다를 것이 없으나 조국이 했던 민정 수석의 업무를 그럴 듯한 말로 예쁘게 포장하는 모습을 보니 화가 치밀어 오릅니다.

국민들의 비판이 거세지자 2019년 당시 법무부 장관 청문회에서 조국은 "현행 법률과 서울대학교 학칙에 따르게 되면 선출직 아닌 임명직 공무원은 휴직 제한에 연한이 없습니다. 그러나 아무리 그러한 법적인 제한이 없다고 하더라도 제가 장기간 휴직을 하게 되면 학생들의 수업권에 일정한 제약을 주게 됩니다. 그 점 매우 잘 알고 있습니다. 따라서 저는 지금 현재 저를 둘러싼 임명 문제를 둘러싼 논란이 종료되고 난 뒤에 나중에 정부와 학교와 상의해서 어떻게 하는 것이 학생들의 수업권에 너무 과도한 침해가 있지 않도록 하는 문제를 논의해서 결정할 생각입니다."[6]라고 말했습니다. 학생들의 학습권이 침해 되지 않도록 조치를 취하겠다는 아름다운 말만 하고 아직까지 실천하지 않고 있습니다. 오히려 세금과 학생들의 등록금을 축내고 있습니다. 법무부 장관에 오르기 위한 '립서비스'였던 겁니다.

조국과 비슷한 케이스였던 분들이 모두 조국처럼 꼼수를 부린 것은 아닙니다. 정운찬(서울대 경제학부) 전 국무총리는 2009년 총리 내정 직후 사직서를 썼고, 2016년 이준식(서울대 기계항공공학부) 교수는 교육부 장관으로 임명된 후

---

6) 「조국 법무부 장관 후보자 기자 간담회 ①」, YTN, 2019. 9. 2., https://www.ytn.co.kr/_ln/0301_201909021432117961

휴직계 대신 사직서를 제출했습니다.

조국의 황당한 궤변을 긍정적으로 생각해 보기로 했습니다. 형법 강의 시간에 형법전에도 없는 '오상방위'라는 개념을 법전에서 찾으려 했고, 나오지 않자 출판사를 탓하며 '파본'이라고 했으며, 그것을 지적한 여학생에게 불쾌함을 드러냈다는 전설이 서울대학교 법대 구전口傳으로 전해져 내려온다고 합니다. 절대 진리眞理, 절대 선善이라 실수와 거짓·악행이 드러나도 사과나 수정은 없습니다. 이런 분에게 형법을 배우느니 안 배우는 게 낫겠다는 생각이 듭니다. 또 조국은 자신의 일가 비리와 유재수 감찰 무마 혐의로 형사재판을 받는 피의자 신분입니다. 형법을 어긴 자에게 어떻게 형법을 배울 수 있겠습니까. 조국이 학교 밖에서 왕성하게 활동하는 것이 대한민국 법학도들에게 도움이 될 것 같습니다.

조국은 직위 해제 전인 2020년 1학기 강의를 하겠다고 계획서를 제출했습니다. 강의 명칭은 '형사판례 특수연구'입니다. 묵언 수행을 하고 계시는 분이 어찌 강의를 할 수 있는지 궁금합니다. 누구처럼 A4 용지 인쇄해서 나눠 주고 얼렁뚱땅 넘어가려고 합니까. SNS에서는 왕성한 활동을 하던데, 키보드 폴리페서 하려고 하는 건 아니겠지요. 강의 내용은 기가 찰 정도로 황당합니다. 자신의 저서 『절제의 형법학』을 교재로 활용해 '형법의 과도한 적용·검찰의 위법 수사를 비판하는 내용'으로 강의할 계획이었습니다. 조국 본인의 가족들에게 적용된 범죄 혐의가 검찰의 과도한 권한 행사 탓이라는 주장을 강의를 통해 주장하고 싶었던 것입니다. 다행스럽게도 이런 말도 안 되는 시도는 조국이 직위 해제되면서 수포로 돌아갔지만, 만약 수업이 개설됐다면 얼마나 끔찍한 일이 벌어졌을지 생각하기도 싫습니다.

조국은 2019년 10월 법무부 장관을 사직하고 서울대에 복직 신청을 했습니다. 2020년 1월 29일, 조국은 뇌물수수와 직권남용, 권리행사방해 등의 혐의로 불구속 기소됨에 따라 직위 해제됐습니다. 직위 해제가 징계는 아닙니다. 교수 신분은 유지하지만 강의는 할 수 없습니다. 강의도 하지 않으면서 2021년 9월 말까지 1년 8개월 동안 5600만 원에 이르는 급여를 받아서 학생과 시민들의 원성을 샀습니다. 교수의 급여는 학생들의 등록금에서 나옵니다. 수업 연구 활동 등의 활동이 없는 상태에서 학생들의 피와 땀이 섞인 돈이 무위도식하는 이들의 호주머니로 들어가는 것을 '정의'라고 할 수 있을까요. 불법은 아니니까 문제 될 건 없다고 하겠지요. 이 사람에게 공정과 정의는 무엇인지 궁금합니다. 답해 주세요.

2019년 10월 조국의 서울대학교 복직 신청이 학생들에게 알려졌습니다. 학생들은 학내 게시판에 조국의 복직 신청에 대한 설문 조사를 진행했습니다. 조국의 복직에 반대 의견은 무려 96%(1,263명), 찬성 의견은 1%(21명)였습니다. 또 조국은 서울대 동문들이 진행하는 '부끄러운 동문'투표에서 3년 연속 1위를 차지했습니다. 2021 상반기 투표에서 총 1,344표 중 1,249표(92%)라는 압도적인 표를 얻었습니다. 학생들이 싫어하고 동문들이 그토록 싫어한다는 사실을 조국은 알고 있을까요. 모르고 있는 것 같습니다. 안다면 저렇게 뻔뻔하게 버틸 수 없을 테니 말이죠.

8. 일본 제품 불매운동 내로남불

2019년 강제징용 배상 문제로 한일 무역 갈등 조짐이 보일 당시 조국은 「죽창가」를 외치며 반일 선동에 앞장섰습니다. 그런데 정작 본인은 일본산 볼펜을 청문회장에 들고 온 것이 언론에 포착됐습니다. 이런 이중적인 모습은 이 책 뒤편의 '반일 선동'부분에서 상세히 설명드리겠습니다.

2013년 10월 박근혜 전 대통령은 잠실야구장에서 열린 프로야구 한국시리즈 3차전 시구자로 참여했습니다. 조국은 당시 박 전 대통령이 신었던 아식스 운동화를 문제 삼으며 "국산 운동화 신어 주십시오."[7]라고 했습니다. 일본 제품 말고 국산 제품을 사용해 달라는 뜻이었습니다. 당시는 독도 문제로 한일 양국 관계가 껄끄럽던 시기였음을 감안하면 조국의 이런 발언은 반일 선동의 하나입니다. 그런데 故 박원순 서울시장도 과거 프로야구 시구에 아식스 운동화를 착용한 것으로 드러나자 "비서분들 앞으로 국산 브랜드 신발로 챙겨 드리자. 제가 아는 바로는 아식스 포함 많은 해외 브랜드 신발, 체육복 등은 개성공단에서 만들고 있다. 개성공단 홧팅!"[8]이라고 했습니다.

나와 대립하는 상대편이 신은 아식스는 외국산 제품이고, 나와 친한 내 편이 신은 아식스는 국산입니까. 지면에 싣지는 못했습니다만 맨 마지막 단계에

---

7) 조국, 조국 트위터(@patriamea), 2013. 10. 28., https://twitter.com/patriamea/status/394831225862377472

8) 조국, 조국 트위터(@patriamea), 2013. 10. 29., https://twitter.com/patriamea/status/394974213938769921

서 조국은 "요즘 같은 세상 사치스럽지만 않다면 외산인들 어떻겠습니까?"라고
입장을 바꿉니다. 이중 잣대의 용도는 무한합니다. 차라리 한복 입고 덧버선·
짚신 신고 시구하라고 하는 건 어떨까요.

2019년 7월 조국이 「죽창가」를 들먹이고 청와대가 부산 거북선 횟집에서 이
순신 장군을 끌어와 반일 선동에 열을 올릴 즈음, 더불어민주당 이해찬 대표
는 일식당에서 사케를 마셔 국민들의 비난을 샀습니다. 조국은 사케 오찬 논
란 당시 "보수 야당이 점점 더 황당한 언동을 보인다."라고 비난하며 "전국의
일식집 업주와 종업원들로서는 용납할 수 없는 정치 공세."라고 주장했습니다.
또 "한일 경제 전쟁 중이지만 우리는 한국에 있는 일식집에 갈 수 있다."라고
도 수장했습니다. 그러면서 "자유한국당과 바른미래당이 원하는 건 전국의 일
식집이 다 망하는 것인가?"라고 반문하면서 이해찬 대표를 옹호했습니다.
　조국의 그러한 주장은 '일식집의 사장은 한국인, 종업원도 한국인'이라는 대
전제가 깔려 있습니다. 일식집에 가서 사케 마시는 일을 비난하면 일식집 매
출이 줄어들고, 결국 한국인인 사장과 종업원이 힘들어진다는 논리는 맞습니
다. 그런데 조국을 비롯한 청와대, 광적 반일 선동가들은 일본 제품 불매운동
을 부추기면서 한국의 유니클로, 렉서스, 도요타, 롯데 아사히, ABC 마트 등
일본계 기업에서 근무하는 직원들과 그에 딸린 가족들의 어려움을 걱정한 적
이 단 한 번도 없습니다. 일본 제품 불매운동으로 직장을 잃고 매출 감소로
고통의 시간을 보내고 있는 분들의 심정을 조국의 말로 바꿔 보겠습니다. "반
일 선동으로 렉서스, 유니클로에 근무하는 직원들이 직장을 잃어도 괜찮은
가?", "한국에 있는 일식집에 갈 수 있는 것처럼 유니클로 옷을 입을 수 있는거

아닌가?"이 상황을 만든 사람은 조국입니다. 여기에 대한 미안함과 반성은 찾아볼 수 없습니다. '후안무치厚顏無恥'라는 말이 딱 어울립니다.

더불어민주당은 이해찬이 사케를 마신 논란에 대해 이렇게 해명합니다. "국내산 청주는 국내 수많은 일본식 음식점에서 '잔술'과 '도쿠리'라는 이름으로 판매되고 있으며 우리 국민들이 명절날 제사상에도 올리고 있다. 이 대표 또한 국내산 청주를 주문한 것이 사실"[9]이라고 말했습니다. 청주가 우리 전통주이므로 문제 될 게 없다는 논리입니다. 더불어민주당의 이런 발언은 무지의 소치이며, 친일 청산을 외치는 사람들의 제 발등 찍기입니다. 명절날 제사상에 올리는 청주는 우리 전통주가 아닙니다. 일본에서 건너온 술 문화입니다. 일제 잔재 척결을 내세우는 이들이 이런 것도 모르고 변명만 일삼고 있습니다.

반일 선동도 알아야 할 수 있습니다. 공부 좀 합시다. "청주는 일본 술 문화이니 청주도 없애자."라는 반일 선동이 나올까 무섭습니다. 그냥 모른 채 살아갑시다.

9. 동남권 신공항에 대한 입장

조국은 2012년 3월경 자신의 트위터에 "선거철 되니 또 토목 공약이 기승을 부린다."라며 동남권 신공항 건설 공약에 대해 비판했습니다. 그런데 세월이 흘러 2020년 가덕도 신공항 건설에 찬성한다는 입장을 밝혔습니다. 트위터에

---

9) 박지혜, 「"이해찬, 일식집서 '사케' 아닌 '국산 청주' 마셔… 한국·미래 선동"」, 이데일리, 2019. 8. 3., https://www.edaily.co.kr/news/read?newsId=01722006622583712&mediaCodeNo=E

는 「I Changed My Mind(나는 생각을 바꾸었다)」라는 곡을 올리며, 공항명을 '가덕도 노무현 국제공항Roh Moo Hyun International Airport'로 짓자고 했습니다.

조국(@patriamea):
"선거철되니 또 토목공약이 기승을 부린다. 신공항..."

2012년 3월 2일 오전 7:23

누구나 생각은 바뀔 수 있습니다. 인간은 생각하는 동물이니 바뀔 수 있습니다. 그러나 문제는 그 생각이 정권에 따라 바뀐다는 것입니다. 2012년이 좌파·진보 세력이 집권했던 시기였다면 무상 급식과 수급자 지원을 운운하며 신공항 건설을 비판했을까요. 지금 정권이 보수 정권이라면 가덕도 신공항에 찬성했을까요. 좌파 정권이 하는 일은 어떤 일이라도 찬성했을 사람입니다. 불세출의 권력 딸랑이 교수라고 평가합니다. 울산대 법대 교수에서 서울대 법대로 올라온 과정을 보면 충분히 이해하실 수 있을 겁니다. 딸랑딸랑.

가덕도 신공항 건설은 오거돈 전 부산시장의 성추행으로 치러지는 재보궐선거에 불리해진 정권과 여당의 위기의식에서 출발한 매표용 정책입니다. 급조한 특별법으로 추진됐습니다. 공항 이름은 '노무현 국제공항'보다는 'OKD Sex Scandal International Airport'가 적합해 보입니다. 좀 긴가요. 'OSS 국제 공항'이라고 합시다.

제2부

배에 물이
들어오기 시작하다

___

암초에 구멍난 내로남불호에

'불의', '역사 왜곡', '불공정'이 쏟아져 들어온다

제3장

반일 선동

실체 없는 토착 왜구와 친일파 유령을 끌어들여 반일 선동으로
지지층 결집을 노렸지만 진짜 친일파는 그들이었다
이른바 본토 왜구들

'반일反日'은 대한민국의 국시國是?[10]

2021년 8월 12일, 이재명 경기도지사는 맛 칼럼니스트 황교익 씨를 경기관광공사 사장으로 내정했습니다. 이를 놓고 황교익 씨의 경기관광공사 사장 내정에 대한 적절성 및 보은 인사 논란이 제기됐고, 이 문제가 친일 논란으로 확대되는 양상을 보였습니다. 황교익 씨를 경기관광공사 사장에 내정한 더불어민주당 대선 경선 후보 이재명과 '보은 인사'를 비판하는 이낙연 후보의 공방이 오고 갔습니다.

이낙연 후보 측은 황교익 씨에 대해 "일본 음식에 대해서 굉장히 높이 평가하고, 한국 음식은 거기의 아류다, 카피를 해 온 거다라는 식의 멘트가 너무 많다."라며 "일본 도쿄나 오사카 관광공사에 맞을 분이 아닌가라고 생각한다."[11]라고 했습니다. 이에 황교익 씨는 "이낙연은 일본 총리 하세요. 이낙연이 일본통인 줄 알고 있다. 일본 정치인과의 회합에서 일본 정치인의 제복인 연미복을 입고 있는 사진을 본 적이 있다. 이낙연은 일본 총리에 어울린다."[12]라고

---

10) 국시國是: 국가 이념이나 국가 정책의 기본 방침

11) 손덕호, 「이낙연 측 "황교익, 우리 음식 비하… 도쿄관광공사에 맞을 분"」, 조선비즈, 2021. 8. 17., https://biz.chosun.com/policy/politics/2021/08/17/QGQIV4Z7R5G6DDQZAORG523ZIY/

12) 심우삼, 「황교익 "이낙연은 일본 총리 하세요" 겨냥한 이유는」, 한겨레, 2021. 8. 17., https://www.hani.co.kr/arti/politics/assembly/1007952.html

맞받아쳤습니다. 내정 '철회'냐, '버티기'공방이 '친일 프레임'씌우기 공방으로 이어졌습니다.

양측은 '일본 음식 찬양'VS '연미복 착용'으로 서로를 친일로 몰아세웠습니다. 황교익 씨가 과거에 방송에 출연해 일본 음식을 호평好評한 것도 사실이고, 이낙연 후보가 2019년 연미복을 입고 일본 천황(나루히토 일본 천황) 즉위식에 참석했다는 것도 사실입니다. 얼핏 보면 양측의 주장이 일리 있어 보입니다. 그러나 이는 논쟁에서 내 주장이 터무니없고 근거가 빈약할 때 그 상황을 모면하고자 쓰는 프레임 씌우기 전략에 불과합니다. 경기관광공사 사장에 적합하지 않은 이유를 자격 기준과 경력에 근거해 설명하면 될 것이고, 대통령 후보로 적합하지 않은 이유를 정책과 국정 운영 철학을 근거로 설명하는 것이 맞습니다. 그러나 양측은 서로를 비난할 내용이 마땅치 않으니 이런 저급한 프레임 씌우기 공격을 하는 것입니다. 인터넷 카페의 익명 게시판에서 볼 수 있는 흔한 광경이 대선판에서 벌어졌습니다. 상대 주장에 대해 나의 논리가 빈약해 지면 '일베', '친일파', '토착 왜구', '극우', '태극기 부대'로 응수하는 좌파의 논쟁 대응 방식과 똑같습니다.

황교익 씨와 이낙연 후보 측의 친일 프레임 씌우기는 얼핏 보면 맞는 말인 것 같기도 하지만 잘못된 지식에서 출발한 황당한 주장입니다. 우리나라 사람들이 많이 먹는 얇은 두께의 대왕돈까스를 일본의 두툼한 돈가스와 비교하며 "우리나라 돈가스는 일본 돈가스를 카피한 아류작이다."라고 하면 친일파가 되는 세상. 서양에서 왕실 행사나 중요한 모임에서 남성들이 입는 최상급의 복장인 연미복을 입고 일본 외교 행사에 참여하면 '친일파'가 될 수도 있는 세상.

양측의 논리로 따지면 일본 본토의 돈가스, 초밥을 먹고 "역시 초밥과 돈가스는 일본이야."라고 하면 친일파가 되는 것이고, 과거 연미복을 입고 외국 외교 행사에 등장한 노무현·문재인 대통령도 친일파가 됩니다. 이렇게 말도 안 되는 황당한 사례를 이용해 나와 생각이 다른 사람들을 친일 프레임 씌우기로 '친일파', '토착 왜구'로 만듭니다. 이번 장에서는 잘못된 정보로 반일 선동을 일삼는 사람들의 내로남불 행태와 친일 프레임 논리의 오류를 지적하고자 합니다.

한일 외교 관계 파탄의 출발점은?

제 남편은 2019년 1월 무렵 일본 후쿠오카에 다녀온 적이 있습니다. 후쿠오카의 명소인 모모치 해변과 후쿠오카 타워를 방문하기 위해 지하철역에서 내려 모모치 해변으로 향하던 중에 특이한 광경을 목격했다고 합니다. 몇몇 버스에 확성기를 설치한 시위대가 길거리를 지나가고 있었고, 한국 영사관 앞에 경찰들이 지나치다 싶을 정도로 집결해 있었다고 합니다. 얼핏 들어 보니 문재인 대통령을 비난하는 소리가 들렸고, 지나가던 한국인에게 물어봤더니 문재인 대통령을 비난하는 내용이었답니다. 왜 일본에서 한국 대통령을 비난하는 시위가 벌어졌을까요? 살펴보겠습니다.

<2019년 일본 후쿠오카 영사관 근처에서 문재인 대통령을 비난하는 시위 모습>

1945년 8월 15일 일본은 미국의 원폭 투하로 연합국과의 전쟁에서 항복을 선언했습니다. 이 사건으로 조선은 일본의 식민지로부터 해방됩니다. 1951년 제2차 세계대전 전후 문제를 처리하기 위해 샌프란시스코 강화회의가 열렸습니다. 이 회의에서 중국(대만)과 조선은 승전국으로서의 지위를 얻어 배상을 요구했으나 미국·일본·영국 측의 반대로 받아들여지지 않았습니다.

1948년 대한민국이 건국되었고, 1950년에 발발한 한국전쟁으로 대한민국은 폐허가 됩니다. 전쟁 중에 열린 샌프란시스코 강화회의에 초대받지 못한 한국은 일본의 식민 지배에 대한 어떤 보상도 받지 못하고 세월을 보냈습니다. 1960년 박정희 군사 정권이 들어서면서 한국은 경제개발계획을 꾀합니다. 그때 박정희 대통령은 경제개발에 필수적인 자본과 기술이 절실히 필요했고, 그 파트너로 일본을 선택했습니다.

샌프란시스코 강화회의를 전후해 제2차 세계대전의 원인을 독일에 대한 제1차 세계대전에 대한 과도한 배상 책임으로 보는 시각이 주류를 이루고 있었습니다. 또 당시 냉전이 형성되었던 서구 사회에서는 동아시아에서 일본을 중심으로 자본주의 진영이 단결되어야 한다는 목소리가 커지고 있었습니다. 요컨대 샌프란시스코 강화회의에서 일본에 과도한 배상을 묻게 되면 새로운 전쟁을 잉태할 수도 있다는 우려, 동아시아에서 일본을 자본주의 진영의 구심점으로 활용해야 한다는 두 가지 요인이 복합적으로 작용해 일본은 큰 배상 없이 샌프란시스코 강화회의를 마무리 짓습니다. 이로써 일본은 서방 자유주의 진영의 일원이 되는 계기를 마련했습니다.

자유주의 진영의 일원이 된 일본은 공산 진영의 태평양 진출을 막아 줄 한국과의 수교가 절실히 필요했으며, 경제 성장과 일본의 영향력 확대를 위해 반드시 한국에 진출해야만 했습니다. 그런데 그 당시 일본과 한국은 수교국이 아니었습니다. 이 문제를 서로 해결하고자 1965년 양국은 한일기본조약 및 한일청구권협정을 체결합니다.

이에 양국 국교는 정상화됐고 한일의 경제협력은 한국의 경제발전에 큰 밑거름이 됐습니다. 이 협정으로 일본은 한국에 무상 3억 달러, 2억 달러 장기 저리 차관을 제공합니다. 당시 일본의 외환 보유고가 21억 달러였음을 감안하면 엄청난 액수였습니다. 그런데 박정희 정권은 일본으로부터 받은 무상 3억 달러의 9.7%에 해당하는 금액만 강제징용 피해자(1945.8.15.이전 사망자)에 대한 보상금으로 지급했고 나머지는 경제발전의 밑천으로 활용했습니다.

이에 불만을 갖고 있던 강제징용 피해자들은 1997년 오사카 지방재판소에 강제징용 피해 보상 및 임금 배상 소송을 제기했으나 일본 최고재판소는 개인에게 배상할 책임이 없다며 원고 패소 판결을 확정지었습니다. 청구권 협정의 2조 1항에 "청구권에 관한 문제가 '완전히' 그리고 '최종적'으로 해결된 것을 확인한다."라고 명시되어 있습니다. 아마도 이를 근거로 판결한 것이라 생각됩니다.

이 문제에는 일본에 대한 개인 청구권이 유효하다는 입장과 소멸됐다는 입장의 차이가 있습니다. 청구권 협정 2조 3항을 살펴보면 "일방 체약국 및 국민의 재산, 권리 및 이익으로서 본 협정의 서명일에 타방 체약국의 관할하에 있는 것에 대한 조차와 일방 체약국 및 그 국민의 타방 체약국 및 그 국민에 대한 모든 청구권으로서 동일자 이전에 발생한 사유에 기인하는 것에 관하여는 어떠한 주장도 할 수 없는 것으로 한다."라고 규정되어 있습니다. 즉, '협정 체결 이후 한일 양국과 그 국민은 서로에 대해 어떤 청구권도 주장할 수 없다.'라고 요약할 수 있습니다. 또 1965년 4월 17일 한국 측 협상 대표 이규성은 "아측(대한민국)으로서는 이동원-시이나 합의 사항에 의해 일단 개인 관계 청구권이 소멸되었다는 것이 확인되었고"라고 말했습니다.

이와 관련된 논쟁은 아직도 해결되지 못할 정도로 양측의 주장이 팽팽하므로 자세한 내용을 개인적으로 공부해 보시고 입장을 정리하시기 바랍니다.

2003년 일본 최고재판소의 강제징용 피해 보상 및 임금 배상 소송 원고(대한민국 강제징용 피해자) 패소 판결 이후, 2004년 노무현 정부는 일제강점하 강제동원피해 진상규명 등에 관한 특별법을 제정합니다. 이와 함께 강제동원 희생자 유족 단체들은 대한민국 정부를 상대로 한일 협정의 구체적 내용을 공개하라고 소송을 청구했고 법원은 자료를 공개하라며 피해자들의 손을 들어 줬습니다.

결국 2005년 2월 한일 협정에 관한 문서가 공개됐습니다. 문서가 공개되자 큰 파장이 일어났습니다. 현재 우리가 알고 있는 협정 내용이 공개됐고, 그 내용은 '개인의 청구권이 소멸된다'는 내용이 명확히 규정되어 있었기 때문에 강제동원 피해자들의 아픔을 함께하려 했던 정부로서는 상당히 곤란한 입장이 되어 버렸습니다. 또 일부에서는 한일 협정이 전승국으로서 배상을 받아도 시원치 않을 판에 적은 액수의 돈으로 식민 지배에 대한 보상을 마무리 지었다는 비판이 제기됐고, 재협상을 요구하는 목소리도 나왔습니다. 노무현 대통령 시절에는 그나마 '이성의 시대'였습니다. 막가파식 억지 반일 선동이 없었기 때문입니다.

이에 정부는 민관공동위원회를 발족하고 한일 협정의 법리적 오류와 쟁점을 따져보고, 피해 보상을 요구하는 강제 동원 가족들에 대한 구제책을 검토했습니다. 하지만 정부는 회담의 법리적 오류가 있었다 하더라도 엄연히 국가 대 국가가 맺은 '협정'이라는 점을 고려할 때 강제 동원 피해자들의 개인 청구권을 일본 측에 요구할 수 없다는 입장을 내놓았습니다. 당시 민관공동위원회에는 이해찬 전 더불어민주당 대표와 문재인 대통령이 참여하고 있었습니다. 민관공동위원회 백서[13]에 따르면 "1965년 협정 체결 당시 제반 상황을 고려할 때 국가가 어떠한 경우에도 개인의 권리를 소멸시킬 수 없다는 주장을 하기는 어렵다. 개인의 청구권은 살아 있지만 협정에 따라 행사하기 어렵다. 일본에 다시 법적 피해 보상을 요구하는 것은 신의칙상 곤란하다는 국제법의 룰에 따라 강제징용 배상 문제는 끝난 것으로 인식됐다."라고 했습니다. 한마디로 당시 민정 수석이었던 문재인 대통령은 이 사안을 "한일협정으로 강제동원 피해자 문제가 완전히 정리"된 것으로 보았던 것입니다.

그러나 한일협정 당시 우리가 받았던 3억 달러는 대부분 포항제철 건립, 경부고속도로 건설에 투입[14]됐고 실제 강제징용 피해자들에게 지급된 돈은 10% 남짓이었습니다. 이에 정부는 과거 정부가 했던 소극적 보상에 대한 보상으로 강제동원 피해자들에게 약 6,000억 원을 지급했습니다. 구체적으로 살펴보겠습니다. 사망행불자 3,600억 원, 부상장해 1,022억 원, 무사생환자 미수금 522억 원, 무사생환자 의료지원금 1,040억 원.

---

13) 2005년 8월 한일회담 문서 공개 후속 대책으로 이해찬 위원장, 문재인 위원 등으로 구성된 민관공동위원회는 ""청구권 협정을 통해 일본으로부터 받은 무상 3억 불은… 국가로서 갖는 청구권, 강제 동원강제동원 피해보상피해 보상 문제 해결 성격의 자금 등이 포괄적으로 감안돼 있다고 보아야 할 것임""이라고 밝힘.

14) 인도네시아는 일본으로부터 받은 배상금으로 운동 경기장과 호텔을 지었음.

그런데 여기서 문제가 생깁니다. 강제동원으로 해방 전에 사망 또는 행방불명된 분들은 일본 정부와 기업으로부터 보상을 받았고, 한일 협정으로 약 30만 원을 받았으며, 2006년 노무현 정부에서 2000만 원의 보상을 받았습니다. 같은 사건으로 세 번의 보상을 받은 것이죠.

반면, 강제동원으로 간 노무자 중 무사 생환자들은 의료비 지원 외에는 아무런 보상을 받지 못했습니다. 이 무사 생환자들의 일부는 당연히 불만을 가질 수밖에 없습니다. 소송을 제기해서라도 강제동원으로 사망 또는 행방불명된 사람들과 똑같이 보상받고 싶은 심리가 발동할 수밖에 없습니다. 그래서 이분들이 일본 오사카 지방법원에 강제징용 피해 보상 및 임금 소송을 제기한 것입니다.

하지만 1997년~2003년 일본 오사카 지방재판소와 최고재판소는 이들의 손을 들어 주지 않습니다. 패소한 분들이 일본 전범 기업(신일철주금)을 상대로 2005년 대한민국 서울중앙지방법원에 같은 취지의 소송을 제기합니다. 여기서 또 패소하지만 2012년 대법원은 원심 파기환송 결정을 내립니다. 강제동원 피해자들의 사건을 다시 심리하라는 판결이었습니다.

이 사건의 파기환송 결정은 대한민국 사법부와 정부를 깊은 고민에 빠지게 만들었습니다. 강제동원 피해자들의 주장처럼 강제동원 피해를 인정하면 한일 외교 관계가 악화될 것이라는 것은 불 보듯 뻔한 사실이었으니 쉽게 내릴 수 있는 결정이 아니었습니다. 파기 환송된 강제징용 소송은 2013년 7월 서울고등법원에서 재판이 진행됐습니다. 서울고법은 원고에게 강제징용 피해자 1인당 1억의 손해배상액을 지급하라는 판결을 내립니다. 한 달 뒤 신일철주금은 대법원에 상고했고, 최종 결론은 대법원에서 내려지게 됐습니다. 2013년 탄생한 박근혜 정부는 한일 관계 회복을 위해 2015년 한일 위안부 합의를 하게 됩니다. 한일 위안부 합의로 한일 관계는 해빙 무드로 들어서게 됐습니다. 그런데 아직도 해결하지 못한 커다란 숙제가 바로 강제동원 피해자들의 소송 처리 건이었습니다.

이 숙제를 천천히 해 달라고 정부가 사법부에 요청한 것이 우리가 알고 있는 '박근혜 정부의 사법농단 사건'입니다.

2016년 박근혜·최순실 국정농단 사건으로 박근혜 대통령은 탄핵됐고, 2017년 문재인 정부가 들어섰습니다. 문재인 정부는 탄생 초기부터 일본 아베 정부를 비판하며 각을 세우기 시작했습니다. 문재인 대통령은 취임 초기(2017. 5. 11.) 아베와의 통화에서 "국민 대다수가 정서적으로 위안부 합의를 수용하지 못하는 게 현실"[15]이라며 위안부 재협상 의도를 내비쳤습니다. 또 2017년 9월 유엔총회 참석차 미국 뉴욕을 방문했을 때 열린 한미일 정상 업무 오찬 때 문재인 대통령은 아베의 면전에서 "일본은 우리의 동맹이 아니다."[16]라는 발언을 합니다. 2017년 12월에는 "2015년 한일 양국 정부 간 위안부 협상은 절차적으로나 내용적으로나 중대한 흠결이 있었음이 확인되었다. 유감스럽지만 피해 갈 수 없는 일"[17]이라며 위안부 협상의 파기 또는 재협상하겠다는 의지를 밝히기도 했습니다.

---

15) 이승준, 「문 대통령, 아베에 "국민 대다수, 위안부 합의 정서적 수용 못 해"」, 한겨레, 2017. 5. 11., https://www.hani.co.kr/arti/politics/bluehouse/794341.html

16) 김민상, 「문 대통령, 트럼프·아베 면전서 "일본은 우리 동맹이 아니다"」, 중앙일보, 2017. 11. 5., https://www.joongang.co.kr/article/22084593

17) 강태화, 「문 대통령 "'2015년 합의' 흠결 확인… 이 합의로 위안부 문제 해결될 수 없다"」, 중앙일보, 2017. 12. 28., https://www.joongang.co.kr/article/22240687

2018년 10월 30일, 한국 대법원은 강제동원 피해자들이 제기한 소송에서 "신일철주금으로 하여금 피해자들에게 1억 원씩 지급하라."[18]라는 원고 승소 판결을 내립니다. 이에 일본은 강력히 항의하지만 이미 결정 난 사안이라 번복할 수도 없게 되었습니다. 이후 한국 법원은 2019년 1월 신일철주금에 자산 압류 통지를 송달했습니다. 이것이 후쿠오카에서 벌어진 일본인들의 문재인 규탄 시위 전말입니다.

한국 대법원의 판결로 일본 측에 대한 한국의 자산 압류가 현실로 다가오자 갈등이 깊어져 갔습니다. 일본 측의 반복된 항의에도 불구하고 자산 압류가 멈추지 않자, 마침내 일본은 반도체 소재부품 세 개 품목에 대해 한국으로의 수출을 제한하는 무역 보복을 단행했습니다. 2019년 7~8월에 일어난 일들입니다. 일본은 제3국 중재위원회 설치를 제안했지만 한국 측의 거절로 무산됐습니다. 일본은 이에 대한 후속 조치로 일본의 전략 물자를 수출에 대한 절차를 간소화해 주는 화이트리스트에서 한국을 배제했습니다. 한국도 이에 맞대응해 일본을 화이트리스트에서 배제했고 지소미아(한일 군사정보 교류 협정) 파기하겠다며 일본을 압박했습니다.

지금까지 서술한 것이 한국과 일본 외교 관계 갈등의 과정이었습니다. 한일 관계 파탄의 원인은 사법 자제의 원칙[19]이 지켜지지 않았기 때문입니다. 거짓의 명수를 대법원에 중용하여 그 판을 깔아준 것이 문재인 대통령입니다. 대

---

18) 박상준, 「법원 "일본제철 국내주식 강제매각, 징용 피해자에 배상해야"」, 동아일보, 2021. 12. 31., https://www.donga.com/news/Society/article/all/20211231/111027942/1

19) 사법 자제의 원칙: 외교적 사안에 대해서는 사법부가 개입을 자제한다는 원칙.

화로 해결할 수 있는 찬스가 있었으나 걷어찬 것도 한국이었습니다. 이후 한국과 일본의 무역 분쟁이 발생하자 대한민국의 여러 곳에서는 죽창가가 울려 퍼지고 일본 제품 불매운동이 일어납니다.

그런데 여기서 짚고 넘어가야 할 것이 있습니다. 과연 제대로 된 역사적 사실에 바탕을 두고 반일 운동을 펼치는지 고민해 볼 필요가 있다는 것입니다. 우리는 선동가들의 근거 없는 역사 왜곡으로 감정적으로 일본을 미워하고 있지 않은지 생각해 보아야 합니다. 반일 선동의 선봉장에 섰던 그들의 행동은 과연 반일 운동에 매진한 국민들의 행동과 일치했는지 살펴봐야 합니다. 낭만적인 민족주의자들의 입장에서 제 주장은 구역질이 나올 법도 합니다. 낭만적 민족주의자들에게 약탈당한 이성을 되찾아 오셔서 냉정하게 살펴보고 생각해 봅시다. 잘못된 정보를 사실로 믿고 선동가들의 주장에 현혹되어 반일을 외치는 일은 없어야 하겠습니다. 일본의 역사 왜곡만큼 우리의 역사 왜곡도 만만치 않습니다.

이런 일을 기회 삼아 자신들과 정치적 견해를 같이하는 사람들의 결집을 노리고, 국민들 앞에서는 반일을 외치며, 뒤에서 자신들은 일본 제품을 애용합니다. 내로남불도 참 가지가지네요. 이들의 내로남불의 행태를 살펴보겠습니다.

앞에선 반일 선동,
뒤로는 화해의 손 내밀기

2019년 일본과의 무역 분쟁이 한참일 때 조국 전 청와대 민정 수석은 일본의 일방적 반도체 소재 수출 규제 조처에 대해, 조선 말기 민중들이 일본과 싸웠을 때를 모티브로 한 「죽창가」를 소개했습니다. 페이스북에서 "SBS 드라마 〈녹두꽃〉 마지막 회를 보는데, 한참 잊고 있던 이 노래가 배경음악으로 나왔다"라며 죽창가 유튜브 링크를 게시했습니다.[20] 〈녹두꽃〉은 1894년 동학농민혁명 당시 고종이 불러들인 일본군에 맞선 민초들의 삶을 다룬 이야기입니다. 조 씨가 일본과 무역전쟁이 한창일 때 이런 게시물을 올린 이유는 일본의 경제 보복에 맞서 국민들이 적극적으로 저항해 달라는 메시지라는 관측이 나왔습니다.

문재인 대통령은 2019년 7월 12일 전남 무안에서 열린 '전남 블루 이코노미 경제 비전 선포식'에서 "전남 주민들은 이순신 장군과 함께 불과 열두 척의 배

---

20) 이완, 「조국 수석, 동학농민혁명 '죽창가' SNS에 올려」, 한겨레, 2019. 7. 14., https://www.hani.co.kr/arti/politics/bluehouse/901719.html

로 나라를 지켜 냈다."[21]라며 호국 정신을 강조했습니다. 2019년 7월 24일 문재인 대통령은 부산에서 열린 시도지사 간담회를 한 뒤 부산 시내 한 식당에서 오찬을 했는데 식당 이름이 '거북선 횟집'이었습니다. 이와 관련, 청와대 고민정 대변인은 "일본의 부당한 수출 규제에 대한 우리 정부의 단호한 대처에 감사를…"이라고 전했습니다. 강기정 청와대 정무 수석도 페이스북에 식당 사진을 올리며 "그런데 '거북선 횟집'이다."라고 썼습니다.[22] 문 대통령은 전남에서 했던 이순신 발언으로 오해를 샀기 때문에 말은 아꼈으나 청와대 참모들의 행동을 보면 왜 '거북선 횟집'으로 식사 장소를 선택했는지 짐작할 수 있습니다. 부산의 그 수많은 횟집 중에, 해운대 멋진 바다 풍경을 볼 수 있는 고급 횟집을 두고 편도 1차선 좁은 도로의 구석진 식당에 간 이유는 따로 있었겠지요.

이런 문 대통령과 청와대 참모들의 간접적인 항일 내지는 반일 메시지가 국민들에게 전달됐습니다. 그분들의 메시지를 보면 일본과의 타협은 '친일', '매국', '토착 왜구'라고 봐야 할 정도로 엄중한 시기였습니다. 실제 한일 무역 분쟁 해결을 위해 반일 선동을 비판하고 문제의 합리적 해결의 필요성을 언급하면 '친일파', '반헌법적 행위', '반인륜적 행위'로 매도되기도 했습니다. 이러한 영향으로 대한민국 국민들은 반일 불매운동에 적극적으로 참여하고 있던 상황이었습니다.

그런데 희한한 일이 벌어집니다. 청와대는 대일 강경 메시지와는 정반대로

---

21) 정우상, 「문 대통령 "전남 주민이 충무공과 함께 불과 12척의 배로 나라를 지켜 냈다"」, 조선일보, 2019. 7. 13., https://www.chosun.com/site/data/html_dir/2019/07/13/2019071300247.html

22) 박정엽, 「문 대통령, 부산 '거북선 횟집'서 오찬… "日에 당당하게 대응·외교적 해결해야"」, 조선일보, 2019. 7. 24., https://www.chosun.com/site/data/html_dir/2019/07/24/2019072401978.html

일본에 특사를 파견합니다. 청와대 김현종 안보실 차장은 일본에 특사로 두 번이나 다녀온 사실을 공개했습니다. 이 자리에서 김 차장은 "우리 측 요청에 따라 고위 인사가 일본을 방문하여 (…) 강제징용 문제 해결에 대한 우리 측 입장 전달이 왜 8개월이나 늦어졌는지 소상히 설명하고 (…) 일본 측이 요구하는 제안을 포함해 모든 사안에 대해 열린 마음으로 논의할 의향이 있다는 입장을 전달했다."[23]라고 말했습니다.

김 차장의 설명을 들어 보면 이 상황 해결의 키를 누가 쥐고 있는지 답이 나옵니다. 또 누가 곤궁한 처지에 놓여 있는지도 알 수 있습니다. 속된 말로 '쥐뿔도 가진 것도 없으면서 자존심만 세우며 싸우자고 덤벼든 격'이라는 표현이 적절할 것 같습니다. 감당하지 못할 싸움을 걸고 국민들에게는 죽창을 들고 싸우자며 싸움터로 내몰고서는, 뒤로는 국민들 몰래 상대편에게 찾아가 싹싹 빌며 변명하는 사람들의 모습을 여러분들은 어떻게 생각하십니까? 또 여러분이 일본이라면 뒷구멍으로 찾아와 잘못에 대한 변명을 늘어놓는 대한민국과 협상하겠습니까? 오히려 더 무시하고 강경하게 압박하겠죠. 대한민국이 가진 카드(약점)를 상대편에게 다 알려 줬기 때문입니다.

결국, 일본은 미국 측이 한일 양국에 제시했던 외교적 합의 도출 제안을 거부했고, 화이트리스트 국가에서 대한민국을 제외시킵니다. 이후 문 대통령은 2019년 8월 2일 긴급국무회의를 주재하고 "다시는 일본에 지지 않을 것"이라는 강경한 메시지를 내놓았습니다. 무릎 꿇고 싹싹 빌기 위해 갔음에도 일본

---

23) 김한솔, 「정부, 7월에 사실상 日 특사 2번 파견… "한국에 대한 공개적인 모욕"」, 경향신문, 2019. 8. 2.,
https://www.khan.co.kr/politics/politicsgeneral/article/201908021827001

이·대한민국을 화이트리스트에서 배제한 사실에 모욕감을 느껴, 이제는 마지막이라는 심정으로 하고 싶은 말을 다 한 것입니다. 문 대통령의 이 메시지 이후 한일 관계는 악화 일로를 걸었고 아직까지 진전이 없는 답보 상태입니다.

문 대통령 "다시는 일본에 지지 않을 것" 강경 메시지
— 유튜브 SBS 뉴스 채널

2019년 8월 3일

2년 후, 문 대통령은 일본에 대한 입장이 바뀝니다. 2021년 8월 15일 광복절 경축 기념행사에서 문 대통령은 "우리 정부는 언제든 일본 정부와 마주 앉아 대화를 나눌 준비가 되어 있다. 과거에 발목 잡혀 있을 수 없다."[24]라고 말했습니다. 거북선 횟집에서 먹었던 돔회가 목구녕으로 넘어가서 소화도 되기 전인데 일본에 유화적 메시지를 보냈습니다. 과거에 발목 잡는 세력들의 표를 의식해 반일 타령하던 모습과는 달라진 모습입니다. 어떤 게 문재인 정부의 역사 인식입니까? "과거는 잊고 일본과 함께 미래 발전을 도모하자."입니까? 아니면 "반인륜적인 범죄 위로 점철된 일제강점기는 반드시 청산해야 하며 이것이 한일 외교 관계 개선의 선결 조건"입니까?

지도자는 외교적 입장이 유연해야 합니다. 급변하는 해외 정세에 능동적으

---

24) 이주영, 「문 대통령 "언제든 일본 정부와 대화 나눌 준비 돼 있어"」, 경향신문, 2021. 3. 1., https://www.khan.co.kr/politics/president/article/202103011120001

로 대처해 국익을 최대화하려면 당연히 갖춰야 하는 덕목입니다. 그런데 협력해야 할 때는 싸우고, 싸워야 할 상대에게는 끽소리도 못 하는 그런 지도자는 자격 미달입니다. 지도자 개인의 감정이 국정 운영과 외교에 투영되면 나라는 혼란에 빠집니다. 지도자의 언동이 국민의 생계를 위협하기도 합니다. 정치인과 지도자들의 반일 선동으로 한일 관계는 망가졌고, 일본의 수출 규제로 우리 기업은 많은 피해를 입었습니다. 그 피해는 고스란히 국민들에게 돌아갔습니다.

'말썽은 지가 만들어 놓고 이제 와서 과거를 문제 삼지 말자니. 완전 헛소리다. 국가적, 역사적 재앙이다. 일본 뒷발목은 지가 잡았으면서 과거에 발목 잡혀 있을 순 없다라니 어이없는 말의 대잔치다.'

친일 척결이 국회의원 출마 이유,
그 사람의 차는 렉서스(4,600cc)

최강욱 페이스북(choepro):
"탐욕과 기득권의 통합을 저지.. 미래를 가로막는 세력을 타파
(…) 일본의 이익에 편승하는 무리를 척결 (…) 그것이 제가 선
거에 임하며 다짐하는 최고의 목표(…)"
2020년 3월 25일

윤석열 전 검찰총장과 최재형 전 감사원장의 출마를 비판하며 검사·판사
의 국회의원 출마를 금지하는 법을 추진했던 최강욱의 SNS 내용입니다. 그는
2020년 4·15 총선 열린민주당 비례대표에 출마하며, 자신이 국회의원에 출마
하는 이유는 "한국보다 일본의 이익에 편승하는 무리를 척결하는 것"이라고
밝혔습니다. 2019년 한일 무역 분쟁 때 반일 몰이로 국론이 분열되면서 지지
층을 결집했다고 생각했던 모양입니다.

최강욱 의원이 그가 말했던 '일본의 이익에 편승하는 무리를 척결'하기 위한
입법 활동을 했는지 살펴보겠습니다. 2020년 4월 총선에서 당선된 이후 2021
년 9월 현재까지 총 열네 개의 법안을 대표 발의했습니다. 물론 공동 발의한
것도 있겠으나 공동 발의는 이름만 올려놓는 상징성이 있으므로 법안 발의에

는 포함하지 않았습니다. '친일파 척결을 위한 법안' 발의는 눈을 씻고 찾아봐
도 없습니다. 눈에 띄는 것은 「검찰청법 일부개정법률안」,[25] 「법원조직법 일부
개정법률안」, 「정보통신망 이용촉진 및 정보보호 등에 관한 법률 일부개정법
률안」,[26] 「언론중재 및 피해구제 등에 관한 법률 일부개정법률안」 등이 있었
습니다. 정치적 생각을 달리하는 사람들의 입을 틀어막는 법, 정권에 유리한
법, 자기 자신을 방어하기 위한 입법 활동이 주를 이룹니다. 국회의원을 이런
짓 하라고 뽑은 건 아닐 텐데 세금이 아깝습니다.

　　최강욱이 말하는 '일본 이익에 편승하는 자'들은 어떤 사람들일까요? 결론부
터 말씀드리겠습니다. 최 씨가 말하는 '일본 이익에 편승하는 자'는 바로 최 씨
자신입니다. 최강욱.

　　최강욱은 국민 앞에서는 반일 선동을 했지만 정작 자신은 일본 렉서스의 최
고급 차량을 보유한 일본 차량 애호가였습니다. 정부 공직자 윤리위원회에 따
르면 열린민주당 비례대표 후보로 출마한 최강욱은 2012년식 렉서스(4,600cc,
4785만 원)를 보유하고 있었습니다. 4785만 원은 감가상각을 고려한 비용으로,
신차 판매가 1억이 훨씬 넘는 최고급 차량으로 알려졌습니다. 이렇게 고액의
차량을 사서 일본회사에 엄청난 이익을 가져다준 사람이 '일본의 이익에 편승
하는 세력을 척결'을 외친다는 것은 앞뒤가 맞지 않는 말입니다. 천 원짜리 일

25) 일명 '윤석열 출마 방지법': 검사는 퇴직 후 90일 이후 공직 후보자로 출마할 수 있으나, 퇴직 후 1년 이후
　　로 출마할 수 있는 것으로 개정하려 함. 당시 윤석열 검찰총장의 대통령 선거 출마를 막기 위한 꼼수로 비
　　난받음.
26) 일명 '최강욱 셀프 구제법': 이동재 채널A 기자에 대한 허위 사실을 유포한 혐의로 재판을 받던 최강욱은
　　명예훼손죄의 성립 요건을 '친고죄(피해자가 직접고소)'로 한정하는 개정안을 발의. 당시 최강욱은 '법세
　　련'의 고발로 수사가 시작됐기 때문에 이 법이 통과되었다면 최강욱은 수사 및 기소 조건 조차 성립하지
　　않게 돼 '최강욱 셀프 구제법'이라고도 불림.

본산 볼펜도 아니고 억대 일본 자동차를 구매한 것은, 저들 기준에 의하면 누가 봐도 '친일파'입니다.

국회의원 출마 당시 최 씨는 청와대 공직기강 비서관에서 사직한 지 얼마 안 된 시점이었습니다. 문재인 정부가 들어서고 정부 고위 관료로 임명된 공직자들은 임명된 이후 일본산 차량을 처분했지만, 최강욱은 그렇지 않았습니다. 반일 선동으로 일자리를 잃는 국민들의 사정은 아랑곳하지 않고, 일본 제품 불매운동에 기름을 부었습니다.

부산의 렉서스에 근무하는 이승호 씨(41)는 조국의 「죽창가」에서 시작된 반일 운동 및 일본 제품 불매운동으로 렉서스 자동차를 찾는 사람들이 없어 많은 고생을 했다고 합니다. 렉서스를 타면 '친일파', '토착 왜구'로 몰리는 판국에 어느 누가 렉서스를 찾을 것이며, 설령 구매해서 탄다고 해도 테러를 당할까 봐 엄두도 내지 못하는 시기였습니다. 이 씨는 월급이 줄고 실직의 위험에 처하기도 했습니다. 자식을 먹여 살리고, 늙은 부모님을 봉양하기 위해 퇴근 후 저녁부터 새벽까지 주차 아르바이트까지 해서 위기를 넘겼다고 합니다. 본인들의 정치적 입지를 위한 반일 선동이 한 가정의 생사를 가르는 행위가 됐다는 걸 이 사람들은 알고 있을까요.

감정적인 반일 선동질로 대한민국 직장인들과 가정을 사지로 내모는 반일 선동가들이 진정 일본의 이익에 편승하는 자들입니다.

최강욱은 이 논란 이외에도 조국의 아들에게 허위 인턴 증명서를 발급한 혐의로 1심에서 유죄가 인정돼 징역 8개월에 집행유예 2년이 선고됐습니다. 최강욱이 근무했던 법무법인의 직원들은 조국 아들을 본 일이 없다고 했는데 최강욱은 끝까지 조국 아들이 인턴을 했다고 우깁니다. 조국 아들은 유령인가 봅니다. 아니면 착한 사람 눈에만 보이는 동화 속의 인물. 왜냐? 우리는 앞에 선 반일 몰이로 국민을 선동하면서 뒤로는 일본 제품을 사랑하는 내로남불을 비판하고, 조국의 위선을 싫어하는 마음씨 나쁜 사람이니까요.

「죽창가」와 의병 운동 외치면서
일본을 사랑한 사람들

조국은 2019년 여름, 「죽창가」를 국민들에게 알렸습니다. "죽창을 들고 일본을 때려잡읍시다."라고 직접적으로 이야기하지는 않았지만 "일본에 저항하겠다." 내지는 "일본에 저항하자."라는 대국민 메시지를 던진 것입니다. 이를 계기로 반일 불매운동이 일어났고 대한민국 성인들은 전까지 자주 마시던 아사히 맥주를 사지 않았고, 어린 학생들은 일본산 연필, 볼펜 한 자루도 사지 않는 풍경이 벌어졌습니다.

'가지 않습니다, 사지 않습니다 — 보이콧 재팬'이라는 문구와 함께 'NO JAPAN'이 들어간 그림 많이 보셨을 겁니다. 불매운동의 상징으로 각종 SNS 게시물과 카카오톡 개인 프로필 사진으로 도배되었던 사진입니다. 요즘도 SNS 활동을 하다 보면 흔히 볼 수 있습니다.

조 씨는 정부와 더불어민주당을 비판하는 야당 정치인과 일부 보수 언론들에 대해 '매국', '친일', '이적' 등의 강도 높은 비난을 해 왔습니다. 그런데 「죽창가」를 외치며 친일 프레임 씌우기에 전념하시던 사람이 버젓이 법무부 장관 기자 간담회 자리에서 일제 볼펜을 사용하는 모습이 언론에 포착됐습니다. 그

작은 일본산 볼펜 사용을 욕하는 게 아닙니다. 국민에게는 희생과 고통을 감수할 것을 권유하고 본인들은 국민들과 행동을 같이하지 않으며, 다른 행동을 하는 것을 문제 삼는 것입니다. 조국이 비난하던 친일 행위를 본인이 저지른 것입니다. 그래서 저는 조 씨의 행동을 '내로남불'이라 칭합니다.

간담회 자리에 있던 기자들 사이에서 「죽창가」를 외치던 조국이 일본산 볼펜을 사용한다는 말이 돌았습니다. 눈치를 챈 조국은 슬그머니 볼펜을 치웠습니다. 좀스럽게시리 이런 작은 것에는 국민들 눈치 보지 말고 굵직한(?) 거나 인정하십시오. 그럼 국민들은 조국 님을 대인배로 우러러볼 수도 있습니다.

「죽창가」를 이용해 국민들의 머릿속은 반일 감정으로 가득 차게 만들었으며, 국민들은 의병 못지않은 열사로 행동하도록 만들었습니다. 국민들의 사고 방식과 행동을 100년 전으로 후퇴하게 만들었습니다. 그러나 징작 「죽창가」와 '친일 척결'을 외친 사람들은 일본 사람보다 더 일본 사람처럼 행동했습니다. 그래서 우리는 겉과 속이 다른, 말과 행동이 딴 판인 이 사람들을 신뢰하지 않는 것입니다.

이들이 외친 반일 선동은 아마도 일본 제품 테러, 불매운동은 아니었을 것입니다. 국민들이 그 행동 방식을 과격하게, 비현실적인 방법으로 접근할 경우에는 지도자로서 '안 된다', '잘못됐다'라고 메시지를 전달해야 합니다. 그러나 그들은 그렇지 않았습니다. 뒤에서 즐기고 있었습니다. 마치 일제강점기 학도병 지원 연설에 나선 친일파들처럼 그들은 전쟁터에 나가지 않으면서, 학생들에게는 전쟁터에 나가 천황의 은혜에 보답할 것을 강요하는 것처럼 말이죠.

대한민국 땅에서 반일 감정 조장하며
일본에 세금 내는 '본토 왜구'

지난 2021년 4·7재보선은 서울 박원순 시장, 부산 오거돈 시장의 성추행으로 치러진 선거입니다. 2019~2021 조국 사태로 빚어진 내로남불과 부동산 가격 폭등, LH 사태 등으로 여당의 참패가 예상됐었습니다. 이를 극복하고자 여당은 흑색선전과 약자 코스프레를 선거 내내 이용했습니다.

서울시장 선거에 출마한 박영선 후보는 국민의힘 오세훈 후보의 도곡동 땅을 문제 삼아 투기 의혹을 제기하며 반전을 노렸습니다. 그 과정에서 오세훈 후보가 처가의 땅이 개발지로 편입되는 데 압력을 행사했는가, 처가 땅 측량 당시 오세훈 후보가 그 자리에 참석했는가에 초점을 맞춰 공세를 이어 갔습니다. 오세훈 후보가 측량 당시 그 자리에 참석했다는 의혹의 근거로, 근처에 있던 생태탕집 주인의 오 후보 목격담을 제시했습니다. 그러나 이는 확인할 수 없는 것으로 드러났고 결국, 이 흑색선전은 '생태탕 사건'으로 세간의 놀림감이 되었습니다.

부산시장 선거에서는 박형준 후보의 엘시티 특혜 분양 의혹을 제기하며 반전을 노렸습니다. 그 과정에서 더불어민주당 신동근 의원은 "박형준 국민의힘 부산시장 후보를 보니 대마도까지 보이는, 아주 뷰가 좋은 75평짜리, 당시 분양가가 20억 5000만 원짜리를 위아래로 가지고 있더라."라고 발언했습니다. 박형준 후보의 엘시티 특혜 분양 의혹과 더불어 반일 감정을 선거에 활용하려 했습니다. 그런데 국민들의 반응은 싸늘했습니다. 일부 네티즌들은 "우리 땅인 대마도인데 그게 어떻느냐.", "민주당 추하다.", "선동하는 수준이 저질이다." 등 여당에 대한 부정적인 의견이 주를 이뤘습니다.

박형준 부산시장 후보에 대한 여당의 친일 프레임 공세가 시작되자 국민의힘 이준석 대표는 "박형준 후보의 집이 대마도 뷰라고 엮어서 친일 프레임 만들려고 하는데 당신네 후보 집은 그러면 일본 왕궁 뷰인가"[27] 하고 따졌습니다. 실제 박영선 후보의 남편 명의의 일본 도쿄 아파트는 아카사카 별궁 옆, 메이지 신궁 동쪽, 야스쿠니신사 남쪽에 위치하고 있었습니다. 본전도 찾지 못할 친일 프레임 공세를 폈다가 망신만 당하는 꼴이었습니다.

대한민국은 자유민주주의 국가입니다. 정상적인 자금으로, 정직하게 번 돈으로 무엇이든 살 수 있는 곳입니다. 박영선 후보의 남편도 일본 부동산 사서 투자할 수 있습니다. 문제는 박영선 후보는 더불어민주당 서울시장 후보이고, 더불어민주당은 반일 감정을 조장하며 국민들을 선동한 집단이라는 것입니다. 상상 속의 허구로 상대편에게 친일 프레임을 씌웠습니다. 2020년 4·15 총선에서 더불어민주당은 "총선은 한일전"이라는 문구를 사용하며 한일 무역 분쟁, 조국 사태에 이어 국민들을 갈라치기 했습니다.

---

27) 김명성, 「"박형준 대마도뷰, 박영선은 야스쿠니뷰" 與野 이렇게 싸운다」, 조선일보, 2021. 3. 17., https://www.chosun.com/politics/politics_general/2021/03/17/VIY7FHGRUJC5FH7WGB4C2Y7KAE/

외국 부동산을 매입하면 부동산을 취득한 정부에 취득세, 등록세, 재산세를 납부하고 중개인에게 중개수수료를 지불해야 합니다. 반일을 외치면서 일본에 취득세, 등록세, 재산세까지 납부하면서 부동산을 취득하는 행태는 어떻게 설명할 수 있습니까? 국민들은 편의점 가서 시원하게 아사히 맥주 한 잔 못 마시게 만들고, 만 원짜리 유니클로 티셔츠에 친일파 낙인을 찍었던 사람들이 일본에 세금 납부하며 부동산을 취득하고 보유하는 겉과 속이 다른 행동을 했습니다. 실체도 없는 '토착 왜구' 운운하며 자기들 생각과 다른 목소리를 내면 '반일 몰이'로 국민을 갈라치기 했습니다. 참 어처구니 없는 앞뒤가 다른 행동입니다.

이런 비판에 대해 박영선 후보 측은 남편이 MB 정권의 탄압으로 일본으로 쫓겨 가면서 마련한 집이라고 했습니다. 또 남 탓, 전 정권 타령입니다. 수학적으로 딱딱 맞아떨어지는 피타고라스 정리 같은 변명입니다. 패턴이 거의 괘종시계 시계추 같습니다. 반박할 논리가 궁색하면 친일 프레임, 남 탓, 전 정권 타령. 정말 과학입니다.

두 번째 변명, 남편이 김앤장 변호사로 근무하다가 2008년 직장을 일본으로 옮겨 2009년 아파트를 구입해 거주했다고 합니다. 일반 기업(법무법인도 포함)이 임원을 해외에 발령 내면 주택임차비용을 지원합니다. 이사비, 체류비, 주거비는 회사에서 지원한다는 사실은 일반 기업체에서 근무하신 분이라면 다 아는 내용입니다. 회사에서 주거비가 나오는데 굳이 아파트를 매매할 필요가 있었을까요. 또 아파트를 구매할 때 대출까지 동원했습니다. 본사가 있는 한국으로 언제 발령 날지 모르는 상황에 대출까지 동원해서 집을 구매한다는 것은 변명치고는 상당히 궁색합니다. 투자용으로 산다고 보는 것이 합리적 의심입니다.

　과거 박영선 후보는 일본의 식민 지배를 하나님의 뜻이라고 해서 논란이 됐던 박근혜 정부 총리 후보자를 두고 "우리는 지금 일본 총리를 뽑는 것이 아닙니다."라고 했고, 일본 자위대 창립 50돌 행사에 참석한 나경원 전 의원을 향해 "일본 의원인지 의심케 한다."[28]라고 했습니다.

　더불어민주당의 주요 전술 '친일 프레임 씌우기'로 국민의힘이 '토착 왜구'가 됐다면, 이제 더불어민주당은 '본토 왜구' 반열에 올랐습니다. 박영선 후보의 남편은 일본 JAL 항공 주식도 보유하고 있었습니다. '본토 왜구'들이 '토착 왜구'를 친일이라 욕하니 지나가던 개가 웃을 일입니다.

28) 디지털뉴스팀, 「박영선, 나경원 후보 '자위대 창립 50돌 행사' 참석 거론」, 경향신문, 2014. 7. 17., https://www.khan.co.kr/politics/election/article/201407171557571

〈독수리 오형제〉·〈은하철도 999〉는 한국 애니메이션?

1990년 초 대한민국 어린이들의 마음을 사로잡았던 〈독수리 오형제〉를 기억하실 겁니다. 저를 비롯한 주변의 친구들도 많이 봤던 만화입니다. 때로는 등장인물들의 모습을 따라 하기도 했습니다. 빨래집게로 보자기를 목에 고정시켜 높은 곳에서 아래로 떨어지는 놀이를 했던 기억이 아직도 생생합니다.

지구를 정복하려는 악당 무리에 대항해 멋지게 싸우는 〈독수리 오형제〉의 극중 설정이 30년이 흐른 지금도 활용되고 있습니다.

2020년 4·15 총선에서 더불어민주당 소속으로 당선된 초선 의원(김남국, 김용민, 장경태, 최혜영)들과 이재정 의원은 민주당의 정책 방향과 혁신 정책을 알리고자 유튜브 방송을 시작했습니다. 민주당 지지자들은 '독수리 오남매'라는 이름의 유튜브 방송 홍보를 위해 〈독수리 오형제〉의 캐릭터를 활용했습니다. 〈독수리 오형제〉는 일본 애니메이션 〈카가쿠닌자타이 갓챠만科学忍者隊ガッチャマン〉이 원작으로, 유튜브 방송 홍보물은 등장인물들의 캐릭터를 무단으로 사용했습니다. 또 평소 반일을 외쳐 오던 더불어민주당에서 일본 애니메이션의 캐릭터를 사용했다는 점에서 '내로남불'이라는 비판을 받았습니다.

민주당 관계자는 "당 차원에서 공식적으로 제작하지 않은 홍보물이 일본 저작물 무단 사용 논란에 휩싸여 저희도 당혹스러운 상태이며, 이번 행사를 주최한 어느 의원실에서도 이 같은 포스터를 제작해 홍보하지 않았다.”[29]라고 해명했습니다.

당 차원에서 진행한 홍보는 아니었지만 민주당 지지자들의 행태가 매우 가증스럽습니다. 무지에서 오는 반일 행위는 자신들의 논리를 스스로 무너뜨리는 행위입니다. '친일 잔재 청산'을 인생 최고의 목표로 삼고 살아가는 무지의 반일 선동가들에게 많은 교훈을 주는 사건이었습니다. 생각 없이 무조건적인 반일을 외치다 스스로가 쳐 놓은 친일 프레임 덫에 걸려 발버둥 치는 사례가 생기지 않길 바랍니다.

그런데 민주당의 이런 '내로남불'은 이번이 처음이 아닙니다. 2018년 지방선거에서도 비슷한 논란이 있었습니다. 지방선거 선거운동을 앞두고 전국유세단을 출범시킨 민주당은 일본 애니메이션 〈은하철도 999〉를 패러디한 '평화철도 111'을 선보였습니다. 이 행사에서 박주민 의원은 '철이', 이재정 의원은 '메텔', 정청래 의원은 '역장' 분장을 하고 나타났습니다. 〈은하철도 999〉는 한국 애니메이션이 아닙니다. 일본 애니메이션입니다. 반일 선동가들이 말하는 친일 행위를 반일 선동가들이 아무 거리낌 없이 국민들 앞에 선보이는 건 정말 경천동지驚天動地할 일입니다.

이런 화려한 전적이 있었음에도 2년 뒤에 똑같은 내로남불을 저질렀습니다.

---

29) 노석조, 「'노재팬' 외치던 여당 '독수리 5남매'의 포스터엔…」, 조선일보, 2020. 8. 19., https://www.chosun.com/site/data/html_dir/2020/08/19/2020081902516.html

이재정 의원은 2018년, 2020년 두 번이나 이런 구설에 휘말렸습니다. 예전 최순실·박근혜 국정농단 사태 때 국회에서 황교안 총리에게 오방끈을 들고 "뱀 든 것보다 소름끼친다."라고 말하며 그 끈을 건네는 장면이 생각납니다. 그 오방끈을 사이비 종교와 결부시켜 박근혜 전 대통령을 샤머니즘 신봉자로 몰았습니다. 박근혜 대통령과 무관한 오방끈 연구는 열심히 해서 가짜 뉴스를 만들었습니다. 그 가짜 뉴스로 위기에 놓인 박 대통령을 코너로 몰았습니다. 그런데 〈독수리 오형제〉와 〈은하철도 999〉가 어느 나라 애니메이션 작품인지 연구하실 시간은 없었나 봅니다. 선동질에만 몰두하지 마시고 논리를 갖춰 자신의 생각을 펼치길 바랍니다. 찐시민 여러분! 국민들을 미개인 취급하며 아무말 대잔치나 벌이는 선동가들의 덫을 박살 냅시다.

일본 문화를 그토록 사랑하고 애용하면서 반일을 외치니 어이가 없습니다. 운동권 출신들이 반미를 외치면서 자식들은 미국 유학 보내는 사례를 보고 우리는 허탈함과 배신감을 느꼈습니다. 가진자와 미국을 제국주의자들이라며 비난하던 그들이 자식들은 연간 1억이 넘는 미국 대학에 유학 보내고, 어깨에는 200만 원짜리 명품 가방을 걸어 주는 이중적 행태를 보였습니다. 반일을 외치며 일본 애니메이션을 무단으로 도용해서 자신들의 정치적 홍보에 이용하는 모습에 다시 한번 허탈함을 느낍니다. 국민 보여 주기식의 '정치쇼'에 치중하다 보니 검증 없이 이런 무지의 반일 선동이 똑똑한 국민들의 감시망에 걸리는 겁니다.

이제 반일 선동은 제발 그만. 토 나옵니다.

일장기 들고
"대한 독립 만세" 외치는 사람들

2021년 8월 15일 광복절. 저는 그날 사람 눈에서 레이저가 나갈 수 있다는 사실을 처음으로 알게 됐습니다. 바로 김원웅 광복회장 이야기입니다. 이날 광복절 기념행사에서 "대한민국이 민족 정통성 궤도에서 한동안 이탈했다. 친일 내각이었던 이승만 정권은 4·19로 무너뜨렸고 박정희 반민족 정권은 자체 붕괴됐으며 전두환 정권은 6월 항쟁에 무릎 꿇었고 박근혜 정권은 촛불 혁명으로 무너뜨렸다. 이들 세력은 대한민국 법통이 임시 정부가 아니라 조선총독부에 있다고 생각한다. 친일 카르텔 구조는 여전하다."[30]라고 말했습니다.

"친일 내각 이승만 정권은 4·19로, 박정희 반민족 정권은 자체 붕괴(…)"

2021년 8월 15일 광복 76주년 기념사

---

30) 김은중, 「대한민국 정통성 부정한 김원웅 기념사… 靑, 사전 알고도 방치했다」, 조선일보, 2021. 8. 15., https://www.chosun.com/politics/politics_general/2021/08/15/VPAGMJV4BRF6VOISvF6D63COBA/

연설을 들어 보니 역대 정부의 흐름을 설명하는 가운데 김대중, 노무현 대통령의 업적이 빠졌습니다. '남북정상회담을 위해 북한에 달러를 상납하고, 북한으로 흘러들어 간 달러가 미사일 개발과 핵무기 개발 완성으로 이어졌고, 통일이 된다면 그 미사일과 핵무기가 우리 국방력 최고 자랑이 될 것이다.'라는 멘트가 있었으면 하는 아쉬움이 있었습니다.

그는 편향된 역사관과 사실에도 맞지 않는 일방적 주장으로 역대 정부를 친일로 매도했습니다. 독도를 실효 지배할 수 있도록 만든 것은 이승만 정권이며, 박정희 정권은 한일 협정으로 포항제철을 건립하고 경부고속도로를 건설해 우리나라 경제 발전을 앞당겼습니다. 전두환과 박근혜 정부는 친일과 아무런 관련이 없습니다.

이런 말도 안 되는 주장이 우리에게 헛웃음을 선사해 줍니다. 더 박장대소할 일은 김원웅이 비판했던 친일, 군사정권과 같은 지난 정부의 궤적은 김원웅 인생의 풀 스토리와 궤를 같이 한다는 것입니다. 즉 김원웅의 과거 행적이 그의 발언과 정확히 일치하는 삶이었다는 것입니다. 김원웅이 비판한 친일파가 바로 김원웅, 김원웅이 비판한 군사 독재의 수혜자가 바로 김원웅이라는 뜻입니다. 자기가 자기를 비판하는 자아비판. 조로남불에 이어 '웅로남불'입니다.

그는 과거 박정희 유신 정권이 시작하면서부터 공화당이 해산할 때까지 당직자로 근무했습니다. 전두환 정권 출범 후 1980년 민정당 창당에 참여하며 민정당 전국구 국회의원에 까지 출마했습니다. 1990년 3당 합당이 되면서 지역구를 잃게 될 위기에 처하자 민정당을 탈당해 민주당에 입당합니다. 1992년 민주당에 입당해 14대 국회의원에 당선되고 국회의원 배지를 달았습니다. 그러나 1996년 민주당이 총선 패배 후, 1997년 한나라당으로 당적을 옮겨 2000

년 한나라당 소속 국회의원으로 당선됩니다. 그는 2002년 노무현 전 대통령을 지지한다며 한나라당을 탈당해서 열린우리당 후보로 2004년 국회의원 선거에 출마해 당선됩니다.

	당적	신분
박정희 정권	여당 민주공화당	당직자
전두환 정권	여당 민주정의당	전국구 국회의원 출마
노태우 정권	야당 민주당	국회의원
김영삼 정권	여당 한나라당	
김대중 정권	야당 한나라당	국회의원
노무현 정권	여당 열린우리당	국회의원
문재인 정권	친여권	광복회장

<표1. 김원웅의 카멜레온 이력>

이렇게 과거가 화려한 사람은 처음입니다. 우리나라 정치사에 기록 될 '철새 정치인'입니다. 고교 시절에 읽었던 『꺼삐딴 리』가 떠오릅니다. 자신의 영달을 위해 카멜레온처럼 모습을 바꿔가는 기회주의자로 묘사되었던 이인국 박사의 모습과 어찌 이렇게 흡사할 수 있는지 놀랍습니다. 일제강점기에는 먹고살기 위해 친일파가 됐고, 일제가 패망하고 미군정이 들어오자 친미파로 변신했고, 북한군이 밀고 내려오자 동네 이장을 밀고하고 빨간 완장 찼던 사람.

친일 매국 정권이라던 박정희, 전두환 정권에서 성낭인으로 살았던 이력과 정치적 입지의 손익 여부에 따라 당적을 수 없이 바꾼 전력은 '김원웅의 정체성은 과연 무엇인가?'라는 물음을 만들어 낼 수밖에 없습니다. 이런 비판에 대해 그는 "그 문제에 대해서는 솔직히 다 사실이다. 제가 생계를 꾸리고 젊은 시절에 가정을 꾸려 나갔다."[31]라고 변명했습니다.

김 씨는 자신에게는 너무나도 관대한 도덕적 기준을 갖고 있습니다. 생계를 위해 친일 매국노 정당에서 일한 것은 어쩔 수 없는 일이고, 생계 때문에 일제강점기 일본 정책에 순응하고 군인으로 복무했던 사람들은 친일파로 매도되어야 하는 사고방식이 참으로 특이합니다. 이래서 우리는 그의 앞뒤가 맞지 않는 행적을 두고 '내로남불'이라고 칭합니다. 웅로남불.

친일, 군사 정권에서 주요 당직자로 근무하고 국회의원까지 하신 친일파 중의 악질 친일파가 광복회장을 하고 있습니다. 김원웅은 친일 청산보다는 자기 과거사 청산부터 먼저 하는 게 순서인 것 같습니다. 창씨개명하면 친일파라고 낙인 찍는 좌파들 기준에 의하면 김원웅은 친일파의 아들입니다. 에모토 시마지 여사의 아들 김원웅. 2021년 김원웅의 친일·군사정권 척결 기준에 의하면 과거 김원웅은 사형감입니다.

김원웅의 100년 전 과거에 갇힌 역사 의식으로 읊어 내려간 연설문을 듣고 옆에 있던 문재인 대통령은 큰 박수로 호응했습니다. 국가의 공식행사인 광복절 기념사를 저렇게 시대착오적으로 썼음에도 청와대는 수수방관했습니다. 뒤이은 경축사에서 문재인 대통령은 "일본을 향한 대화의 문은 항상 열어 두고 있다."라고 말했습니다. 한 놈은 "싸우자.", 같은 팀인 한 놈은 "대화하자."라고 합니다. 한 놈은 100년 전 일까지 끄집어내는 역사 지체, 한 놈은 어제 싸우자고 한 일도 기억 못하고 오늘 화해하자는 정신 지체가 혼재합니다.

---

31) 주희연, 「김원웅 "안익태는 친일, 백선엽은 사형감… 난 생계 때문"」, 조선일보, 2020. 8. 17., https://www.chosun.com/site/data/html_dir/2020/08/17/2020081700774.html

지도자들의 역사 인식이 어찌 이렇게 뒤죽박죽입니까. 안타깝습니다. 2018년 3·1절, 문재인 대통령은 탈중국의 상징 독립문 앞에서 반일 만세를 불렀습니다. 중국 청나라 사신을 맞이하던 영은문迎恩門. '중국 황제의 은혜를 맞이하던 문'이란 뜻입니다. 조선 왕조 500년 동안 중국 사신이 이 문을 지날 때마다 우리는 수많은 굴욕을 겪었습니다. 1894년 청일전쟁에서 청나라가 패하고 1895년 시모노세키에서 열린 강화회의에서 중국은 '조선이 중국의 속국이 아님을 선언'했습니다. 이 기회를 틈타 우리는 스스로 중국으로부터 독립을 선언했습니다. 이후 1897년 이승만과 서재필이 영은문을 부수고 중국의 간섭으로부터 독립한다는 의미에서 독립문獨立門을 세웠습니다. 반중反中 유적지에서 반일反日 대한 독립 만세 삼창을 외친 우리 지도자를 어찌하면 좋겠습니까.

"역사 문외한들이 기획한 3·1절 행사"

양상훈, 「반중反中 상징 독립문 앞에서 반일反日 만세
부른 文」, 조선일보, 2021. 3. 4.

　혹시 아십니까? 1982년 문재인 대통령은 친일파 논란이 휩싸인 부산 부호 김지태 자녀들의 상속세 117억 원 환급 소송을 맡아 변호했고 승소했습니다. 3년 뒤 법인세 50억 원 취소 소송에서 문재인 대통령이 변호해 승소했습니다.

　동양척식주식회사에서 5년간 근무했던 김지태는 퇴사하며 울산 땅 2만 평을 10년 분할 상환으로 불하받았습니다. 일본인은 1만 평도 불하받기 어려운 시절이었습니다. 엄청난 특혜였습니다. 김지태 씨는 이를 담보로 사업을 키웠고 태평양 전쟁 때 군수 사업으로 큰돈을 벌었다고 합니다. 김지태는 해방 후

'반민족행위처벌법' 대상에 빠졌지만 1960년 4·19 혁명 당시 시민과 학생들이 그의 집에 몰려가 "악질 친일 재벌 처단하라"는 구호를 외치기도 했습니다.

김지태가 만든 부일장학회는 노무현 전 대통령과도 인연이 깊습니다. 노무현 전 대통령은 회고록에서 중고등학교 때 김지태가 운영하는 부일장학회에서 장학금을 받았고 "그분이 내 인생에 디딤돌을 놓아 준 은인恩人이었던 것이다." 라고 썼습니다.

세월이 흘러 변호사 노무현이 대통령이 되었습니다. 노무현 대통령 집권 당시 2005년 일제강점기에 행해진 친일반민족행위의 진상 규명을 위해 대통령직속 '친일반민족행위진상규명위원회'를 출범시켰습니다. 위원회 보고서에 김지태는 명단에 오르지 않습니다. 당시 문재인 대통령은 민정 수석이었습니다. 퍼즐이 잘 맞춰집니까?

오마이 뉴스에서는 김지태의 이런 친일 논란에 "故 김지태씨가 동양척식주식회사에서 잠시 근무한 건 사실이나, 그는 대표적인 독립운동 단체인 신간회에서 간부로 활동했다."[32]라고 문재인 대통령과 김지태를 옹호했습니다. 그런데 오마이 뉴스의 '김지태 신간회 활동설'은 사실이 아닙니다. 동시대에 활동한 동명이인 김지태金誌泰를 이용해 친일 논란 김지태金智泰를 독립투사로 만들었습니다. 날조, 조작입니다.

김원웅 광복회장님의 눈에서 나왔던 그 살벌한 레이저가 향해야 할 곳은 국민들이 아닙니다. 생계를 핑계 삼아 똥인지 된장인지 구분 못하고 아무데나 빌붙었다가 역사 왜곡과 궤변으로 본인들의 잘못을 감추는 바로 당신들입니다.

---

32) 곽우신, 「'문다혜=친일'이라는 민경욱의 희한한 논리」, 오마이뉴스, 2019. 8. 1., http://omn.kr/1k8jc

위안부 할머니들의 등골브레이커 윤미향

2020년 4·15 총선에서 윤미향은 더불어민주당 비례대표 후보로 입후보해 당선됐습니다. 그 사실이 알려지자 위안부 피해자 이용수 할머니가 기자회견을 자청했습니다. 회견에서 이용수 할머니는 윤미향 씨가 대표로 있던 '정대협(정신대문제대책협의회)', '정의연(정의기억연대)'의 비리 사실을 폭로했습니다. 이용수 할머니의 주장에 따르면 윤미향 씨는 위안부 피해자 할머니들의 후원금을 유용했다고 합니다.

다음은 이용수 할머니 주장의 요약입니다.

'수요 집회에서 받은 성금이 할머니들한테 쓰이지 않고 어디에 쓰이는지 모르겠다. 윤미향 정의연 대표가 국회의원을 해선 안 된다. 앞으로 수요 집회도 참석하지 않겠다.'

이에 정의연은 할머니들에게 지원금을 드렸다며 1억 원짜리 영수증을 공개했습니다. 그러나 이런 해명에도 논란은 후원금 부실 사용 의혹으로 퍼져나갔습니다. 故 김복동 할머니 장학재단의 수혜자 전원이 진보 시민단체 활동가들의 자녀였던 사실, 3300만 원의 기부금이 맥줏집 한 곳에서 전액 사용됐다는 사실이 보도되면서 정의연과 윤미향에 대한 비난 여론이 더욱더 거세졌습니다.

이런 의혹 속에서도 수요 집회는 계속 진행됐고, 정의연은 "개인적인 자금 횡령이나 불법 유용은 없다. 일부 언론이 악의적으로 왜곡 보도를 하고 있다."[33]라며 불만을 표시했습니다. 이용수 할머니도 "그간의 활동으로 이끌어 낸 성과에 대한 폄훼와 소모적인 논쟁은 지양돼야 한다."[34]라고 밝혔습니다. 이용수 할머니의 다소 누그러진 발언으로 이 사건은 일단락되는 듯했으나 새로운 의혹이 터져 나왔습니다.

정의연이 안성 위안부 쉼터(평화의 집)를 윤미향의 지인으로부터 비싸게 구매해서 헐값에 매각했다는 의혹입니다. 현대중공업으로부터 10억 원을 기부 받아 진행된 사업이었습니다. 7억 5000만 원에 매입해 4억 2000만 원에 매각했습니다. 누가 봐도 이상한 매매였습니다. 누군가는 이득을 봤다는 것이 합리적인 의심이고, 그 이득을 본 사람이 누구인지 밝혀야 할 부분입니다.

또 이 쉼터의 관리인은 윤미향 씨의 아버지로 6년간 7500만 원을 수령했습니다. 이것뿐만이 아니었습니다. 쉼터는 할머니들이 사용하기보다는 직원 워크숍에 활용됐습니다. 일부 주민들은 이 쉼터에서 술판이 자주 벌어졌다는 증언을 하기도 했습니다. 할머니들 쉬라고 현대중공업에서 지원해 준 돈으로 비싼 가격에 주택을 매입하고, 그 집을 할머니들의 쉼터가 아닌 정의연 거머리들이 술퍼마시는 놀이터로 이용했습니다. 천인공노天人共怒할 짓입니다. 위안부 할머니들을 위해 마련한 쉼터에서 일본 과자를 술안주 삼아 노닥거리며 자랑질하는 이 사람들의 정신세계가 궁금합니다.

---

33) 조문희, 「이용수 할머니가 쏘아올린 공… 윤미향 둘러싼 의혹 총정리」, 시사저널, 2020. 5. 19., http://www.sisajournal.com/news/articleView.html?idxno=200221

34) 김현태, 「이용수 할머니 "30년 활동성과 폄훼, 소모적 논쟁 지양해야"」, 연합뉴스, 2020. 5. 13., https://www.yna.co.kr/view/AKR20200513143800053

한승곤, 「"웃음꽃 안 떠나" 정대협, 위안부 쉼터서 일
본 과자 놓고 술판」, 아시아경제, 2020. 5. 18., https://
www.asiae.co.kr/article/2020051807500726622

윤 의원은 정부와 지자체를 속여 보조금 3억 6000여만 원을 타내고, 치매
증세를 보이고 있는 길원옥 할머니로 하여금 7920만 원을 정의연에 기부·증여
하게 한 의혹도 받고 있습니다.

위와 같은 모든 의혹으로 윤미향 대표는 더불어민주당에서 출당 조치되었
고, 검찰로부터 업무상 횡령, 배임, 사기 등 8개 혐의로 기소되어 재판을 받고
있습니다.

'피의사실 공표 금지'라는 그들을 위한 검찰 개혁으로 조국이 첫 번째 수혜
를 입었다면, 윤미향은 두 번째 수혜자가 됐습니다. 이 말도 안 되는 검찰 개
혁 조치로 윤미향의 범죄행위는 세간에 자세히 알려지지 않았습니다. 그런데
2021년 10월 5일 뉴스에 자세히 보도됐습니다.

순	혐의	규모(원)
1	보조금관리에 관한 법률 위반 및 지방재정법 위반, 사기	3억 6750만
2	기부금품법 위반	42억 7000만
3	업무상횡령	1억 35만
4	준사기	7290만
5	업무상 배임	7억 5000만
6	공중위행관리위반	900만

<표2. 검찰에 기소된 윤미향의 혐의와 액수>

국민의힘 전주혜 의원이 법무부로부터 제출받은 윤 의원 공소장의 '범죄 일람표'에 따르면 윤 의원이 후원금 1억 37만 원을 217차례에 걸쳐 쓴 내역이 담겨 있습니다. 그 중 일부입니다.

① 2015년 3월 1일 'A 갈비'라는 가게에서 모금액 중 26만 원 사용

② 2015년 3월 23일 'B 돈豚'이라는 가게에서 18만 4,000원, 'C 과자점'에서 4만 5,000원 사용

③ 2014년 12월 24일 본인 개인 계좌로 받았던 모금액 중 23만 원을 또 다른 본인 계좌로 송금

④ 2015년 7월 발 마사지 숍으로 보이는 'D 풋샵'이란 곳에서 9만 원 사용

⑤ 2016년 4월 속도위반 교통 과태료 8만 원을 정대협 계좌에서 빼서 납부

⑥ 2018년엔 정대협 계좌에서 25만 원을 개인 계좌로 보내며 '윤미향 대표 종합소득세 납부

윤미향 의원이 이렇게 많은 논란을 일으켰지만 그 이후 윤미향이 어떤 사람인지 적나라하게 보여 주는 사건이 발생합니다. 윤 의원이 2020년 12월 11일 지인들과 식당에서 와인 모임을 가진 사진을 SNS에 올리며 "길원옥 할머니 생일 기념, 길 할머니 생신을 할머니 빈자리 가슴에 새기며 우리끼리 만나 축하하고 건강 기원, 꿈 이야기들 나누며 식사"[35]라고 썼습니다.

여러분, 당사자 없는 생일파티도 있습니까? '내 생일을 축하하는 자리인데 내가 없다.'라는 상상해 보셨습니까? 아무리 생각해 봐도 상식에 맞지 않는 상황입니다. 이에 서민 교수는 "생일 축하가 진심이라면 당연히 길 할머니를 모셔 놓고 해야 하건만 윤미향은 그런 거 상관없다. 검사 기소장대로 길 할머니를 앵벌이 시키고 할머니 앞으로 온 돈까지 착복했던 사람이 할머니 생신 축

---

35) 서한길, 「윤미향 '와인파티'… 길 할머니 생일인가, 본인 생일인가」, 동아일보, 2020. 12. 14., https://www.donga.com/news/Society/article/all/20201214/104433284/2

하한답시고 지들끼리 모여 먹고 있다."[36]라고 비난했습니다.

거머리는 피를 빨아 먹기 위해 한번 달라붙으면 배가 터질 때까지 피를 빨아먹습니다. 절대로 중간에 멈추는 법이 없습니다. 언제까지 이런 빨대 짓이 계속될까요? 우리가 멈추게 해야 합니다.

윤미향을 비롯한 정대협·정의연 관련자들은 앞에서는 위안부 할머니들의 아픔을 위로해 주는 척했지만 뒤로는 계산기를 두들기고 있었을지도 모릅니다. 사회적 약자들의 아픔과 죽음에 파리 떼처럼 몰려들어 사익을 추구하는 전형적인 좌파들의 행동 공식입니다. 그런 상황을 이용해 기회가 된다면 정치인이 되기 위한 발판으로 삼기도 합니다. 이들이 일본과 한국의 위안부 합의를 반대했던 이유가 여기에 있을 수도 있습니다. 합의되는 순간 본인들의 존재 가치가 떨어지고 돈벌이가 안 되니까요. 정권이 이들을 비호할 수밖에 없었던 이유도 마찬가지 일 겁니다. 반일 선동에 '파블로프의 개'처럼 반응을 보이는 사람들이 있기 때문입니다. 그들의 표를 잃기 때문입니다.

소녀 시절엔 일본군에게 끌려가고, 늙어서는 윤미향에게 끌려다니는 모습

「국민 만평—서민호 화백」
국민일보, 2020. 5. 26.

---

36) 김승현, 「서민 "길 할머니 없이 생일 축하? 윤미향 우려먹기의 백미"」, 조선일보, 2020. 12. 13., https://www.chosun.com/politics/2020/12/13/JDXRFZUXRNAPTL3PJEEYF6AJHE/

윤미향의 셀프 보호법

윤미향 의원은 정의연 이사장으로 재직하면서 정부 또는 기업으로부터 받은 보조금과 후원금을 유용한 혐의로 검찰에 기소돼 재판을 받고 있습니다. 이러한 가운데 윤 의원이 일본군 위안부 피해자·유족은 물론 이들을 위한 단체를 향한 명예훼손을 금지하는 내용의 법안 발의에 참여했다는 소식이 알려져 많은 비판을 받고 있습니다.

민주당 인재근 의원이 대표 발의한 '일본군 위안부 피해자에 대한 보호지원법' 개정안에 따르면 위안부 피해자에 대해 허위 사실을 유포해 명예훼손을 하면 처벌할 수 있도록 했습니다. "피해자나 유족을 비방할 목적으로 사실을 적시하거나 허위 사실을 유포해 피해자나 유족, 위안부 관련 단체의 명예를 훼손해선 안 된다."라는 조항도 신설했습니다. 일각에서는 '윤미향 셀프 보호법'이라고 비판하고 있습니다.

이미 통과되어 시행되고 있는 '5·18 왜곡처벌법'처럼 국민들의 입에 재갈을 물리는 법이 하나 더 만들어진다고 하니 소름이 돋습니다. 뭐가 그리 무서워서 국민들의 생각과 표현의 자유를 법으로 통제하는 것인지 궁금합니다. 역사적 사건에 대한 판단은 개개인이 하는 것이지, 국가가 개입할 사안이 아닙니다. 국가가 국민의 생각까지 통제하려 합니다. 정상적인 민주주의국가 맞습니까. 조지 오웰의 작품 『1984』에서는 '텔레스크린'이 국민을 감시하고, 통계와 뉴스 조작으로 과거를 통제하며, 국가의 정책 선전에 미심쩍어하는 표정을 지으면 처벌 대상이 되는 장면이 나옵니다. 이른바 표정죄.[37] 지금 이 정부의 여러 행태와 비슷한 점이 많습니다. 소설이 현실이 되어가고 있습니다. 인민민주주의 공화국이 걸었던 길을 우리는 경험하고 싶지 않습니다.

안철수 국민의당 대표는 "대북전단금지법, 언론중재법에 이은, 표현과 양심의 자유에 재갈을 물리는 반자유주의 시리즈물. 현 정권과 생각이 다른 국민을 적폐로 몰아가고, 법으로 처벌하려 한다."[38]라고 비판했습니다.

이 법이 통과되면 앞으로 이용수 할머니처럼 정의연의 불법을 폭로하는 정의로운 행동들은 위축될 수밖에 없습니다. 정의연처럼 '약자 보호'를 가장한 '약자 착취' 행위에 재동장치가 사라짐으로써 약자들이 보호받을 수 있는 시스템이 유명무실해질 가능성이 높아질 것입니다. 이 법이 1년 전에 통과됐더라면 이용수 할머니는 형사 처벌 대상이 되는 희한한 일이 벌어졌을 겁니다.

민주당은 이 개정안이 당론이 아니라고 했지만 여러 가지 범법 혐의로 재판을 받고 있는 당사자를 보호하는 법안을 발의한 것은 잘못된 것이라고 공식적으로 사과해야 하는 것이 마땅합니다.

원희룡 제주지사는 "차라리 '민주당 비판 금지법'을 만들라."[39]라며 비판했습니다. 독재의 시작은 표현의 자유를 억압하는 데서 출발합니다. 이 법안을 발

---

37) 조지 오웰 지음, 박유진 옮김, 『1984』(코너스톤, 2020), 85

38) 이혜영, 「안철수 "문 정권, '운동권 셀프 특혜법' 시리즈물 난무"」, 시사포커스, 2021. 8. 24., http://www.sisafocus.co.kr/news/articleView.html?idxno=264870

39) 임희경, 「원희룡 "차라리 민주당 비판 금지법을 만들라"」, 시사신문, 2021. 8. 24., http://www.sisasinmun.com/news/articleView.html?idxno=401095

의한 인재근 의원은 군사 독재 정권 시절 '민주화 투사' 故 김근태 의원의 부인입니다. 故 김근태 의원이 하늘에서 보시면 부인에게 어떤 말을 건넬지 궁금합니다.

일본 유학 다녀오면 무조건 친일파

소설 『아리랑』의 작가로 알려진 조정래 씨는 등단 50주년 기념 기자회견에서 "일본 유학 다녀오면 '무조건' 친일파가 된다."[40]라고 발언했습니다. 조 작가의 발언이 알려지자 많은 국민들이 시대착오적인 국민 편 가르기라며 비판했습니다. 한편에서는 앞뒤를 자른 지나친 왜곡이라는 의견도 있었습니다.

열린민주당 최강욱 의원은 「사실을 왜곡하는 오래된 기술자들」이라는 제목과 함께 조 작가의 발언을 소개했습니다. '무조건'이라는 단어를 빼고 조 작가의 발언을 실었습니다. 그러나 『조선일보』, 『중앙일보』, 『동아일보』는 '무조건'이라는 단어를 그대로 썼습니다. '무조건'이라는 단어가 포함됐느냐 그렇지 않느냐에 따라 전달되는 의미가 완전히 달라지기 때문에 민감한 사안이었습니다. 조 작가의 발언을 자세히 살펴보겠습니다.

조 작가는 "토착 왜구라고 부르는, 일본 유학을 갔다 오면 무조건 친일파가 돼 버립니다. 민족 반역자가 됩니다. 그들을, 일본의 죄악에 대해서 편들고 왜곡하는, 역사를 왜곡하는 그자들을 징벌하는 새로운 법을 만드는 운동이 전개되고 있습니다. 제가 적극 나서려고 합니다."[41]라고 말했습니다. 사실을 왜곡

---

40) 이승우, 「조정래 "일본 유학 다녀오면 친일파 돼… 150만 친일파 단죄해야"」, 연합뉴스, 2020. 10. 12., https://www.yna.co.kr/view/AKR20201012096100005

41) 조현호, 「조정래 '일본유학=친일파' 발언 원문을 보니」, 미디어오늘, 2020. 10. 14., http://www.mediatoday.co.kr/news/articleView.html?idxno=209805

하는 기술자는 바로 최강욱이었습니다. 최강욱의 적은 바로 최강욱.

여러분들은 이런 조 작가의 발언에 대해 어떻게 생각하십니까? '일본에 유학을 다녀오면 무조건 친일파가 된다'는 주장의 전제는 '토착 왜구'라고 변명했습니다. 다시 말해, '토착 왜구'가 '일본에 유학을 다녀오면 무조건 친일파가 된다'는 뜻이므로 일반인은 예외라는 논리가 성립하게 됩니다. 그런데 태어날 때부터 일본 유학 가는 사람, 토착 왜구가 정해져 있습니까? 조 작가의 논리대로 친일은 망국의 근원이고 척결 대상이라면, 앞으로 조 작가가 남은 여생 해야 할 일은 일본으로 유학 가는 학생들을 면접 보고 토착 왜구인지 감별하는 일입니다.

조 작가의 말처럼 '일본에 유학 갔다 오면 무조건 친일파가 돼 버리고, 민족 반역자가 된다'는 논리면 일본 고쿠시칸 대학에서 유학한 문재인 대통령의 딸은 친일파가 됩니다. 일본에 유학을 다녀온 수많은 대한민국 국민들이 친일파가 되는 것입니다. 인터넷 공간에서는 조국, 최강욱, 박영선, 조정래 씨는 죽창 들고 토착 왜구 토벌하러 청와대로 쳐들어가라는 말이 떠돌고 있습니다.

조 작가의 아버지는 일본에 유학을 다녀온 시조 문학인으로, 아들의 "일본 유학을 다녀오면 무조건 친일파"라는 단정으로 졸지에 '친일파', '매국노', '민족 반역자'로 규정되는 불행한 일을 겪게 됐습니다. 이 일을 계기로 내로남불이 부모 자식도 가리지 않는 잔인함이 있다는 걸 알게 됐습니다.

위의 발언에 앞서 조 작가는 "저의 주장은, 반민특위는 반드시 민족정기를 위해 왜곡된 역사를 바로잡기 위해서 부활시켜야 한다. 그래서 지금 150만, 160만 하는 친일파들을 전부 단죄해야 한다고 생각합니다. 그것이 질서가 되지 않고는 이 나라의 미래는 없습니다."[42]라고 말했습니다. 나치의 공포 정치가 다시 부활할 수도 있겠다는 걱정이 생깁니다. 독일의 나치가 유대인을 강제수용소에 감금하고 학살했던 것처럼 반일 선동에 동참하지 않는 사람들을 처단할 끔찍한 일을 계획하고 있나요?

조 작가의 반민특위가 설치되면 대한민국 사람들이 가장 여행하고 싶어 하는 나라 1위인 일본에 자유롭게 다닐 수 없는 세상이 올 수도 있겠습니다. 조 작가님께 정중히 묻고 싶습니다. 척결 대상인 친일파 150만이라는 수치는 도대체 어디서 나온 것입니까? 우리는 허상 속의 친일파의 존재를 믿고 살아야 하는 슬픈 세상 속에 살고 있습니다. 믿고 따르는 광신도들이 존재한다는 현실이 더 암울합니다.

조 작가가 이런 서친 말을 내뱉은 이유가 있습니다. 친일파 150만이라는 허상의 숫자를 언급한 것처럼 『반일 종족주의』의 저자 이영훈 교수가 조 작가의 『아리랑』에서도 이런 허상이 쓰여 있다며 비난했기 때문입니다. 이영훈 교수는 조정래 작가를 '광기 어린 증오의 역사소설가'로 규정했습니다. 반대로 조 작가는 이영훈 교수를 '토착 왜구'로 규정지었습니다.

조 작가가 이영훈 교수의 이런 지적에 맞서 감정적으로 대응하다 보니 허상의 숫자가 튀어나온 것입니다. 두 사람 간 다툼의 배경은 『아리랑』에 나오는 '경찰령'과 '즉결 총살'이었습니다. 이 두 가지가 실재했는지에 관한 상호 비방전이 오고 간 것입니다.

조정래의 『아리랑』에 나오는 두 사람 간의 쟁점을 역사적 사실로 검증해 보겠습니다.

---

42) 앞의 출처.

영화, 소설로 배우는 역사

우리 사회에는 비난이 두려워 공론화의 장으로 나올 수 없는 주제들이 있습니다. 기존까지 알고 있던 역사적 사실의 맹점을 찾아 잘못된 것이라 말하면 엄청난 비난이 쏟아지기도 합니다. 낭만적 민족주의에서 비롯된 역사 확증 편향은 좀처럼 바뀌지 않고 자손만대 이어지고 있습니다. 이 고리를 끊기 위해 비난을 감수하고서라도 팩트에 근거한 역사적 진실을 밝히고, 잘못된 역사를 후손들에게 대물림하지 않는 것은 우리 세대의 책무라 생각합니다.

이번 이야기에서는 우리가 알고 있는 역사적 사건들의 허구성을 역사적 사실에 기초해 설명해 보고자 합니다.

1. 경찰령과 즉결 총살

우리는 일제강점기를 배경으로 하는 한국 영화를 자주 접합니다. 그런 시대적 배경의 영화에서 빠지지 않는 장면이 있습니다. 일본인이 조선인들을 아무런 법적 절차 없이 칼로 베어 죽이고, 총으로 쏴서 죽이는 모습입니다. 때로는 우리 조선의 부녀자들을 강제로 끌고 가는 장면들을 볼 수 있습니다.

아래는 조정래 작가가 쓴 『아리랑』의 한 장면입니다.

"저기 묶여 있는 차갑수는 어제 지주총대에게 폭행을 가해 치명상을 입혔다. 그 만행은 바로 총독부가 추진하고 있는 중대 사업인 토지조사사업을 악의적으로 방해하고 교란하는 용서할 수 없는 범죄행위인 것이다. 따라서 죄인 차갑수는 경찰령에 의하여 총살형에 처한다!"[43]

소설 『아리랑』에서는 이와 비슷한 장면이 다른 동네를 배경으로 한 번 더 반복됩니다. 그렇지만 이러한 '경찰령'에 의한 '즉결 총살'은 존재하지도 않았고 있을 수도 없는 허구라는 것이 이영훈 교수의 주장입니다. 그에 대한 근거로 '토지조사사업 당시 경찰령이라는 법령 자체가 존재하지 않았고, 실제로 그런 일이 있었다면 신문과 잡지에 보도되지 않았을 리 없다. 단 한건도 보도된 적이 없다.', 또 '우리 조상은 토지를 목숨처럼 여겼다. 토지를 강제로 빼앗기고 가만히 참고 있을 사람은 없다. 누구나 결사 항전하기 마련이다. 네 명밖에 안 되는 일본인을 수십 수백 명의 사람이 제압하지 않는 상황은 상식 밖이다.'[44]가 제시됐습니다.

이영훈 교수의 이러한 주장이 『반일 종족주의』라는 책으로 출간되자 오마이뉴스 김종성 기자는 『반일 종족주의, 무엇이 문제인가』라는 책에서 위의 내용을 반박했습니다. 이영훈 교수의 주장은 "일본이 헌병대를 동원해 발포까지 해

43) 조정래, 『아리랑』(서울: 해냄, 1994), 81.
44) 윤희성, 「이영훈 교수 "일제의 조선인 농지수탈 애당초 없었다… 反日 종족주의 미신"」, 펜앤드마이크, 2019. 1. 16., http://www.pennmike.com/news/articleView.html?idxno=14629

가면서 조사사업을 강행했다는 실증적 연구 결과를 참고하지 않았기 때문에"[45] 위와 같은 주장을 자신있게 말할 수 있는 것이라 했습니다. 실제 우리 농민들이 일제의 토지조사사업에 저항한 사례가 있다고 했습니다. 1913년 4월 삼척군 민들이 토지조사업에 불만을 품고 일본인 측량 기수를 살해한 사건으로 일본 헌병대가 출동해 3명이 죽고 많은 부상자가 발생했다고 주장했습니다.

저는 이영훈 교수의 『반일 종족주의』와 오마이 뉴스 김종성 기자의 『반일 종족주의, 무엇이 문제인가』를 비교하면서 읽어 봤습니다. 처음에는 이 교수의 말이 너무나 충격적이라 믿기지 않았습니다. 그래서 이 교수의 말을 반신반의했었습니다. 그렇게 생각하던 중에 이 교수의 주장을 반박했다는 김 기자의 책이 나왔다고 해서 읽어 봤습니다. 특히나 삼척에서 발생한 일명 '삼척 임원리 임야 측량사건'에 대해 유심히 살펴보았습니다.

김종성 기자는 '임원리 임야측량 사건'에 나오는 '일본군 발포로 3명이 사망' 했다는 자료의 근거로 임호민 가톨릭관동대학교 교수의 논문 「삼척군 원덕면 일대 임야 측량 사건과 산림자원의 약탈」, 전영길·이성익의 「토지조사사업을 통한 일제의 토지수탈 사례 연구: 강원도 삼척시 임원리 사례를 중심으로」를 제시했습니다.

결론부터 말씀드리겠습니다. 토지조사사업 기간 동안 조선 농민과 일본이 대립해 충돌한 사례는 '삼척 임원리 임야 측량 사건'이 유일합니다. 만약 강제로 빼앗겼다던 토지나 임야가 있었다면 많은 사례가 있어야 하는 것이 정상입니다. 강제로 빼앗겼다던 토지(전, 답)는 단 한 건도 없습니다. 없을 수밖에 없

---

45) 김종성, 『반일 종족주의, 무엇이 문제인가』(서울: 위즈덤하우스, 2020), 140.

습니다. 토지조사사업에서 분쟁이 생기면 '분쟁지 심사 위원회', '고등 토지 조사 위원회'에 이의를 제기할 수 있었습니다. 임원리 임야 측량 사건의 본질은 이렇습니다. 조선이 망하기 전 국유림에서 산림을 일궈서 살던 농민들이 조선이 망하고 일본이 들어서자 그 산림이 일본 총독부 산림으로 편입되는 것을 막기 위해 벌어진 사건입니다. 국유림을 자신들의 땅으로 인정해 달라고 주장하다가 어렵게 되자 일본인 측량사를 살해하고 불태워 죽인 사건입니다. 민망합니다. 내 것이 아닌데 우기다가 여의치 않자 총칼을 든 경찰·군인도 아닌 측량사를 처참하게 죽이다니… 이 과정을 짧은 지면에 설명드리기 어렵습니다. 책을 구해서 정독해 보시기 바랍니다.

일본 헌병이 이 사건의 진압을 위해 출동한 것은 맞지만 '헌병의 발포로 3명이 죽었다'는 내용은 허위·날조라는 것이 현재까지 제가 조사한 내용입니다. 위 논문의 근거가 된 것은 1997년에 발행된 『삼척시지三陟市紙』이고, 그 삼척시지의 원천 자료는 『삼척군지三陟郡紙』이며, 그 삼척군지의 원천 자료는 김정경 전 삼척교육장이 1955년 펴낸 『삼척향토지三陟鄕土紙』입니다.

⑬ 임원리(臨院里) 임야(林野) 측량 사건
　1910년 융희(隆熙) 4년 경술 8월 29일 소위 한일합방(韓日合邦)이란 국치(國恥)를 당한 이후 3천만 민족은 개개인마다 일제에 대한 울분과 적개심이 가득 넘쳐 폭발될 찰나였다. 1913년 4월에 국유림과 사유림을 재구분하여 경계 측량을 실시하였는데 임상(林相)이 양호한 임야는 전부 국유림에 편입하였다. 임원리(臨院里) 김치경(金致卿)의

---

181) 조선 후기 훈련도감의 하급장교로 정원은 150인이다. 50인씩 3개국(局)으로 나누어 편성되었다. 아들은 일반 병사들 중에서 무예시험을 통해 선발되었는데, 기원은 1637년(인조 15) 남한산성 방어전에 참여하였던 병사들 중에서 무예시험에 합격한 1,384인을 7개국으로 나누어 영숙문(永肅門 : 창덕궁의 후원으로 나가는 문)을 지키게 한 데서 비롯되었다.
182) 원문에는 고종 23년으로 되어 있지만 33년으로 바로잡았다.

『삼척향토지』에 나오는 '임원리 임야 측량 사건'의 내용을 살펴보겠습니다.

보시다시피 삼척향토지에는 헌병이 출동하고 발포해 진압한 내용은 있으나 이로 인해 '3명이 사망'했다는 내용은 없습니다. 그럼 어디서부터 '3명이 사망' 했다는 내용이 등장할까요? 바로 1997년에 발행된 『삼척시지』입니다.

1997년『삼척시지』에는 임원리 임야 측량 사건에서 "3명 사망"이라는 내용이 갑자기 등장합니다. 이 시위에 참여한 인원이 1,000명에서 500명으로 줄어드는 마술 같은 일도 벌어집니다. 이 사건이 발생했던 시기(1913)와『삼척향토지』(1955),『삼척시지』(1997)가 발행된 물리적 시간을 고려했을 때 어느 것이 더 신빙성이 있을지 따져 봅시다. 1955년에 발행된 삼척향토지가 이 사건과 더 근접해 있기에 더 신빙성이 있습니다. 80여 년이 흐른 뒤에 아무런 근거 없이 생겨난 서술은 신뢰할 수 없습니다. 증언에 의해 서술되었다 할지라도 근거 자료가 남아 있는지 의문스럽습니다.

'3명 사망'에 관한 출처를 알아보고자 저를 대신해 제 남편이 삼척시청 공보과에 민원을 제기했습니다. "『삼척향토지』에는 그런 내용이 없는데 갑자기 '3명 사망'이라는 말은 어디서 나왔습니까?"라고요. 그랬더니 공보과에서 이메일 한 통이 날아왔습니다.

우선 1차적으로 금요일에 문의주셨던 임원리 측량 사건에 대한 답변드립니다.

시청 홈페이지에 적혀 있는 문구가 어디서 나온 것인지 문의주셨었고 저희 시지에서 그 내용을 발견해서 시지 스캔했고, 선생님이 보셨다는 임호민 선생님 논문이 삼척시립 박물관에서 발행한『삼척 임원리 항일운동사』(2017)에도 실려 있기에 그 책을 봤더니 시지에 적혀 있던 내용이 있어 형광펜 처리해서 스캔했습니다. 시지는 군지 이후 1997년 발행되었고, 연구논문저림 출처가 바로바로 석혀 있지 않기에 해당 문구(헌병대 발포로 3명이 죽었다)가 어떤 근거로 쓰였는지 모르겠습니다.

이것이 제가 선생님이 1차적으로 주신 문의에 대한 답이고, 선생님이 오늘 통화로 그

시지는 무엇을 참고한 것인지 여쭤보셨기에, 집필진 목록 확인해 보고 내용 확인해 보도록 하겠습니다.

시청 홈페이지에 적혀 있는 내용이 잘못된 내용이라면 저희는 언제든지 시정하고자 합니다.

'헌병대 발포로 3명이 사망'했다는 근거는 어디에서도 찾을 수 없었습니다. 저는 이 사실이 너무나도 아쉬워 집필 위원 중 가장 상위에 이름이 올라와 있는 前 삼척시 문화원장 김일기 씨를 수소문했으나 『삼척시지』가 발간된 지 1년 뒤 1998년에 작고하셨다는 사실을 알게 됐습니다.

『삼척향토지』(1955)를 집필한 김정경 삼척교육장은 1919년 북삼면 송정보통학교에서 만세 운동을 펼친 장본인으로 항일 운동 서술에 소홀할 리 없습니다. 또한 그는 1965년과 67년에 『삼척향토지』 증보판을 냈습니다. 이 증보판을 내면서 새롭게 나타난 역사적 사실들이 있었다면 실었을 텐데 그런 일이 없었습니다. 다시 말해 80여 년 이후에 서술된 『삼척시지』(1997년)가 날조됐을 가능성이 매우 높다고 할 수 있습니다.

이 『삼척시지』(1997)에 나온 '임원리 임야 측량 사건'의 '헌병 발포로 3명 사망설'은 김종성 기자가 제시한 논문 외에 '박도식, 「일제의 토지수탈과 임원리 농민항쟁」, 『삼척 임원리 항일운동사』(2017)', '이창식, 「삼척 임원리 항일투쟁 정신의 창조적 계승 방안」, 『삼척 임원리 항일운동사』(2017)'에서 재인용됩니다. 거짓된 역사의 고리가 아직도 어디서 연결되고 있을지도 모릅니다.

이 사건에 대해 의문점이 있습니다. '임원리 임야 측량 사건'으로 24명이 압송되고 24명이 징역형을 받았습니다. 그 당시 『매일신보』 보도 기사에 따르면 옥고를 치르게 된 명단이 아주 상세히 나와 있습니다. 그런데 옥고를 치르는 것과는 비교될 수 없는 '사망'이라는 사건을 두고 단 한 명의 명단조차 알려지지 않았습니다. 사망자는 과연 누굴까요? 창작, 날조라고 보는 것이 합리적 의심일 것입니다.

작은 결론을 맺어 보겠습니다.
① 일제강점기 토지조사사업에 대한 우리 농민들의 저항사례는 단 한 건뿐이다.
② '경찰령'에 의해 '즉결 총살'이라는 행위는 역사적으로 입증되지 않았다.
③ 일제의 강압적인 무력행사로 빼앗긴 땅의 사례는 없다.
④ 따라서 조정래 작가의 『아리랑』에 나오는 '경찰령'에 의한 '즉결 총살'은 허구다.

2. 위안부

민감한 사안입니다. 하지만 이 이야기가 우리 사회에서 더욱더 민감해져서 다른 의견을 제시할 수 없는 상황이 오기 전에 공론의 장으로 꺼내 보려 합니다. 이 글에서는 과연 '위안부 피해자 할머니들이 강제적으로 납치 연행에 의해 끌려갔는가'에 대해서만 논해 보도록 하겠습니다.

위안부 피해자들을 소재로 한 영화 〈귀향〉에는 일본 헌병이 소녀를 끌고 가는 장면이 나옵니다. 어린 소녀들이 일본군에 의해 끌려가고, 만주의 지린성 일본군 위안소에 도착합니다. 거기서 일본군에 의해 두들겨 맞고 성폭행을 당합니다. 하지만 이건 역사적 진실과 다릅니다. 일본군이 앞장서서 우리 조선의 소녀들을 강제로 끌고 간 일은 증명된 적이 없습니다. 증명된 사건이 있으면 제보해 주십시오.

영화 〈귀향〉에서 일본군에 의해 끌려가는 소녀

이화섭, 「[3·1절 잊지 않아요, 위안부] 위안부 영화 '귀향' 만드는 조정래 감독」, 매일신문, 2015. 2. 28.

일본군 위안부 문제를 오랫동안 연구해 온 윤명숙 교수가 『한겨레』에 기고한 글에서 "영화 귀향에서와 같이 일본군이 총검을 앞세워 처녀를 끌고 가는 일은 없었다. 영화의 그런 장면은 좀 지나쳤다."[46]라고 지적했습니다. 네 맞습니다. 윤명숙 교수의 말처럼 일본군에 의한 강제 납치는 없었습니다. 그 당시 공창제도나 직업소개소가 법적으로 보장됐고, 일본은 위험을 감수해 가면서까지 납치를 강행할 이유가 없었기 때문입니다. 다시 말해 공창제와 직업소개소를 통해 위안부를 모집했다는 이야기입니다. 단, 납치나 강제 연행은 없었으나 속임이나 인신매매에 의한 사례는 있었습니다.

---

46) 이영훈·김낙년·차명수·김용삼, 『반일 종족주의와의 투쟁』(미래사, 2020), 35.

"일본 군인이 총검을 앞세워 조선인 처녀를 끌고 가는 모습이 보편적이었던 것처럼 인식된 건 지나쳤다…군인이 전면에 나서서 사람들을 끌고가는 형태는 아니었다…

윤명숙, 「돈벌이 좋은 개인 영업자라니… 일본군 위안소 제도 만들고 소녀들 짓밟은 건 누구인가」, 한겨레, 2019. 9. 5.

결어

영화 〈귀향〉에서 나온 것처럼 위안부를 일본군이 강제 연행한 사례 역시 역사적으로 검증된 바 없다.

소설과 영화에서 나오는 즉결 총살, 일본군 위안부 강제 납치 장면은 작가의 상상에 의한 허구다.

왜곡을 넘어 믿음,
믿음을 넘어 종교화로

앞서 언급한 '삼척 임원리 임야 측량 사건'에서처럼 시간이 흘러 없었던 일이 사실로 둔갑돼 역사적 사실이 되고, 그 왜곡된 내용이 다른 사람에 의해 인용되고, 인용된 그 내용을 보고 또 다른 사람들이 재생산해 내고, 그 재생산된 왜곡들이 역사적 팩트로 둔갑된 사례들이 있습니다. 심지어 종교화된 사례들이 우리 주위에는 많습니다. 다행히도 이런 왜곡들을 찾아내어 바로 잡는 연구들이 조금씩 활발해지고 있는 추세라 정말 다행스럽습니다.

1. 평양 미림비행장 학살 사건은 소설

"(…) 아이와 함께 읽었습니다. 지금의 일본에서는 학교에서 왜곡된 역사를 가르쳐 (…) 일본은 필요한 공사가 끝나면 공사에 참여했던 사람들을 몽땅 죽이는 잔인한 짓도 했습니다. 그 예로 평양 미림비행장 학살 사건이(…)"

화이트무지개, "한국사 편지 5─끌려간 젊음과 비굴한 친일파", 기록하는 화이트무지개(블로그), 2021. 7. 7.

박은봉 씨가 쓴 『한국사 편지』 5권의 미림비행장 학살 사건을 다룬 부분을 읽고 어떤 학부모가 블로그에 올린 감상문입니다. 미림비행장 사건의 내용은 위 감상문 내용과 같습니다. 일제강점기 일본이 우리의 젊은이들을 강제로 끌고 가 비행장을 건설했고, 건설이 끝난 후 젊은이들을 모두 총으로 쏴 죽였다는 것입니다. 하지만 이는 근거 없는 거짓말이며, 소설 같은 이야기입니다.

일제의 조선인 학살 관련 사건은 제암리 학살이 제일 유명합니다. 제암리 학살로 28명이 죽었다고 알려져 있습니다. '평양 미림비행장 학살 사건'은 제암리 학살 피해자의 약 25배 정도로 많습니다. 그런데 제대로 된 연구 성과가 전혀 없습니다. 그 이유는 다음과 같습니다.

박은봉의 『한국사 편지』 5권에 나오는 평양 미림비행장 학살 사건은 강만길의 『한국현대사』(초판 발행 1984년)에 근거합니다. 그 책 19페이지에 "…군사기밀에 관한 공사인 경우 기밀을 지킨다는 이유로 공사가 끝난 후 집단 학살한 예도 있었다. 평양 미림비행장에서는 징용된 노동자 800여 명을 4년간 혹사시키다 공사가 끝날 무렵에 집단 학살하였고…"[47]라고 서술되어 있습니다. 이 구절은 강만길의 저서 『고쳐 쓴 한국현대사 1』(창비, 2019) 42쪽에 그대로 옮겨집니다.

---

47) 강만길, 『한국현대사』(창작과 비평, 1984), 19.

이 구절은 박세길의 『다시 쓰는 한국현대사』(돌베개, 1988), 한국사사전편찬회의 『한국 근현대사사전』(가람기획, 2005), 한국근현대사학회의 『한국근현대사 강의』(한울, 2013) 등의 책에도 아무런 검증 없이 재인용됩니다.

> "강제징용된 한국인들은 공사 후 기밀유지를 이유로 집단학살당하기도 했다. 평양 미림비행장 노동자 800여 명, 지시마(…)"[48]

그럼 강만길은 도대체 어떤 자료를 근거로 '평양 미림비행장 학살 사건'에 대해 썼을까요? 일본에 있는 북한 산하단체인 조총련 대학교 교수를 역임한 박경식이 쓴 『일본 제국주의의 조선지배日本帝國主義の朝鮮支配』(청목서점靑木書店, 1973)에 나와 있는 자료를 참고해서 썼습니다. 그런데 실제 이 책에서는 '미림비행장', '공사 후 학살했다'라는 등의 말은 나오지 않습니다. '미림비행장' 대신 '미림협동농장'이라는 단어가 등장합니다. 이 내용은 『로동신문』 1962년 12월 24일 자에 실린 기사를 근거로 작성된 것이었습니다.

요컨대 로동신문에 나온 기사를 근거로 조총련계 학자 박경식이 책을 썼고, 그 책에는 '미림비행장 학살'에 관한 이야기는 나오지 않습니다. 단순히 우리 조선인들이 열악한 환경에서 노동했다는 내용이 나옵니다. 그리고 이 책은 우리나라 강만길의 책 『한국현대사』에서 '미림비행장 학살'로 둔갑합니다. 다시 이 책은 박은봉의 『한국사 편지』 5권에서 소설 같은 '평양 미림비행장 학살 사건'으로 소개된 것입니다.

이 소설 같은 역사 이야기가 다른 책에서도 인용됩니다. 오마이뉴스 김종성

---

48) 한국근현대사학회, 『한국근현대사 강의』, (파주: 한울, 2013), 206.

기자가 쓴 『반일 종족주의, 무엇이 문제인가』 113쪽에는 "이들이 노예와 다를 바 없이 착취를 당했다는 점은, 평양 미림비행장 노동자 800여 명이 공사 후 기밀 유지를 위해 집단 학살된 사례에서도 드러난다."[49]라고 서술되어 있습니다.

뿐만 아닙니다. 언론에서도 이 내용을 인용해 한일 무역 전쟁에서 일본의 잘못을 꼬집는 사례로 썼습니다. 머니투데이 2019년 7월 6일 자 「한일 무역전쟁 촉발 '일제 강제징용'… 일본은 정당한가」라는 인터넷 기사에서 "강제징용된 조선인은 공사 후 기밀 유지를 이유로 집단 학살당하기도 했다. 평양 미림비행장 노동자 800여 명, 지시마 열도 노동자 5,000여 명이 학살당한 것이 대표적이다. 남양 지방의 섬에 끌려간 조선인들을 일본군이 후퇴하면서 무참히 학살했다."[50]라고 쓰여 있습니다. 거짓된 역사적 사건들이 붕어빵 틀에 넣어 찍어 낸 것처럼 똑같이 재생산됩니다. 경악을 금할 수 없습니다. '검증'이라는 역사가, 기자, 연구자로서의 기본 소양을 뒤로한 채 확증 편향으로 사람들의 생각을 조작하는 모습은 옳지 않습니다.

인터넷 블로그에 나오는 '평양 미림비행장 학살 사건'에 대한 내용은 가히 창작이라 할 만큼 왜곡이 심합니다. 내용이 길어 싣지 못합니다. 인터넷 검색창에 '미림비행장 학살 사건'이라고 검색하시면 확인할 수 있습니다.

학생용 역사 이야기, 도서, 언론, 개인을 가리지 않고 사회 전반에 걸쳐 왜곡된 거짓이 어느새 우리 주변에 자리 잡고 말았습니다. 어린 학생들은 왜곡된

---

49) 김종성, 『반일 종족주의, 무엇이 문제인가』(서울: 위즈덤하우스, 2020), 113.

50) 류원혜, 「한일 무역전쟁 촉발 '일제 강제징용'… 일본은 정당한가」, 머니투데이, 2019. 7. 6., https://news.mt.co.kr/mtview.php?no=2019070515260085026

거짓 역사를 사실로 믿고 일본에 대한 증오심을 갖게 됐습니다. 일반 국민들도 마찬가지입니다. 거짓 선동가들의 좋은 소재가 되는 자극적인 내용들은 이렇게 대중이 쉽게 볼 수 있는 읽을거리에 검증 없이 재인용 됐습니다. 증오의 역사는 대물림되고 반복되며 일본과의 화해가 불가능한 시대가 와 버리고 말았습니다.

『한국사 이야기』 5권은 2009년 초판 발행한 이후 '평양 미림비행장 학살 사건'을 수정하거나 삭제하지 않고 있습니다. 어린 학생들에게 매우 많이 읽히는 책이지만 어찌 된 일인지 2021년 현재까지도 그대로 있습니다. 이런 잘못된 역사를 이제는 알려야 합니다. 얼마 전 우리 집 아이가 그 책을 읽고 있길래 도서관에 바로 반납했습니다.

2. 을사오적이 나라를 팔아먹었다?

조선을 일본에 팔아먹은 진짜 매국노는 누구일까요? 많은 사람들이 을사오적 이완용, 박제순, 송병헌, 이지용, 이근택으로 알고 있습니다. 그러나 이는 사실과 다릅니다. 고종은 나라를 자신의 사유물로 여기고 나라 재정을 개인 금고처럼 활용하다가 나라를 거지꼴로 만든 사람입니다. 우리가 알고 있는 고종은 계몽 군주요, 일제에 항거하며 독립을 꿈꾸던 비운의 황제입니다. 아닙니다. 좀 의아할 수도 있겠습니다만 조선을 팔아먹은 장본인은 을사오적이 아닌 '고종'이라 확언합니다.

지금부터 을사조약의 체결 과정을 살펴보겠습니다. 이번 내용은 서울대 이영훈 교수의 『반일 종족주의』와 조선일보 박종인 선임기자가 쓴 『매국노 고종』(와이즈맵, 2020)을 참고해 썼음을 알려 드립니다.

러일전쟁(1905)에서 일본이 승리하고 일본은 미국(가쓰라태프트 밀약), 영국(영일동맹)으로부터 대한제국을 보호국으로 삼는 데 지지와 동의를 얻었습니다. 일본은 조선을 보호국으로 만들기 위해 본격적인 절차에 돌입합니다. 일본 정부는 이토 히로부미를 특사로 임명하고 고종황제를 만나 대한제국 외교권을 일본에 넘기는 조약 체결을 강요했습니다. 몇 차례 협상이 오가던 중 진행이 순조롭지 않자, 일본 공사 하야시는 고종의 알현을 요청했습니다. 고종은 몸이 불편하다며 알현을 거절했으나 대신들과 회의를 열었고, 회의가 끝나고 하야시 공사가 회의 결과를 물었습니다. 이에 한규설은 "황제 폐하는 협상하여 잘 처리하라는 뜻으로 지시했으나 우리 여덟 사람은 반대 의견을 거듭 말씀드렸다."라고 대답했습니다.[51]

이토 특사는 고종에게 알현을 요청했으나 고종은 "대신들에게 협상하여 잘 처리할 것을 명했으니 대사가 타협의 방도를 구해 주기 바란다."라는 메시지를 보냅니다. 고종의 메시지를 받은 이토는 한국의 대신들과 회의를 열어 개개인에게 조약 체결에 대한 찬반 의견을 물었습니다. 고종의 양해에 따라 이토 특사가 대신 회의를 주관하는 어처구니없는 일이 벌어진 것입니다. 그 결과 조약의 체결에 반대한 대신은 참정대신 한규설과 탁지부 대신 민영기 두 명이었고, 나머지 6명은 찬성 혹은 묵시적 찬성 입장을 보였습니다.[52]

---

51) 이영훈, 『반일 종족주의』(미래사, 2019), p.208.
52) 이영훈, 『반일 종족주의』(미래사, 2019), p.209.

잠시 후 고종은 "조약문 중 보태거나 깎을 것은 법부 대신이 일본 대사, 공사와 교섭하라."하고 어명을 내렸습니다. 그리하여 을사조약이 체결되었습니다. 살펴보신 것처럼 을사조약을 최종 결정하고 승인한 사람은 을사오적이 아니라 고종이 명백합니다. 고종이 이렇게 일본의 요구에 순응할 수밖에 없었던 이유가 있었습니다. 바로 돈이었습니다.

아버지 흥선대원군의 섭정에서 독립한 고종은 아버지가 추진했던 개혁 정책을 무용지물로 만들었습니다. 그 중 대표적인 것이 재정 정책이었습니다. 화폐 개혁에 실패해 물가가 폭등하고 군인들의 월급도 제때 지급하지 못하는 일이 벌어졌습니다. 왕실 재정을 임금 개인 금고인 양 돈을 물 쓰듯 했고, 매관매직을 통해 통치 자금을 조달하기도 했습니다. 그러나 고종의 허영과 사치 앞에서 돈은 남아나질 않았습니다. 매일 밤 연회를 열고, 자신의 생일잔치 과시용으로 고물 덩어리 군함을 사들이는 허영과 사치는 망국으로 가는 지름길이 됐습니다.

조선 왕실 재정의 궁핍함을 알게 된 일본 정부는 을사조약 체결 6일 전에 고종에게 2만 원을 건넸습니다. 지금 돈으로 약 25억 원입니다.[53] 이렇게 일본 정부로부터 뇌물을 받았는데 일본의 요구를 어떻게 거절할 수 있겠습니까. 아프다는 핑계를 대며 결정을 신하들에게 미룰 수밖에 없었을 것입니다. 이게 을사조약의 진실입니다.

을사조약 체결 이후 신하를 비롯한 유생들이 적극적으로 조약의 부당함을 호소하는 상소를 올립니다. 곳곳에서 박제순, 이완용, 이지용, 권중현, 이근택을 을사오적으로 지목하고 "이 역적들을 처단하라."라는 상소가 쏟아졌습니

---

53) 박종인, 『매국노 고종』(와이즈맵, 2020), 329-330.

다. 대부분의 상소문은 "폐하가 종묘사직을 지키기 위해 목숨을 바치겠다고 맹세했는데 역적들이 임금의 뜻을 어기고 조약을 체결했으니 임금을 욕보이신하는 처단하라."하는 내용이었습니다.[54]

그런데 『대한매일신보』를 비롯한 일부 언론에서는 사실관계를 확인도 하지 않고 상소문의 내용을 제보받아서 제멋대로 "황제는 끝까지 반대했으나 을사오적들이 일본에 굴복하여 보호조약을 체결했다."라고 보도했습니다. 그 결과 "고종이 을사조약에 반대했다."라는 허구의 신화가 만들어졌고, 이것이 오늘까지 전해져 역사적 사실로 굳어져 버린 것입니다.[55]

이제 우리는 "조선을 일본에 팔아먹은 사람이 누구냐"라는 질문을 받게 되면 '을사오적'이 아닌 고종이라고 답해야 합니다. 고종과 그 일가는 일본으로부터 엄청난 생활비를 받아가며 호의호식하며 살았습니다. 반일 선동을 외칠 때마다 나오는 '을사오적'은 이제 한 물간 왜곡된 역사라는 사실을 꼭 기억해 두십시오.

3. 도망자의 도주로가 항일 유적지로 변신

매국노 고종은 1882년 임오군란 때 시위대가 궁궐에 난입해 민비를 죽이려 했던 사건을 겪은 후 일본 공사에게 "혹시라도 변이 일어나면 조선 왕실을 보

---

54) 이영훈, 「반일 종족주의」, 미래사, 2019『반일 종족주의』(미래사, 2019), p.211.
55) 이영훈, 「반일 종족주의」, 미래사, 2019『반일 종족주의』(미래사, 2019), p.211.

호해 달라."라면서 일관파천을 요구했고, 1894년 청일전쟁의 전운이 감돌자 이번에는 미국 공사관에 피신을 요청하는 미관파천을 추진했습니다. 러일전쟁(1904~1905)의 전운이 감돌자 고종은 이번에는 서울의 영국 영사관으로 피신해 자신을 보호해 달라고 영국에 요청했습니다. 영관파천을 요청했습니다. 하지만 영국은 고종의 요구를 거절했습니다. 도저히 한 나라의 국왕이라고는 믿기지 어려울 만큼 비겁한 사람이었습니다.[56]

을미사변(1895) 후 일본의 무자비함을 경험한 고종은 러시아의 힘을 빌려 목숨을 부지하고자 아관파천을 합니다. 러시아의 환심을 사기 위해 러시아 황제 니콜라이 2세의 대관식에 민영환을 보냅니다. 이 자리에서 민영환은 "조선을 러시아의 보호령으로 삼아 달라."라고 간청했습니다. 한 나라의 군주가 다른 나라의 임금에게 나라를 맡아 달라는 간청을 했습니다. 나라를 운영할 자격과 능력이 안 되는 사람이라고밖에 할 수 없습니다. 1905년 미국공사 알렌이 우리나라에서 10여 년간 머무르다 귀국할 때 사람들에게 탄식했다고 합니다. "한국 국민이 가련하다. 9만 리를 돌아다니고 상하 4,000년 역사를 봤지만, 한국 황제와 같은 사람은 처음이다."[57]

자신의 안위를 위해 러시아 공사관으로 도망갔던 고종은 러시아뿐만 아니라 일본을 비롯한 서구 열강들에게 잘 보이기 위해 나라 재산을 헐값에 매각 또는 이권을 넘겨줍니다. 일부 학자들은 고종이 일본의 압박으로부터 벗어나기 위해 서구 열강들에게 이권을 줬다고 주장하지만, 그 당시 일본인에게 경부철도 부설권을 준 사실을 비추어 봤을때 틀린 주장입니다.

---

56) 이영훈, 「반일 종족주의」, 미래사, 2019『반일 종족주의』(미래사, 2019), p.199.
57) 박종인, 「『매국노 고종』,』 (와이즈맵, 2020),, p.166.

고종이 다른 나라 공사관에 망명을 요청한 것은 위의 사건을 포함해 총 7건이라고 합니다. 모두 거절당하고 1건만 성사됐는데 그것이 '아관파천'입니다. 당시 고종은 여장을 하고 담장을 넘어 궁을 빠져나갔다고 합니다. 나라가 위기에 봉착할 때마다 해결책보다는 자신의 안위를 생각해 나라를 버리고 탈출하기 바빴던 임금입니다. 매관매직을 통해 뇌물을 수수하고, 돈을 마음대로 찍어 내어 사치를 일삼아 국가 재정을 깡통으로 만들었습니다. 깡통이된 국가 금고에서 더 이상 나올 돈이 없자 일본 정부로부터 뇌물을 받고 나라를 총 한 방 쏘지 않고 일본에 갖다 바쳤습니다. 수치스러운 역사입니다. 반일을 외치는 선동가들이 청산해야 한다고 외쳐야 할 대상이지만 이상하게도 그들은 이 '치욕의 도주로'를 성역화하려 합니다. 故 박원순 서울시장의 '고종의 길' 복원 사업이 바로 그것입니다.

4. 부산 강제동원 역사관

2017년 〈군함도〉라는 영화가 개봉됐습니다. 일제강점기 조선인들이 강제징용 돼 '군함도'라는 섬에서 노역에 시달리는 장면을 그린 영화입니다. 전쟁 막바지에 이른 일본이 조선인에 대한 만행을 은폐하기 위해 집단 학살하려는 장면도 있었습니다.

이 영화는 일본의 조선인에 대한 강제징용이 악랄했음을 알리는 소재로 자주 사용되었습니다. 2005년 『뉴욕 타임스』에 독도 광고를 게재해 대중 인지도를 높인 서경덕 교수는 한국 알림이로 활동 중입니다. 서경덕 교수는 2017년 뉴욕

타임스퀘어에 '군함도의 진실'이라는 광고를 게재했습니다. 그런데 여기에 사용된 강제징용 사진에 나오는 인물이 조선인이 아닌 일본인 광부로 밝혀졌습니다.

정은혜, 「'군함도의 진실' 속 조선인 광부, 알고 보니 일본인」, 중앙일보, 2017.7.26.

2019년 4월 3일 이 사실을 보도한『산케이신문產経新聞社』에 따르면 해당 사진은 일본 사진가협회 명예 회원인 사이토 고이치가 찍은 것이라고 합니다. 사이토는 1961년 여름 후쿠오카 지쿠호 탄광을 방문해 탄광에서 채굴하는 남성을 찍은 것이며, 이 사진은 주간지 신슈칸 1961년 10월 19일 호에 게재됐다고 했습니다. 사이토는 "내가 촬영한 것은 열심히 일하는 일본인"이라며 "한국은 자신들의 주장에 편리한 대로 (사진을) 다루고 있다. 항의할 생각조차 들지 않는다."라고 말했습니다.

또 다른 사례를 살펴보겠습니다. 부산의 일제강제동원역사관은 일제강점기 시절 한국인 강제징용 피해자와 관계없는 사진을 전시했습니다. 이는 일본 산케이 신문의 보도로 세상에 알려졌습니다. 산케이 신문은 해당 사진은 1926년 일본 홋카이도의 아사히카와 신문이 도로 건설 현장의 학대·치사 사건을 보도했을 때의 사진으로, 당시 신문 기사에는 이 사진이 조선인과 관련됐다는 설명은 없었다고 전했습니다.

위에 제시된 것 중 왼쪽 QR 코드에 나오는 사진은 강제징용과 무관하지만 이미 초등학교뿐만 아니라 중·고등학교 교과서에 수록된 적이 있습니다. 이런 검증 없는 날조에 가까운 역사 왜곡 현상들은 어린 학생들에게 왜곡된 역사관을 주입시키고 일본에 대한 증오로 가득찬 악감정을 대물림시키는 데 큰 역할을 하고 있습니다. 망신입니다. 일부 좌파 언론에서는 산케이신문의 주장이 말도 안 되는 주장이라 기사를 썼지만, 교육부는 오류를 인정하고 2019년 8월 15일부터 인쇄되는 교과서에서 가짜 사진을 삭제하기로 했습니다. 위의 오른쪽 QR 코드로 들어가시면 오류를 수정하겠다는 교육부의 의지를 확인할 수 있습니다.

민주 노총, 정대협 등이 주도하는 '일제하 강제징용 노동자상 설치 추진위원회'는 위의 왜곡된 사진을 모델로 국내 곳곳에 '노동자상'을 설치했습니다. 이분들은 일본인들이 열악한 환경에서 노동 착취를 당한 사실을 대한민국 땅에서 알리는 어처구니없는 행동을 했습니다. 일본 노동자들의 처우개선을 위해 애쓰는 사람들. 이분들이 진정한 친일파, 강철 같은 반일 사상으로 무장됐지만 속은 젤리같이 물컹한 친일파 아닐까 생각합니다.

박경만, 「법원 "강제징용 노동자상 모델, 일본인으로 볼 만한 이유 있다"」, 한겨레, 2021. 6. 2.

반일反日이라는 맹목적인 목표를 달성하기 위해 자신들의 입맛에 맞는 것들을 검증 없이 아전인수我田引水격으로 사용하다 보니 탈이 날 수밖에 없습니다.

5. 진정한 사과를 아시는 분

일본이 조선 식민지 지배에 대해 사과를 하지 않았다고 생각하는 분들이 많습니다. 성인들도 그러하지만 어린 학생들의 이에 대한 인식은 더욱더 심각합니다. 대중 미디어, 학교 교육 등 우리 주변에서 볼 수 있는 대부분의 매체에서 일본이 사과 한마디 않은 듯한 광기를 쏟아 내고 있습니다. 많은 사람들이 이런 편향되고 왜곡된 정보에 노출되어 사실로 믿고 있습니다. 거짓과 왜곡에 빈번하게 노출되고 반복되어 세뇌됨으로써 어떤 객관적인 증거가 나오더라도 인정하지 않습니다. 이런 모습을 '확증편향증'이라고 합니다.

아직도 일본이 진정한 사과를 하지 않았다고 생각하시는 분들의 입장을 정리하면 다음과 같습니다. '첫째 , 일본은 전범 재판에 회부되어야 한다. 둘째,

강제징용, 위안소 운영에 대한 위법 사실을 인정하고 법적 절차에 따라 배상한다.' 요컨대, '일본은 식민 지배에 대한 법적 처벌을 받고 그에 응당하는 배상을 해야 한다.'라고 할 수 있습니다.

그러나, 위와 같은 요구는 '첫째, 위법성을 입증하기 위한 국제사법재판소 재판 여부에 대한 상호 합의. 둘째, 위안부, 강제징용에 대한 강제성 입증. 셋째, 한일협정 당시 배상의 유효성 및 개인청구권 소멸 여부.'에 대한 일본과 한국의 입장이 극명하게 다르기 때문에 해결이 쉽지 않습니다. 아마도 해결되지 않은 채 역사적 견해차로 영원히 남을 것 같습니다.

위 사안의 '맞다, 틀리다'를 이 글에서 논하는 것은 큰 의미가 없습니다. 각 국의 지도자들과 국민들이 합의를 통해 해결할 일이기 때문입니다. 또 양국 국민들이 동의하고, 피해 당사자들이 동의해야 하기 때문입니다. 따라서, 이번 글에서는 일본이 조선 식민 지배에 대해 한국에 사과를 했는지 아닌지에 초점을 두고 설명해 드리고자 합니다. 일본이 한국에게 사과한 사례를 오래된 순서로 살펴보겠습니다.

사과했던 인물들의 직책과 주요 발언만 옮겨 보았습니다. QR 코드를 스캔하시면 근거 자료를 확인하실 수 있습니다. QR 코드가 없는 것들은 검색 포털에 검색하시면 나옵니다. 일본어로 나오는 페이지가 있을 수도 있습니다. 웹페이지 상단의 주소 입력창에서 링크 주소를 복사해 구글 앱에서 열어 보면 자동번역 되어 나옵니다.

순	시기	인물 및 출처	직책	주요 발언
1	'82. 8.26.	미야자카와 키이치	관방장관	한일 공동 성명에서 우리나라(일본)의 반성과 책임에 대해 통감한다고 밝힌 바 있다. 한국, 중국 등으로부터 우리나라의 역사 교과서에 대한 비판을 수용할 것이다.
2	'90. 4.18.	나카야마 타로	외무대신	스스로의 의사가 아닌, 당시 일본 정부의 의사에 의해 사할린에 강제 이주되어 강제 노동을 하게 된 분들이 전쟁의 종결과 함께 일찍이 조국(한국)으로 돌아가지 못하고, 그대로 현지에 머물러 살 수밖에 없었던 이 한 가지 비극을 두고, 정말로 이분들에 대해 일본은 진심으로 죄송한 마음을 가지고 있습니다.
3	'90. 5.25.	카이후 토시키	총리	저는 대통령 각하를 맞이한 이 기회에 과거의 한 시기, 조선 반도의 여러분들이 우리나라(일본)의 행위에 의해 견디기 어려운 괴로움과 슬픔을 체험하게 된 것에 대하여해 겸허하게 반성하면서, 솔직하게 사죄의 마음을 말씀드리고 싶다고 생각합니다.
4	'92. 1.16.	미야자와 키이치	총리	우리들 일본 국민은, 먼저 무엇보다도, 과거의 한 시기, 귀국의 국민들이 우리나라의 행위에 의해 견디기 어려운 괴로움과 슬픔을 체험하게 된 사실을 상기하여해, 반성하는 마음을 잊지 않도록 하지 않으면 안 됩니다. 저는, 총리로서 다시 한번 귀국의 국민들에 대해 반성과 사과의 마음을 말씀드리고 싶다고 생각합니다.
5	'92. 1.17.	미야자와 키이치	총리	우리나라와 귀국과의 관계에서 잊지 말아야 할 것은, 수천 년에 걸친 교류 속에서, 역사상 한 시기에, 우리나라가 가해자였고, 귀국이 그 피해자였다는 사실입니다. 저는, 이 시기에, 조선 반도의 여러분들이 우리나라의 행위에 의해 견디기 어려운 괴로움과 슬픔을 체험하게 된 것에 대해서, 여기서 다시 한번, 진심으로 반성의 뜻과 사과의 마음을 표명합니다. 최근, 이른바 종군 위안부 문제가 다루어지고 있습니다만, 저는, 이러한 일이 참으로 가슴이 아프고, 정말로 미안하다고 생각하고 있습니다.

6	'92. 7.6.	카토 코이치 	관방장관	정부로서는, 국적, 출신지의 여하를 불문하고, 이른바 종군 위안부로서 필설로 다할 수 없는 고통을 겪으신 모든 분들에 대하여해, 다시 한번 진심으로 사과와 반성의 마음을 말씀드리고 싶다. 또한, 이러한 잘못을 결코 반복해서는 안 된다고 하는 깊은 반성과 결의의 아래에 서서, 평화국가로서의 입장을 견지함과 동시에, 미래를 향해 새로운 일한관계 및 기타 아시아 각국, 지역과의 관계를 구축하기 위해 노력해 나가고 싶다.
7	'93. 8.4.	고노 요헤이 	관방장관	어쨌든, 본건은, 당시 군(軍)의 관여하에, 다수의 여성들의 명예와 존엄에 깊은 상처를 입힌 문제이다. 정부는, 이 기회에, 다시 한번, 그 출신지의 여하를 불문하고, 이른바 종군 위안부(從軍慰安婦)로서 무수한 고통을 경험하게 되어, 몸과 마음에 치유하기 어려운 상처를 입으신 모든 분들에 대해 진심으로 사과와 반성의 마음을 말씀드린다. <고노 담화>
8	'93. 8.23.	호소카와 모리 히로 	총리	우리들은 이 기회에 세계를 향해 과거의 역사에 대한 빈성과 새로운 결의를 명확히 하는 것이 매우 중요하다고 생각합니다. 먼저 이 자리를 빌어서, 과거 우리나라의 침략 행위(侵略行爲)와 식민지 지배(植民地支配) 등이 많은 사람들에게 견디기 어려운 괴로움과 슬픔을 가져다준 것에 대하여해 다시 한번 깊은 반성과 사과의 마음을 말씀드립니다.
9	'93. 9.24.	호소카와 모리 히로 	총리	제가 "침략 행위"라는 표현을 사용한 것은, 과거 우리나라의 행위가 많은 사람들에게 견디기 어려운 괴로움과 슬픔을 가져다줬다고 하는 동일(同一)한 인식을 솔직하게 말씀드린 것으로서, 다시 한번 깊은 반성과 사과의 마음을 표명했던 것입니다.

10	'94. 8.31.	무라야마 토미이치	총리	우리나라(일본)가 과거 한 시기에 행한 행위는, 국민들에게 많은 희생을 초래했을 뿐만 아니라, 아시아 근린제국(近隣諸?國) 등의 사람들에게, 지금까지도 치유하기 어려운 상흔(傷痕)을 남겼습니다. 저는, 우리나라의 침략행위침략 행위(侵略行爲)와 식민지 지배(植民地支配) 등이 많은 사람들에게 견디기 어려운 괴로움과 슬픔을 가져다준 것에 대해, 깊은 반성의 마음을 가지며, 전쟁을 하지 않겠다는 결의 아래에, 세계평화(世界平和)의 창조를 향해 진력해 나가는 것이, 지금부터 일본이 걸어 나가야 할 진로(進路)라고 생각합니다. 우리나라는, 아시아 근린제국 등과 관계된 역사를 직시하지 않으면 안 됩니다. 일본국민과 근린제국의 국민이 손을 잡고 협력하여해 아시아·태평양의 미래를 열기 위해서는, 서로의 아픔을 극복하여해 구축되는 상호이해(相互理解)와 상호신뢰(相互信賴)라는 부동(不動)의 토대가 불가결합니다…이른바 종군 위안부(從軍慰安婦) 문제는, 여성의 명예와 존엄에 깊은 상처를 입힌 문제로써, 저는 이 기회에, 다시 한번, 진심 어린 깊은 반성과 사과의 마음을 말씀드리고 싶다고 생각합니다. 우리나라가, 이러한 문제를 포함하여해, 과거의 역사를 직시하고, 올바르게 이것을 후세에 전함과 동시에, 관계된 각국 등과의 상호이해를 한층 더 증진시키기 위해 노력하는 것이, 우리나라의 사죄와 반성의 마음을 나타내는 것이 된다고 생각하고 있습니다. 본 계획은, 이러한 마음을 바탕으로 한 것입니다
11	'95. 6.9.	일본 중의원 국회 결의	일본국회	세계 근대사(近代史)에서의 수많은 식민지 지배(植民地支配)와 침략행위침략 행위(侵略行爲)를 생각하고, 우리나라가 과거에 행한 이러한 행위와 타국민(他國民) 특히 아시아 각국의 국민들에게 준 고통을 인식하여해, 깊은 반성의 마음을 표명한다.
12	'95. 7.	무라야마 토미이치	총리	"여성을 위한 아시아 평화 국민 기금"출범 인사말 (위안부 사과 보상 사업) 이른바 종군위안부(從軍慰安婦) 문제도 그중 하나입니다. 이 문제는, 구 일본군(日本軍)이 관여하여해 많은 여성의 명예와 존엄에 깊은 상처를 입힌 것으로서, 도저히 용서받을 수 있는 것이 아닙니다. 저는, 종군위안부로서 몸과 마음에 치유하기 어려운 상처를 입으신 모든 분들에 대하여해, 진심으로 사과를 드리고 싶다고 생각합니다.

| 13 | '95.
8.15. | 무라야마
토미이치 | 총리 | 우리나라는, 멀지 않은 과거의 한 시기, 국책(國策)을 그르치고, 전쟁으로의 길을 걸어 국민을 존망(存亡)의 위기에 빠뜨렸고, 식민지 지배(植民地支配)와 침략(侵略)에 의해, 많은 나라들, 특히 아시아 각국의 사람들에 대하여해 큰 손해와 고통을 주었습니다. 저는, 미래에 잘못이 없도록 하기 위하여해, 의심할 여지도 없는 이 역사의 사실을 겸허하게 받아들여, 여기서 다시 한번 통절(痛切)한 반성의 뜻을 나타내며, 진심으로 사죄의 마음을 표명합니다. 또한, 이 역사가 초래한 내외(內外)의 모든 희생자들에게 깊은 애도(哀悼)의 마음을 바칩니다. 패전한 날로부터 50주년을 맞이한 오늘, 우리나라는, 깊은 반성 위에 서서, 독선적(獨善的)인 내셔널리즘을 배제하고, 책임 있는 국제사회의 일원으로서 국제협조를 촉진하고, 그를 통하여해, 평화의 이념과 민주주의를 널리 퍼뜨리지 않으면 안 됩니다. 동시에, 우리나라는, 유일한 피폭국(被爆國)으로서의 체험에 입각하여해, 핵무기를 궁극적으로 폐기하는 것을 목표로 하고, 핵불확산체제(核不擴散體制)의 강화 등, 국제적인 군축(軍縮)을 적극적으로 추진해 나가는 것이 매우 중요합니다. 이것이야말로, 과거에 대한 속죄가 되며, 희생되신 분들의 영령을 편안하게 할 수 있는 것이라고, 저는 믿고 있습니다. 〈무라야마 담화村山談話〉 |
| 14 | '96.
6.23. | 하시모토
류타로 | 총리 | 창씨개명(創氏改名)이라고 하는 것. 우리들이 전혀 학교의 교육 속에서 알 수 없었던 것이었습니다만, 그러한 것이 얼마나 많은 이웃 나라의 국민들에게 상처를 주었는지는 이루 다 상상할 수가 없는 것입니다. 또한, 지금, 종군위안부(從軍慰安婦) 문제를 언급하셨습니다만, 저는 이 문제만큼 여성의 명예와 존엄을 훼손한 문제는 없다고 생각합니다. 진심으로 사과와 반성의 말을 드리고 싶다고 생각합니다. |

15	'97. 8.28. 관보 폐쇄로 확인 불가	하시모토 류타로	총리	저는, 우리나라가, 역사의 교훈을 배워, 실로, 『옛일을 잊어버리지 않고, 뒷일의 교훈으로 삼는다』라는 시점(視点)이 폭넓게 국민들에게 정착되고 있다고 확신하고 있습니다. 저 자신도 재작년 무라야마(村山) 전 총리가 발표한 "내각총리대신 담화(內閣總理大臣談話)", 즉 "식민지 지배와 침략에 의해 많은 나라들, 특히 아시아 각국의 사람들에 대하여해 많은 손해와 고통을 주었다.", "역사의 사실을 겸허하게 받아들여, 여기서 다시 한번 통절(痛切)한 반성의 뜻을 나타내고, 진심으로 사죄의 마음을 표명" 한다고 하는 생각과 똑같은 생각을 가지고 있습니다.
16	'98. 10.7.	아키히토 [QR코드]	일왕	이러한 밀접한 교류의 역사가 있는 반면, 한 시기에, 우리나라가 조선반도(朝鮮半島)의 사람들에게 커다란 고통을 가져다준 시대가 있었습니다. 그것에 대한 깊은 슬픔은 항상, 제 기억에 머물러 있습니다.
17	'98. 10.8.	오부치 케이조 [QR코드]	총리	양 정상은, 일한(日韓) 양국이 21세기의 확고한 선린우호협력관계(善隣友好協力關係)를 구축해 나가기 위해서는, 양국이 과거를 직시하고 상호이해와 신뢰에 기반한 관계를 발전시켜 나가는 것이 중요하다는 것에 대해 의견의 일치를 보았다. 오부치 총리대신(小渕惠三理大臣)은, 금세기의 일한(日韓) 양국관계를 회고하여서, 우리나라가 과거의 한 시기에 한국 국민에 대하여해 식민지 지배(植民地支配)에 의해 많은 손해와 고통을 주었다고 하는 역사적 사실을 겸허하게 받아들이고, 이에 대해, 통절(痛切)한 반성과 마음으로부터의 사과를 하였했다. 김대중 대통령은, 이러한 오부치 총리대신의 역사인식의 표명을 진지하게 받아들이고, 이를 평가(評價)함과 동시에, 양국이 과거의 불행한 역사를 극복하고 화해와 선린우호협력(善隣友好協力)에 기반한 미래지향적인 관계를 발전시키기 위하여해 서로 노력하는 것이 시대의 요청이라는 취지를 표명하였했다

18	'01. 4.3.	후쿠다 야스오	관방장관	우리나라 정부의 역사에 관한 기본 인식은, 전후(戰後) 50주년인 헤이세이(平成) 7년 (1995년) 8월 15일에 발표된 "내각총리대신 담화(內閣總理大臣談話)"에 있는 것처럼, 우리나라는, 멀지 않은 과거의 한 시기에, 식민지 지배(植民地支配)와 침략(侵略)에 의해, 많은 나라들, 특히 아시아 각국의 사람들에 대하여해 많은 손해와 고통을 준 사실을 겸허하게 받아들이고, 그에 대하여해서 통절(痛切)한 반성과 진심 어린 사과의 마음을 표명한다고 하는 것이다. 이러한 인식은, 그 후 역대 내각에서도 계승되어 오고 있으며, 현 내각에서도, 이 점에 대해서는 어떠한 변화도 존재하지 않는다.
19	'01. 9.8.	타나카 마키코	외무대신	일본은, 앞선 대전(大戰)에서 많은 나라의 사람들에 대하여해 많은 손해와 고통을 준 사실을 결코 잊어서는 안됩니다. 많은 사람들이 귀중한 생명을 잃고, 상처를 입었습니다. 또한 전 전쟁포로(戰爭捕虜)를 포함한 많은 사람들 간에 치유하기 어려운 상흔이 남아 있습니다. 이러한 역사의 사실을 겸허하게 받아들여, 1995년의 "무라야마 내각총리대신 담화(村山內閣總理大臣談話)"의 통절(痛切)한 반성의 뜻과 진심 어린 사과의 마음을 여기에서 재확인합니다.
20	'01. 10.15.	고이즈미 준이치로	총리	방금 전까지 서대문형무소의 내부를 참관하였했습니다. 비통한 생각에 이루 말할 수 없는 느낌입니다. 일본 총리로서 취임한 이래 처음으로 한국을 방문하였했고 오늘은 과거의 무서운 역사의 한 부분을 보게 되었습니다. 일본의 식민지 지배에 의해 한국 국민에게 많은 손해와 고통을 준 것에 대해 진심으로 반성과 또 사죄의 마음을 가지고 있습니다. 그리고 지금 다양한 전시와 시설과 고문의 현장을 보게 되어, 총리 이전에 한 사람의 정치인으로서, 또한 한 사람의 인간으로서, 이 같은 고통과 희생을 강요당한 분들의 억울한 마음, 이것을 잊어서는 안 된다고 생각했습니다. 현재의 이르기까지 외국의 침략, 그리고 조국의 분단, 내전 등 상상도 할 수 없는 큰 고난과 고통을 인내하며, 이제 한국이 민주주의 사회로 힘차게 발전하고 있다는 것에 대해 진심으로 경의를 표하고자 합니다.

21	2001년 위안부 할머니들에 대한 편지	고이즈미 준이치로	총리	이른바 종군위안부(從軍慰安婦) 문제는, 당시 군(軍)의 관여하에, 다수의 여성의 명예와 존엄에 깊은 상처를 입힌 문제입니다. 저는 일본국의 내각총리대신(內閣總理大臣)으로서 다시 한번, 이른바 종군위안부(從軍慰安婦)로서 무수한 고통을 경험하게 되어, 몸과 마음에 치유하기 어려운 상처를 입으신 모든 분들에 대하여, 진심 어린 사과와 반성의 마음을 말씀드립니다. 우리들은 과거의 무게로부터도 미래에 대한 책임으로부터도 도망쳐서는 안 됩니다. 우리나라는, 도의적(道義的)인 책임을 통감(痛感)하면서, 사죄와 반성의 마음에 입각하여, 과거의 역사를 직시하고, 바르게 이를 후세에게 전함과 동시에, 이유 없는 폭력 등 여성의 명예와 존엄에 관계되는 각 문제에 대해서도 적극적으로 임하지 않으면 안 된다고 생각하고 있습니다.
22	'01. 9.17.	고이즈미 준이치로	총리	일본 측은, 과거 식민지 지배(植民地支配)에 의해, 조선(朝鮮) 사람들에게 많은 손해와 고통을 주었다고 하는 역사의 사실을 겸허하게 받아들여, 통절(痛切)한 반성과 진심 어린 사죄의 마음을 표명하였했다. (북한에 사과한 내용)
23	'03. 8.15.	고이즈미 준이치로	총리	또한, 앞선 대전(大戰)에서, 우리나라는, 많은 나라, 특히 아시아 각국의 사람들에 대하여해 많은 손해와 고통을 주었습니다. 국민을 대표하여해서, 여기에서 깊은 반성의 마음을 새롭게 하여해, 희생되신 분들에게 삼가 애도의 뜻을 표합니다.
24	'05. 4.22.	고이즈미 준이치로	총리	우리나라는, 일찍이 식민지 지배(植民地支配)와 침략(侵略)에 의해, 많은 나라들, 특히 아시아 각국의 사람들에 대하여해 많은 손해와 고통을 주었습니다. 이러한 역사의 사실을 겸허히 받아들여, 통절(痛切)한 반성과 진심 어린 사과의 마음을 항상 마음에 새기면서, 우리나라는 제2차 세계대전 이후 일관되게, 경제대국(經濟大國)이 되어도 군사대국(軍事大國)은 되지 않을 것이며, 어떠한 문제도, 무력에 의존하지 않고 평화적으로 해결하겠다고 하는 입장을 견지하고 있습니다.

25	'05. 8.15.	고이즈미 준이치로	총리	우리나라는, 일찍이 식민지지배식민지 지배(植民地支配)와 침략(侵略)에 의해, 많은 나라들, 특히 아시아 각국의 사람들에 대하여해 많은 손해와 고통을 주었습니다. 이러한 역사의 사실을 겸허히 받아들여, 다시 한번 통절(痛切)한 반성과 진심 어린 사죄의 마음을 표명함과 동시에, 앞선 대전(大戰)에서의 내외(內外)의 모든 희생자들에게 삼가 애도의 뜻을 표합니다. …(…) 우리나라의 전후(戰後)의 역사는, 실로 전쟁에 대한 반성을 행동으로 나타낸 평화의 60년입니다. …(…) 특히 일의대수(一衣帶水) 간에 있는 중국과 한국을 비롯한 아시아 각국과는, 함께 손을 잡고 이 지역의 평화를 유지하며, 발전을 지향하는 것이 필요하다고 생각합니다. 과거를 직시하고, 역사를 바르게 인식하여해, 아시아 각국과의 상호이해와 신뢰에 기반한 미래지향의 협력관계를 구축해 나가고 싶다고 생각하고 있습니다. <코이즈미 담화 小泉談話 >
26	'06. 10.9.	아베 신조	총리	대한민국 국립 현충원 참배
27	'07. 4.28.	아베 신조	총리	위안부 문제에 대해서 어제, 회의에서노 이야기를 했다. 저 자신은, 괴로움과 쓰라림을 맛보신 전 위안부 분들에게, 인간으로서, 또한 총리(總理)로서 진심으로 동정(同情)함과 동시에, 그러한 극히 고통스러운 상황에 놓인 것에 대해서 죄송스러운 마음이 가득하다, 20세기는 인권침해(人權侵害)가 많았던 세기로, 21세기가 인권침해가 없는 훌륭한 세기가 되도록, 일본으로서도 공헌하고 싶다고 생각하고 있다라고 말했다. 또 이러한 이야기를 오늘, 부시 대통령에게도 이야기하였했다.
28	'10. 8.10.	칸 나오토	총리	저는 역사에 대해 성실하게 마주하고 싶다고 생각합니다. 역사의 사실을 직시하는 용기와 그를 받아들이는 겸허함을 가지고, 스스로의 잘못을 반성하는 일에 솔직해지고 싶다고 생각합니다. 아픔을 준 쪽은 잊어버리기가 쉽고, 아픔을 받은 쪽은 그것을 쉽게 잊어버릴 수 없는 법입니다. 이 식민지지배식민지지배(植民地支配)가 초래한 많은 손해와 고통에 대하여해, 여기에서 다시 한번 통절(痛切)한 반성과 진심 어린 사죄의 마음을 표명합니다.

29	'15.
12.15.	아베
신조	총리	위안부 문제는 당시 군의 관여 아래에 다수의 여성의 명예와 존엄에 깊은 상처를 입힌 문제로서, 이러한 관점에서 일본 정부는 책임을 통감함. 아베 내각 총리대신은 일본국 내각 총리대신으로서 다시 한번 위안부로서 많은 고통을 겪고 심신에 걸쳐 치유하기 어려운 상처를 입은 모든 분들에 대해 마음으로부터 사죄와 반성의 마음을 표명함.
30	'15.
8.15.	하토야마
유키오	전 총리	서울 서대문형무소. 이곳에서 숨진 순국선열 165명의 이름이 새겨진 추모비 앞에 하토야마 유키오 전 일본 총리(2009~2010년)가 무릎을 꿇었다. 구두를 벗고 추모비 앞 제단에 국화를 올린 그는 무릎을 꿇은 채 10여 초간 눈을 감고 두 손을 모았다. 두 차례 절을 올리고서야 무릎을 뗐다. 그는 "진심으로 죄송하다. 사죄의 말씀을 드린다"며 잔혹했던 일제 식민 지배식민 지배를 사죄했다.
31	'18.
10.5.	하토야마
유키오		원폭 피해자에 무릎 꿇은 하토야마 전 총리
하토야마 유키오 전 총리는 경남 합천을 찾아 원폭 피해자들 앞에 무릎을 꿇었습니다. 이곳에 하토야마 유키오 전 총리가 일본 정치인으로서는 처음으로 방문했습니다. 피해자들을 직접 만나 사과와 위로를 전하기 위해서입니다.
하토야마 전 총리는 피해자 한 명 한 명 앞에 무릎을 꿇었습니다. 손을 맞잡고, 고개를 깊이 숙여 피해자들의 목소리를 귀담아들었습니다.

지금 이 시간에도 어린아이들과 청소년들은 기울어지고 왜곡된 거짓 정보의 홍수 속에서 세뇌되고 있습니다. 왜곡된 역사를 배운 어른들은 아이들에게 "일본은 우리에게 식민 지배에 대해 사과한 적이 없어. 그래서 나쁜 놈들이야."라고 가르치고 아이들은 그것을 사실로 알고 일본에 대한 증오심을 키우고 있습니다. 위처럼 일본의 사과 흔적을 확인했다면 제발 멈춥시다. 감정으로 배우는 역사가 아니라 사실로 배우는 역사를 가르쳐야 합니다.

이제 반일 선동가들이 주장하는 친일파는 없습니다. 해방으로 일본인이 한국을 떠난 지 70여 년이 흘렀습니다. 아직도 그 당시 먹고 살기 위해 일본에

빌붙었던 친일파들이 살아 있습니까. 죽은 지 오랩니다. 그 자식들이 아직도 우리 사회를 주름잡고 있습니까. 누굽니까. 콕 집어 말할 수 없거나 근거를 제시하지 못한다면 당신은 선동당한 것입니다.

민족문제연구소가 제작한 『친일인명사전』에 등재된 인물의 후손 중에 민주당 정치인이거나 친 민주당 성향 사람이 더 많은 것 알고 계시나요? 어느 당에서 친일파 후손들이 더 많이 나왔습니까. 민주당 세력이었습니다. 선동당하지 마십시오. 선동가들의 목적은 거짓 선동으로 자신들의 권력을 쟁취하고 호의호식하면서 사는 것입니다.

어린 시절 저는 북한 사람들이 전부 늑대 얼굴을 하고 사는 줄 알았습니다. 교과서나 방송에서 온통 그렇게 표현했으니 그렇게 생각할 수밖에 없었습니다. 반일 선동도 마찬가집니다. 이유 불문하고 일본은 야비하고 교활하다는 식의 인신공격과 역사 왜곡으로 반일 선동질을 일삼는 그들에게 세뇌됐습니다. 하지만 이제 우리는 배웠습니다. 잘못된 역사를 배우고 자라났고, 우리 자식들에게 가르쳤다고 인정해야 합니다.

우리는 유통기한이 지난 음식은 쳐다보지도 않습니다. 철이 지나도 한참 지난, 유통기한이 지나 썩어 문드러진 음식. 바로 반일 선동입니다. 철이 지나 썩어 문드러진 반일 선동을 선량한 국민들에게 먹으라고 강요하는 선동가들에게 우리는 말해야 합니다. "이제 우리는 다 알고 있다.", "당신들에게 속지 않는다."라고 말이죠.

많은 일본 관료들이 일본의 조선 식민 지배, 위안부 문제에 대해 사과를 했습니다. 아직도 일부 언론에서는 진심 어린 사과가 없었다는 식의 보도를 하곤 합니다. 진실을 추구하고 국민들에게 올바른 정보를 전달해야 할 책무를 가진 집단에서도 이런 일들이 벌어지고 있습니다. 도대체 진정성 있는 사과는 뭔가요?

식민 지배와 위안부, 강제징용에 대해 사과를 원한다고 해서 사과를 했더니 진정성 있는 사과를 하라고 재차 요구하고, 금전적으로 합의를 봤더니 당사자들이 원하지 않았다고 뒤집었습니다. 반일을 외치며 양국 관계를 파국으로 몰고 간 사람들이 이 사태에 대해 책임질 시간이 점점 다가오고 있습니다. 사과하려 해도, 배상하려 해도 사과·배상할 대상이 사라지는 시점이 다가오고 있습니다. 반일 선동가들의 개인적 욕심 때문에 일제강점기 고통의 세월을 살다가 아무런 사과나 배상도 못 받고 저세상으로 가신 분들이 불쌍할 따름입니다.

6. 일본과의 무역 전쟁에서 승리자는 대한민국?

지난 4년간 문재인 대통령의 업적을 곰곰이 생각해 보았습니다. 딱히 머릿속에 떠오르지 않습니다. 그나마 잘했다고 칭찬할 수 있는 것은 윤석열 검찰총장 임명과 최재형 감사원장 임명이라 하고 싶습니다. 또 있네요. 조국 법무부 장관 반대 민심을 뿌리치고 임명을 강행했고, 추미애를 법무부 장관에 임명한 것도 칭찬합니다. 또 생각납니다. 반일 선동으로 일본이 수출 규제를 한 덕분에 우리 기업의 경쟁력이 높아졌다고 합니다. 위기를 극복하기 위해 품질 향상, 대체 소재 개발을 한 결과라고 합니다.

수출 규제 덕분에 우리 기업의 자생력이 키워졌다는 정부의 자화자찬이 사실일까요?

　2021년 7월 5일 일본의 한국 수출 규제 2년을 맞아 정부는 소부장 보고대회를 열었습니다. 소부장은 소재, 부품, 장비 산업의 줄임말입니다. '소부장 보고대회!' 네이밍은 정말 기가 막히게 잘합니다. 빈 깡통일수록 소리가 요란한 것처럼 내용이 빈약할수록 거창한 이름으로 포장됩니다. 일본의 수출 규제에도 불구하고 대한민국 기업이 소재, 부품, 장비 분야에서 큰 성과를 달성했다는 취지의 행사입니다. 흡사 조선중앙방송에서 북한의 허접하고 낡은 제조 기술을 마치 세계 일류인 양 홍보하는 모습 같습니다.

　문재인 대통령은 이날 행사에 참가해 "기습공격 하듯이 시작된 일본의 부당한 수출 규제 조치에 맞서 '소재·부품·장비 자립'의 길을 걸은 지 2년이 되었습니다. 우리 경제에 큰 충격이 될 것이라는 우려가 많았지만, 우리 기업들과 국민들이 힘을 모아 위기를 극복했습니다. 오히려 핵심 품목의 국내 생산을 늘리고 수입 선을 다변화해 소부장 산업의 자립도를 획기적으로 높이는 계기로 만들었습니다."[58]라고 하며 "상생과 협력으로 '아무도 흔들 수 없는 나라'를 향해 전진했습니다."라고 덧붙였습니다.

　이에 대한 근거로 통계 몇 가지와 생산 계획을 제시했습니다. '첫째, 50%에 육박하던 불화수소의 대일 의존도를 10%대로 낮췄다. 둘째, 불화폴리이미드는 자체 기술 확보를 넘어 수출까지 한다. 셋째, EUV 레지스트 또한 글로벌 투자를 유치해 국내 생산을 앞두고 있다.'

58) 박효목, 「文 "기습공격 같던 日 수출규제 맞서 소부장 자립 이뤄"」, 동아일보, 2020. 7. 3., https://www.donga.com/news/Politics/article/all/20210703/107767122/1

사실과 부합하는지 객관적인 통계가 맞는지 확인해 보겠습니다. 일본의 수출 규제 품목은 세 가지입니다. 불화수소, 불화폴리이미드, 포토레지스트(EUV).

이 중 불화수소는 문 대통령이 말씀하신 것처럼 대일 의존도를 10%대로 낮춘 것이 맞습니다. 하지만 일본산 불화수소의 한국 시장 점유율이 떨어진 것은 일본의 수출 규제 때문이 아닙니다. 2012년 77%에서 2019년 중반(일본 수출 규제 시점)쯤엔 약 20%까지 폭락했습니다. 일본산 불화수소의 한국 점유율이 크게 폭락하는 하락세의 연장선으로 봐야 합니다. 그 빈자리를 중국산 불화수소가 채운 것입니다.

올해 초에는 일본의 반도체용 특수가스 제조 업체 다이킨공업이 충남 당진에 고순도 불화수소 생산 공장을 설립할 계획이라고 밝혔습니다. 수출길이 막히자 직접 한국으로 와서 생산하겠다는 것입니다. 이런 현상이 벌어지면 통계상으로 불화수소의 대일 의존도는 낮아지게 됩니다. 이것도 과연 소부장 자립이라고 할 수 있을까요.

불화수소를 제외한 폴리이미드, 포토레지스트는 일본 제품 의존율이 거의 변함없이 94~95%를 유지하고 있습니다. 어떤 통계에서는 벨기에산 포토레지스트 수입으로 일본 의존도가 85.2%까지 낮아진 것도 볼 수 있습니다. 이를 근거로 포토레지스트 대일 의존도가 낮아졌으니 성공했다고 주장하는 사람도 있습니다. 하지만 이는 눈속임입니다. 우리가 수입한 벨기에산 제품은 일본 기업이 벨기에와 합작한 공장에서 생산된 것입니다. 수입한 나라만 바뀌었지 일본회사 제품입니다. 이것도 소부장 자립이라고 할 수 있습니까.

그런데 한 가지 재미있는 사실이 있습니다. 일본의 고순도 불화수소 생산기업 모리타화학은 2019년 9월 중국 공장에서 생산한 고순도 불화수소를 일본을 거치지 않고 한국에 직접 수출하기로 결정했습니다. 이 기업은 중국에서 불화수소 원료를 만들어 일본으로 들여와 고순도 제품으로 만들어 한국으로 수출했었습니다. 폴리이미드(감광액)과 포토레지스트를 만드는 일본 도쿄오카공업은 최근 한국 인천 공장의 생산량을 늘리기로 했습니다.

일본의 반도체 관련 핵심 소재 관련 회사들이 이렇게 한국에 공을 들이는 이유는 간단합니다. 첫째, 돈이 되기 때문입니다. 둘째, 한국 기업들이 일본 기업에서 생산하는 제품 품질과 경쟁력을 따라갈 수 없기 때문입니다. 문 대통령의 주장처럼 소부장 자립을 했다고 가정했을 때, 이미 한국에서 다 개발을 완료해서 국산화했으므로 일본 기업들은 더 이상 한국에 투자했다가는 큰 낭패를 보고 말 것입니다. 일본 기업들이 한국에 직접 생산을 추진하고 확대한다는 것은 아직도 소부장이 자립이 덜 됐다는 방증이기도 합니다.

우리는 '정신 승리'라는 말을 자주 사용합니다. 어떤 일에 실패하거나, 큰 실수로 본인의 재산이나 명예 등을 잃거나, 불리한 상황에 놓였을 때, 그 상황을 심리적으로 극복하고자 좋은 상황이라고 왜곡해 정신적 자기 위안을 삼는 행위를 말합니다. 한마디로 '망상'이라고 할 수 있습니다. 일본의 수출 규제로 우리가 이루었다는 소부장 자립의 근거가 매우 빈약해 보입니다. 하지만 우리 대통령은 국민들의 마음을 달래 주기 위해서인지 일본에 이겼다고 합니다. '정신 승리'라는 말이 딱 어울리는 장면입니다. 조선 정조(1779)가 병자호란(1637) 당시 인조와 신하들이 틀어박혀 말싸움만 하던 남한산성의 남쪽 출입문 이름을 '전승문戰勝文'이라 지었습니다.[59] 청에게 굴욕적인 항복을 했던 곳이지만 이겼다고 스스로 생각했던 역사적 사실과 지금 상황이 매우 비슷합니다.

상대편 나라에 전쟁 대신 경제 보복으로 화풀이를 했던 사례들이 있습니다. 유럽을 정복한 프랑스가 영국을 고립시키기 위해 영국에 곡물 수출을 금지했던 대륙 봉쇄령, 제1차 세계대전 전후 배상으로 독일에 막대한 배상금을 물린 베르사유 조약, 한국에 사드를 배치한 것에 불만을 품은 중국의 무역 보복, 센카쿠 열도 분쟁으로 중국 희토류 일본 수출 금지, 노르웨이 노벨위원회에서 중국의 인권 운동가 류샤오보를 노벨 평화상 후보로 선정한 것에 불만을 품은 중국의 노르웨이산 연어 수입 금지 등의 사례가 있었습니다.

대륙 봉쇄령은 프랑스가 영국에 가한 보복이었지만 이 사건은 나폴레옹의 죽음으로 귀결됐습니다. 베르사유 조약은 제2차 세계대전의 원인이 됐습니다. 실제로 독일은 감당하기 버거웠던 막대한 배상금 때문에 제2차 세계대전을 일으킵니다. 한일 간의 상호 무역 분쟁도 어떤 결과로 양국에 그 피해가 돌아올지 아무도 예측할 수 없습니다. 이성적이고 합리적인 판단으로 양국관계가 정상화 되길 바랍니다.

위안부 합의를 뒤집고, 반일 「죽창가」를 외치며, 거북선 횟집에서 반일 쇼를 했던 청와대가 요즘은 일본에 화해의 제스처를 보내고 있습니다. 늦었지만 다행스러운 일입니다. 하지만 일본은 일체의 반응을 보이지 않고 있습니다. 일본과의 무역 전쟁에서 '정신 승리'만을 외칠 것이 아니라 일본과 한국이 서로 피

---

59) 박종인, 「『대한민국 징비록』, 」(와이즈맵, 2019), p.160.

해를 보고 있다는 점을 감추지 말고 국민에게 알려 설득해야 합니다. 일본과 대화할 수 있는 인사를 일본에 파견해야 합니다. 지금 일본 대사는 일본의 관료들과 식사 한 번 제대로 한 적이 없다지요. 교체해야 합니다. 더 커다란 파국이 오기 전에 한일 양국이 서로 머리를 맞대고 대승적 합의를 이루어 내길 바랍니다.

마을 어귀에서 볼 수 있는 옛 고을 수령들의 공덕비功德碑는 성한 것이 몇 개 없습니다. 자화자찬하며 수령들이 세운 공덕비는 사라졌습니다. 다 가짜였으니까요. 수령이 고을을 떠난 후 백성들이 공덕비를 박살 냈기 때문입니다. 수령이 떠난 후 남아 있는 공덕비가 진정한 비석입니다. 소부장 공덕비는 몇 개월짜리일까요.

7. 어느 반일 광신도의 하루

SNS를 둘러보면 반일 선동가들의 작은 자극에 격렬히 반응하고 호응하는 사람들이 있습니다. 조국이 「죽창가」를 외치고 청와대가 거북선 횟집에서 국민들에게 반일 메시지를 던졌을 때 국민들의 머릿속은 이미 일제강점기 의병이 되어 있었습니다. 마치 자신이 의병이라도 된 것처럼 SNS 프로필 사진을 노재팬, 일본 제품 불매운동 사진으로 가득 채웠습니다.

얼마전 페이스북을 돌아다니다 어떤 방송 카메라 기자의 프로필 사진을 보게 됐습니다. '선거로 친일 적폐 청산', 'NO JAPAN' 등의 반일 사진이 보이더니 갑자기 일본산 소니 방송 카메라 사진이 등장했습니다. 프로필 사진은 자신의 정치적 성향, 취향, 인생관, 심리 상태 등을 알려 줍니다. 이분의 프로필 사진 내용을 바탕으로 이분의 마음을 써 보겠습니다. '2020년 국회의원 선거는 친일 적폐를 청산해야 하는 선거다. 심판의 날이다. 2번은 찍지 말자. 그리고 나는 일본 물건을 쓰지 않는다. 나는 일본산 소니의 방송 촬영 카메라로 내 생계를 이어 간다.' 앞뒤가 달라도 너무 심하게 다릅니다.

주변에 이런 분들 정말 많습니다. 100년도 지난 일을 곱씹으며 어금니를 갈면서 일본을 미워합니다. 그런데 정작 본인은 일본 제품이 없으면 살 수 없는 사람들입니다. 일본을 아주 사랑하는 사람이었던 것입니다.

일본 제품 불매운동을 정말 100% 실천하고, 일제 잔재를 말끔히 청산하면 벌어지는 일을 써 보겠습니다.

'NO JAPAN!'이라는 문구를 티셔츠에 새기고 다니며 일본 제품 불매운동을 홍보하시는 분들이 있습니다. 그 옷에 새긴 'NO JAPAN!'자수는 일본산 브라더미싱 작품입니다. 불매운동을 100% 실천하면 불매운동을 못 하는 웃긴 상황이 발생합니다.

성인이라면 누구나 한 번쯤 내시경을 받아 본 경험이 있을 겁니다. 대한민국 병원에서 사용하는 내시경은 대부분이 일본 기업 올림푸스 제품입니다. 일본산 내시경 장비를 대체할 수 있는 국산품이 없습니다. 속이 썩어 문드러져도 반일 불매운동 광신도라면 오래 살기는 글렀습니다.

쿠팡의 '로켓배송'으로 우리는 원하는 제품을 신속하게 받아 볼 수 있는 편리함을 누릴 수 있습니다. 게다가 가격도 매우 저렴합니다. 여러분 쿠팡이 일본 투자기업 소프트뱅크 손정의 회장의 투자를 받은 사실 알고 있습니까. 여러분이 일본 제품 불매운동을 100% 실천하는 사람이라면 먹고 싶었던 냉동 삼겹살을 익일 로켓배송으로 받을 수 없습니다. 왜냐구요. 쿠팡은 일본이 투자한 기업이니까요.

일본산 불화수소로 만든 반도체가 탑재된 스마트폰을 사용하는 사람들에게 반일, 일본 제품 불매운동이 어떤 의미가 있을까요. 일본산 부품이 들어간 자동차는 어떻게 타고 다니는지 궁금합니다. 일본 덴소가 만든 전자 제어장치를 탑재한 자동차는 버리실 겁니까. 일본산 소재가 들어간 국산 이온 배터리가 장착된 노트북과 스마트폰은 어쩔 겁니까. 컴퓨터와 노트북에 들어가는 하드디스크의 자기 헤드는 일본산이 시장 점유율 100%입니다. 회사에 가서 컴퓨터 없이 일이 되나요. 컴퓨터 관련 직종이 아니더라도 컴퓨터를 사용한 계산, 보고서 작성은 어느 직장에나 반드시 존재합니다.

인터넷 커뮤니티에 〈상남자 펠리세이드〉라는 제목의 사진이 올라온 적이 있습니다. 차량 뒷 유리에 적힌 "쪽바리 차는 양보하지 않는다."라는 문구가 화제가 됐습니다. 스티커를 붙인 의도는 '일본산 자동차에는 양보하지 않겠다'는 것으로 생각됩니다. 그런데 저는 이렇게 해석하고 싶습니다. '일본산 부품이 많이 들어간 내 자동차는 쪽바리 차다. 쪽바리 차는 양보 안 한다. 끼어들 생각 하지 마.'라고 늘립니다. 문장 그대로 해석해 보시면 됩니다. 쪽바리 차(주어)는 양보하지 않습니다(서술어). 쪽바리 차 주인의 위풍당당한 선언을 칭찬합니다.

오늘날 산업은 국제 분업이 조화되어 하나의 제품을 완성합니다. 완제품의

속을 들여다보면 여러 나라에서 공급된 부품들이 서로 결속되어 있습니다. 그런데도 우리는 아직 100여 년 가까이 된 케케묵은 감정에 휩싸여 과거로 역행하고 있습니다.

어쩔 수 없이 사용하는 건 예외라고 항변할 수도 있지만, 궤변에 불과합니다. 그들 스스로에게는 예외라는 것이 인정되지만, 왜 반대편에게는 그렇게 혹독한 잣대를 적용하는지 설명이 안 됩니다. 현실적인 대안으로 접근해야 문제가 해결될 텐데 관념적인 행동만으로 '정신 승리'만 외쳐 대는 것이 안타깝습니다. 대한민국 정부와 일본 정부에 대화 제스쳐를 촉구하는 시위가 더 현실적인 대안이 될 수 있습니다. 관념론에 빠져 지키지도 못할 반일 불매운동에 국력을 허비하고 있습니다. '정신 승리'의 함정에서 어서 빠져나와 현실을 직시해야 합니다.

8. 반일 선동에 대한 결론

저는 이 책을 쓰는 데 있어 이 정권의 반일 선동에 관해 1/4에 해당하는 부분을 할애했습니다. 꼭꼭 숨겨 두고 왜곡한 역사적 거짓에 우리가 얼마나 속고 있었는지, 그것을 추종하는 사람들이 벌이는 이중적 행태를 꼬집었습니다. 너무 작은 것에 집착해 비판한 것이라고요? 아닙니다. 앞서 말씀드린 것처럼 렉서스 타고, 사쿠라 볼펜 쓰고, 일본 아파트 산 것을 비판한 것이 아닙니다. 국민들의 뇌는 100년 전으로 돌려놓고 반일 투쟁에 나서 달라는 메시지를 은근슬쩍 던집니다. 그런데 정작 본인들은 정반대로 행동했습니다. 저는 그것을 꼬집은 것입니다.

　일제강점기 우리나라 독립을 위해 피 흘리고 목숨 바친 선열들의 희생과 한국전쟁에서 젊은 청춘을 국가에 바친 희생자들이 만든 대한민국입니다. 그분들은 이렇게 둘로 갈라진 세상을 보고 뭐라고 말씀하실까요. 국민들을 둘로 갈라친 선동가들은 이제 거짓된 행동을 멈춰야 합니다. 반일 선동가들 자신들의 정치적·학문적 입지를 다지기 위해 진실을 감추고, 불편한 진실을 들춰내면 '토착 왜구'라는 프레임으로 몰아붙였습니다. 유통기한 지난 '반일'로 국민들을 호도하고 유통기한을 조작하고 변조하면서 죽창가를 외쳤습니다. 지식인, 정치인들의 선무당식 선동들은 한일 양국 관계를 파탄으로 끌고 갔습니다. 역사의 팩트를 무시하고 거짓으로 역사를 창조했습니다. 왜곡된 역사는 어린이, 청소년, 성인 할 것 없이 무차별적으로 확산됐습니다. 거짓과 왜곡이 진실로, 왜곡된 거짓이 광적 종교로 변질되어 가고 있습니다. 일본의 역사 왜곡도 있지만, 우리도 그에 못지않습니다.

　코페르니쿠스는 지동설을 주장하면서 많은 사람들의 비난을 받았습니다. 지동설의 근거가 많이 드러났음에도 사람들은 신 중심의 세계관에서 벗어나지 못했고 코페르니쿠스를 거짓말쟁이로 만들었습니다. 그러나 팩트는 승리했습니다. 교황청의 금서 목록에 올랐던 지동설 논문은 금서에서 해제됐습니다.[60] 더 이상 교황청도 감출 수가 없었습니다. 이 사건은 유럽이 신 중심의 세계관에서 벗어나 인간 중심 사회로 변해 가는 신호탄이었습니다. 덕분에 유럽은 과학 기술과 문화 예술의 부흥기를 맞이했고, 세계의 주류 세력으로 발돋움하게 됐습니다. 1543년에 코페르니쿠스가 죽고 1616년 드디어 지동설은 빛

---

60) 박종인, 『『대한민국 징비록』』, (와이즈맵, 2019), 39.

을 발산했습니다. 70여 년이 걸렸습니다. 2021년 8월 15일은 광복 76주년입니다. 맹목적 반일의 금기가 깨질 때도 됐습니다.

세 사람이 모여서 흰 고양이를 검정고양이라고 하면 그 고양이는 검정고양이가 됩니다. 사람 사는 세상에서 대중심리가 이렇게 위험한 것입니다. 거짓을 사실로 만드는 건 쉽습니다. 감정을 이입하면 됩니다. 피해자로 변장하면 됩니다. 고종은 비운의 망국 군주가 아니라 나라를 팔아먹은 매국노입니다. 평양 미림비행장 학살은 거짓 선동입니다. 일본이 식민 지배에 대해 사과한 적이 없다는 주장은 거짓이며 억지입니다. 일제 징용 노동자들이 임금을 받지 못했고 보상을 받지 못했다는 주장은 거짓입니다. 일본군이 우리의 어린 소녀들을 강제로 납치해 위안부로 삼았다는 것도 거짓입니다. 일본이 우리 농민들의 토지를 빼앗기 위해 토지조사사업을 실시했고, 분쟁이 발생하면 경찰령에 의해 즉결 처형했다는 것도 허구로 만들어진 소설일 뿐입니다.

이렇게 팩트에 바탕을 둔 불편한 진실들이 나올 때마다 비정상적인 왜곡의 역사가 정상으로 돌아오리라 믿습니다. 증오의 대물림도 단절되리라 기대합니다.

북한 김일성이 북한을 장악할 때 첫 선동이 친일 청산이었습니다. 아이러니하게도 친일 내각으로 출발했던 북한 김일성은 정권이 안정화되자 조지 오웰의 작품에 나오는 나폴레옹, 빅브라더처럼 변합니다. 친일 척결을 외치는 모습은 지금의 대한민국 정치인들과 흡사합니다. 친일 청산을 외치며 정권을 장악하면 독재자로 돌변하는 그들과 너무나 닮은 꼴입니다. 선동당하면 소설 속에 나오는 감시·조작·배급이 일상화된 삶을 사는 인민의 삶이 여러분의 삶이 될 수도 있습니다.

일본의 조선에 대한 침략 야욕과 그 목표를 실행하기 위한 행위를 부정하고 미화하고자 하는 마음은 눈곱만큼도 없습니다. 조작된 신화가 신앙으로 변하고 종교로 변해 사실로 굳어지기 전에 조작은 폭로되어야 합니다.[61] 더 이상 광기 어린 거짓된 증오의 역사가 대물림되지 않고 멈춰지길 바랍니다.

다음 내용은 일본의 무역 보복에는 「죽창가」를 외치며, 한일 관계 악화의 근본적 원인도 모른채 광적 반일 선동에 동참하지만, 중국의 사드 관련 한국에 대한 무역 보복에는 어벙이처럼 침묵하는 대중국 사대외교에 대한 내용입니다. 외교도 내로남불입니다.

---

61) 박종인, 『매국노 고종』, (와이즈맵, 2020), 19.

제4장

대중對中
사대외교事大外交

일본에게는 죽자 살자 달려들고
중국에게는 넙죽 업드려 기어들어 간다
외교도 내로남불

우리에게는
사대주의 DNA가 있사옵니다

2018년 김태우 수사관이 청와대의 민간인 사찰을 폭로했습니다. 당시 청와대 대변인 김의겸은 "문재인 정부의 유전자에는 애초 민간인 사찰이 존재하지 않습니다."[62]라고 말했습니다. 도덕적 우월 의식에서 나온 말입니다. 우리는 너무나 깨끗하기 때문에 그런 짓은 안 한다는 취지의 말이었습니다. 이 정권은 순수하고 깨끗한 DNA만 가진 게 아니었습니다. 사대주의事大主義 DNA도 있었습니다.

우리 역사는 중국과 아주 밀접한 관련을 맺어 왔습니다. 국가형성 초기에는 대등한 관계로 수백 년을 싸웠고, 고려 시대에는 원나라의 지배를 받기도 했습니다. 조선 시대에 이르러서는 결국 제후국 수준으로 전락했습니다. 수백 년을 중국의 협박과 침략으로 고생했고, 제후국 지위로 전락했을 때는 국가와 국민들이 중국의 핍박으로 말할 수 없는 고통을 받았습니다. 중국 황제의 허락이 없으면 왕이 될 수 없었습니다. 중국으로 끌려간 우리네 여인들과 노예

---

62) 이상헌, 「靑 "문재인정부 유전자에 '민간인 사찰 존재하지 않는다"」, 연합뉴스, 2018.12.18., https://www.yna.co.kr/view/AKR20181218108451001

들은 이루 말할 수 없이 많았습니다. 중국 사신이 조선에 올 때 마다 조선 천지가 안절부절못했다고 합니다. 한마디로 단군 역사 이래 약 5,000년을 중국에 당하고 살았다고 해도 과언이 아닙니다. 우리가 중국에 큰소리치며 살 수 있었던 시기는 중국보다 경제적으로 우월했던 1980~1990년대까지입니다.

중국의 집권 세력이 변할 때마다 우리는 그들의 눈치를 봤습니다. 편이 갈라지기도 했습니다. 원·명 교체기에는 고려의 반원 정책, 요동 정벌에 대한 의견이 찬반으로 나뉘어 나라가 혼란스러웠습니다. 명·청 교체기에는 정묘·병자호란으로 척화파와 주화파로 갈라져 싸웠습니다.

'만절필동萬折必東'이란 말이 있습니다. 한자 그대로 해석하면 '만 번을 휘어도 반드시 동쪽이다.'입니다. 춘추전국시대 순자가 쓴 말로 "중원의 젖줄인 황하는 수만 번 물길을 꺾어 흐르지만 결국은 동쪽을 향한다."라는 뜻입니다. 이 말은 황하가 1만 번 휘어도 동쪽으로 흐르듯, 임진왜란 때 조선을 구해 준 명나라 은혜를 영원히 잊지 않겠다는 다짐의 의미로 쓰이기도 했습니다.

명나라가 망하고 청나라와 군신君臣 관계를 맺게 된 조선은 겉과 속이 달랐습니다. 힘 앞에서는 청나라에 무릎 꿇고, 정신적으로는 명나라를 숭상하는 이중적 태도를 보였습니다. 조선 숙종은 창덕궁 북쪽 깊숙한 산기슭에서 명나라 황제들에게 제사를 올렸습니다. 그것이 대보단大報壇입니다. 명나라의 은혜를 크게 알리며 제사를 지내는 곳.

1. 한미회담 내용을
   중국에 가서 설명하자는 얼빠진 국회의원

중국의 은혜를 아직도 보답해야 한다는 사대주의 DNA가 흐르고 있는 걸까요. 2021년 5월 한미 정상회담이 열렸습니다. 더불어민주당 소병훈 의원은 SNS에 "문재인 대통령 귀국길에 중국 측에 한미 정상회담 내용을 설명해 주면 좋을 것"이라는 글을 올려 엄청난 비난을 샀습니다. 정상 간의 외교 회담을 다른 나라에 설명하는 것은 속국屬國이 우월적 지위를 가진 지배국에 할 법한 일이라는 비판이었습니다.

이해준·김준영, 「"中 들러 한미회담 설명" 글 썼다가 '中첩자'
욕먹은 소병훈」, 중앙일보, 2021. 5. 23.

한미 정상회담 공동 성명에서 "대만해협에서의 평화와 안정 유지의 중요성이 인식됐다."라는 표현이 나왔습니다. 대만해협 관련 발언이 있어서 중국의 이해가 필요할 수도 있습니다. 그런데 그 일을 찾아가서 설명하자고 제안하는 것은 주권 국가의 국민 대표가 할 일이 아닙니다. 우리가 중국의 속국입니까. 한 국가의 입법기관의 구성원으로 뱉을 말이 아니었습니다. 또한 이 일은 소병훈 의원의 정체성에 의심을 살 수 있는 발언이었습니다. 중국 공산당원 대의

원입니까. 더불어민주당은 실체 없는 '토착 왜구' 프레임을 활용하던데 이럴 땐 뭐라고 해야 하죠. '토착장꿰', '더불어공산당', '중국공산당 한국 지부장'. 네이 밍이 필요해 보입니다.

인터넷 댓글에 이런 말이 보입니다. "중국 당나라 '소정방'의 후손이니 이해하 자". 소정방의 후손이 자랑스럽다면 여기 있지 말고 중국으로 가십시오. 문재 인 대통령이 "우리는 소국小國이다."라고 연설했는데 소병훈 의원은 '우리는 속 국屬國이다.'라고 잘못 들었나요. 스스로 속국의 신하臣下 행세를 하는군요.

2. 학생운동 때는 자주自主 국가, 정권 잡으니 자주自做 속국

2017년 12월 문재인 대통령은 방중訪中 중에 베이징대학교에서 중국 대학생 들을 상대로 연설을 했습니다. 이 연설에서 자기 비하와 사대事大가 넘쳐났습니 다. 대한민국의 국민으로서 말로 설명할 수 없는 수치심을 느꼈습니다. 마치 인 조가 청나라 청 태종에게 신하로서의 예禮를 지키겠다고 맹세하는 장면을 떠올 리게 했습니다. 단지 조금 다른 것은 인조는 청에 대항해 맞서기라도 했으나 지 금은 자발적이라는 것이 다릅니다. 어떤 발언을 했는지 살펴보겠습니다.

"(…) 중국은 단지 중국이 아니라, 주변국들과 어울려 있을 때 그 존재가 빛 나는 국가입니다. 높은 산봉우리가 주변의 많은 산봉우리와 어울리면서 더 높아지는 것과 같습니다. 그런 면에서 중국몽이 중국만의 꿈이 아니라 아시아 모두, 나아가서는 전 인류와 함께 꾸는 꿈이 되길 바랍니다. 인류에게는 여전히 풀지 못한 두 가지 숙제가 있습니다. 그 첫째는 항구적 평화이고 둘째는 인류 전체의 공영입니다. 저는 중국이 더 많이 다양성을 포용하고 개방과 관용의 중국 정신을 펼쳐나갈 때 실현 가능한 꿈이 될 것이라고 믿습니다. 한국도 작은 나라지만 책임 있는 중견 국가로서 그 꿈에 함께할 것입니다. (…)"

요약해 보면 이렇습니다. '한국은 작은 나라다. 산봉우리다. 중국은 큰 산봉우리다. 중국이 꾸는 중국몽에 우리도 함께하겠다.' 2017년 4월 미·중 정상회담에서 중국 시진핑이 미국의 트럼프에게 "한국은 역사적으로 중국의 일부"라고 발언했습니다. 8개월 만에 문 대통령은 시진핑의 이런 발언에 화답이라도 하듯 '작은 나라' 발언을 했습니다. 외국 정상이 우리나라의 자존심을 건들면 반박을 하든지, 우회적으로 비판하든지 해야 하는 거 아닌가요. 중국과 손발이 잘 맞는 그림입니다.

어떤 블로그에서는 발언의 맥락과 단어 하나하나에 집착하면서 구구절절 문재인 대통령 발언의 진의眞意를 설명해 놨더군요. '한국도 작은 나라'라는 문구의 조사 '도'를 트집 잡아 발언의 의미를 왜곡해 해석했습니다. '한국도' 작은 나라라고 했으니 '도'라는 조사가 붙어 결국 '중국도' 작은 나라가 된다는 내용입니다. 24인치 모니터 화면 두 개 분량을 뇌피셜로 옹호했으나 말장난에 불과했습니다. 궤변이 지나쳐 읽어도 읽어도 이해하기에 어려움이 많았습니다. 억지 주장을 하다 보니 설명이 굉장히 복잡했기 때문입니다. 현상을 설명하는 것은 보이는 것을 바탕으로 간단명료해야 합니다. 궤변의 달인들이 넘쳐나는 세상입니다.

일부에서는 2013년 박근혜 대통령도 중국 방문 당시 한중 비즈니스 포럼 연설에서 '중국몽' 이야기를 꺼냈으니 문재인 대통령을 비난할 수 없다고 주장합니다. 실제 박근혜 대통령이 '중국몽' 발언을 한 것은 사실입니다. 하지만 이는 문 대통령의 발언과는 결이 다릅니다. 박 대통령은 "이 자리에 계신 중국 기업인 여러분께서도 '중국의 꿈'을 함께 이루어 갈 한국의 좋은 동반자를 찾을 수 있기 바랍니다."라고 했습니다. 중국 기업인에게 한국 비즈니스 동반자를 찾으라는 말이지 대한민국이 중국몽 실현에 도움이 되겠다는 뜻이 아닙니다.

이번 문재인 정권은 386 운동권 세력이 주축이 되어 국정을 운영하고 있습니다. 지금은 세월이 흘렀으니 586이 되겠네요. 이 운동권 586들이 과거 학생운동 시절 내내 주장하던 것이 독재 타도, 군사정권 타도, 반외세 자주 국가 건설이었습니다. 외세 배척을 통한 자주국가自主國家 수립을 외쳤습니다. '반미反美'를 입에 달고 살던 사람들이었습니다. 그런데 이들이 정권을 잡으니 외세 배척은 고사하고 자주속국自做屬國이 되어 강대국에 사대事大하는 역사적 아이러니를 어떻게 설명할 수 있을까요. 그들의 주장대로라면 지금은 반중反中 할 때 입니다. 어서 나서십시오. 판을 깔아 주시면 제가 반외세反外勢 운동에 적극적으로 나서겠습니다.

3. 주중 한국대사가
중국에서 '만절필동'을 쓰며 충성맹세

앞서 말씀드린 것처럼 '만절필동萬折必東'이란 말은 '수만 번 물길이 꺾어 흐르지만 결국은 동쪽을 향한다.'라는 뜻으로, 중국에선 충신의 절개와 황제에 대한 충성을 의미하기도 합니다. 춘추전국시대 처음 등장했고, 임진왜란을 겪은 선조가 명나라에 대한 변함없는 충성을 맹세하며 썼던 그 말을 400여 년이 지난 지금 대한민국의 주중 한국대사가 중국의 국가 수장에게 바쳤습니다.

만절필동萬折必東 공창미래共創未來.

'중국에 대한 우리 대한민국의 충절은 변함이 없습니다. 미래를 함께 만들어 갑시다.' 이 말뜻을 모르고 썼다고 생각하고 싶지만 그러기엔 '공창미래'라는 말을 만든 사실을 보니 뜻을 알고 썼다는 생각이 듭니다. 대한민국 대사가 다른 나라 수장에게 이런 굴욕적인 발언을 했다니 정말 화가 치밀어 오릅니다. 대한민국의 독립성을 심각하게 망가뜨리는 행위를 했습니다. 이러니 시진핑이 "한국은 중국의 일부분"이라고 말하는 것 아니겠습니까.

노영민 대사가 중국으로 부임한 시기는 한국의 사드 배치 문제로 중국의 경제 보복이 한창일 때였습니다. 사드 문제로 경제 보복을 당하고 있는 현실 앞에서 저항하는 목소리 한 번 내지 못하고 이런 굴욕적인 모습을 보이다니 정말 개탄할 일입니다.

상황을 바꿔 봅시다. 일본의 경제 보복 상황에서 주일 한국대사가 일본 총리나 천황에게 이렇게 굽신거렸다면 어떻게 됐을까요. 한국으로 돌아오면 반일 정신으로 똘똘 뭉친 사람들에게 총살됐을 수도 있을 겁니다.

정말 이해가 되지 않는 부분입니다. 미국에게 굴욕 외교를 한다고 대한민국 정부와 지식인들을 폄훼하던 사람들은 어디 있나요. 지금 한 자리씩 차지하고 돈 굴려서 증오와 타도의 대상이었던 미국으로 유학 간 자녀들 뒷바라지할 궁리 하고 있겠지요.

4. 사드 사절단인가 사죄단인가?

2016년 1월 6일 북한은 4차 핵실험을 강행했습니다. 북한 언론은 수소 폭탄 개발에 성공했다며 대서특필했습니다. 이에 우리 대한민국 국방부는 북한이 이미 핵무기를 탄도미사일에 탑재할 수 있는 소형화 기술을 갖춘 것으로 판단해 고고도 미사일 방어 체계 사드THAAD를 도입하기로 결정했습니다.

2016년 2월 5일 중국 시진핑 주석은 박근혜 대통령에게 직접 전화를 걸어 사드 배치의 위험성을 강조하며 반대의 뜻을 전했습니다. 그러나 박근혜 대통령은 사드 배치의 정당성을 설명하며 시진핑의 제안을 거절했습니다. 그런데 바로 다음 날 북한은 인공위성 발사라는 명목으로 도발을 감행했습니다. 대한민국과 미국의 사드 배치의 명분을 더욱더 강화해 주는 사건이었습니다.

롯데 계열의 경북 성주의 골프장이 사드 배치 부지로 선정되자 중국 정부는 중국의 롯데 계열사들의 전 업장에 대해 세무조사와 각종 점검을 실시했습니다. 롯데가 사드 배치 부지 사용을 허락했기 때문입니다. 같은 해 12월 중국은 사드 배치에 대한 무력시위를 했습니다. 항공모함을 동원해 서해에서 실탄 사격 훈련을 했습니다.

중국의 압박 수위는 점점 더 노골화되었고, 강도가 높아졌습니다. 중국 외교부는 "소국小國이 대국大國에 대항해서 되겠냐, 한국 정부가 사드 배치를 하면 단교斷交 수준으로 엄청난 고통을 주겠다."라고 했습니다. 중국의 군사 전문가 쑹중핑은 "사드가 배치될 성주골프장이 중국군의 타격 목표가 될 것"이라는 경고를 하기도 했습니다. 중국군의 뤄위안 장군은 "외과수술식 타격"을 주장하기도 했습니다.

중국의 말로 하는 협박이 수위를 높여 갈 때쯤 중국 정부는 한국 기업의 명줄을 끊는 작업을 행동으로 보여 주기 시작했습니다. 롯데마트 중국 내 지점 99개 중 절반 이상이 영업정지 처분으로 장사를 못 하게 됐습니다. 또 한국을 여행 금지국가로 지정했고 중국인의 한국행 단체 여행을 전면 금지시켰습니다. 결국, 롯데마트는 중국에서 사업을 완전히 철수했습니다.

중국은 네이멍구와 헤이룽장성에 각각 탐지거리 3,000㎞, 5,500㎞ 레이더를 뒀습니다. 우리 한반도를 손바닥 들여다보듯 하고 있습니다. 또 600개 이상의 미사일을 한국군과 주한 미군 기지에 조준하고 있습니다. 지린성에 사정거리 800~1,000㎞에 달하는 단거리 탄도탄 1,200여 기, 쓰촨성에 중거리 탄도탄 수백여 기를 배치해 놓고 있습니다. 어마어마합니다. 중국 자신들은 창과 방패를 엄청나게 보유하고 있으면서 우리가 창도 아닌 방패 몇 개 배치하는 것에 반대하는 것은 깡패 수준의 협박입니다. 우리 집 앞에 CCTV를 설치해서 내 가정의 안전과 가족의 생명을 보호하겠다는데 어느 누구도 간섭할 권리는 없습니다. 간섭하려고 하는 상대측 집이 CCTV를 더 많이 가지고 있고 그 방향이 우리 집을 향하고 있다면 간섭할 이유는 더더욱 없습니다.

김민석, 「동아시아는 미사일 각축장… 한반도 더 위험해졌다」,
중앙일보, 2019. 10. 25.

우리는 이런 상황에 직면하고 있으면서도 멍청하게 있었습니다. 중국이 우리에게 무역 보복을 했을 때 우리는 정말 바보처럼 아무 조치도 취하지 않았습니다. 멍하니 당하고만 있었습니다. 죽창가와 거북선 횟집 쇼는 이럴 때 하는 겁니다. '양만춘 한정식', 이런 상호로 영업하는 식당 있으면 알려 주십시오. 저 말고 청와대에 알려 주십시오. 혹시 이 글을 읽고 '중국 음식 불매운동' 같은 멍청한 짓은 하지 않을 거라 믿습니다. 중국 음식점 사장님들 피눈물 납니다.

박근혜 정부에서는 시진핑의 사드 배치 중단 요구를 단칼에 거절했습니다. 탄핵 정국 속에서 치러진 대통령 선거에서 야당이었던 더불어민주당 문재인 후보는 사드 배치에 반대 입장을 표명했습니다. 그러다 말이 바뀝니다. 2017년 1월에는 "사드 문제의 해법은 차기 정부가 강구해야 하지만 한미 간 이미 합의가 이뤄진 것을 쉽게 취소할 수 있다고 생각하지 않는다."라고 말했습니다. 사드 배치를 수용하는 입장으로 선회한 겁니다.

정명수라는 인물을 아십니까? 천민 출신으로 병자호란 때 여진어에 능숙해 후금 측 통역관으로 활동하며 조선의 내부 사정을 후금 조정에 알려 후금 조정으로부터 높은 신임을 얻었습니다. 호란 이후에는 조선에 남아 '영중추부사'라는 직책까지 오르며 조선의 왕과 맞먹는 권세를 휘두르며 조선을 못살게 굴었던 친청파 인물이라고 알려져 있습니다. 거의 중국 사람이라고 해도 과언이 아니었습니다. 그런 인물이 400여 년 후인 최근 부활이라도 했는지 보이기 시작합니다.

사드 배치에 관한 문재인 후보의 입장이 반대에서 찬성으로 변하는 사이 같은 당 김영호 의원은 사드 배치로 인한 한중 갈등을 해결한다는 명목으로 중국을 다녀왔습니다. 그런데 사드 관련 실무자들을 만나지 못하고 학자들만 만나고 돌아왔습니다. 2017년 1월에는 더불어민주당 송영길 의원을 비롯한 7명의 의원들[송영길(계양 을), 유동수(계양 갑), 정재호(고양 을), 유은혜(고양 병), 박정(파주 을), 박찬대(연수 갑), 신동근(서구 을)]이 사드 문제를 논의한다며 중국으로 출국했습니다. 이들은 출국길에 '새로운 정부가 들어설 때까지 한한령限韓令을 중단해 달라'는 요청을 할 계획이라고 밝혔습니다.

이들은 중국 공산당의 환대를 받았습니다. 그물도 치지 않았는데 물고기가 제 발로 들어왔으니 얼마나 기쁘겠습니까. 저 사람들이 과연 대한민국 국회의원들이 맞는지 의심스럽습니다. 중국 공산당 전인대 위원인가요. 마치 조선 시대 청나라에 보내던 조공 사신들 같습니다.

사드 배치는 한미 양국의 협의에 따라 결정된 것으로 제3국이 개입해 뒤집는다는 것은 우리의 외교권과 자주 안보 결정권을 훼손하는 심각한 발상이며, 그 행위에 동조하는 것은 매국 행위입니다. 국내에서는 정치인들끼리 싸우더라도 다른 나라를 대하는 외교에서는 한목소리를 내야 하는 것이 외교의 기본 원칙입니다. 그것을 지키는 지도자가 훌륭한 지도자가 될 수 있는 것입니다. 어찌 내 나라 안보를 위해 설치하는 방어막을 다른 나라가 간섭할 수 있으며, 그 간섭에 동조하는 일이 있을 수 있습니까. 이들에게는 아직도 사대事大의 DNA가 무한 복제되고 있는가 봅니다.

더군다나 중국은 북한이 핵실험을 할 때마다 침묵하고 있었던 북한 핵 개발의 동조자입니다. 그런 중국의 간섭을 대한민국 국회의원이 동조하고 머리를 조아리면 대한민국의 국격은 바닥으로 떨어질 겁니다. 중국은 더욱더 대한민국을 무시하고 심하게 보복할 것입니다. 위와 같이 국회의원들의 어리석은 행동은 중국이 무례함의 극치를 보여 주는 사건의 발단이 됩니다.

5. 더욱더 강하게 채찍질하는 중국

인간관계에서 강자는 약자가 약하게 굴수록 핍박의 정도를 더 높입니다. 외교도 마찬가지입니다. 약소국이 강대국의 눈치를 보고 알아서 기어들어 온다면 양국 관계에서 줄다리기 협상이라는 것은 기대하기 어렵습니다. 일방적인 관계로 이어질 수밖에 없습니다. 우리가 스스로 그물 속으로 찾아들어 갔기 때문에 푸대접을 받을 수밖에 없습니다.

2017년 10월 31일 한국과 중국은 한국 내 사드 배치와 관련된 문제를 일단 락시키는 회담을 가졌습니다. 양국의 협의 결과를 우리 외교부에서 발표한 내용은 다음과 같습니다.

"한국 측은 중국 측의 사드 문제 관련 입장과 우려를 인식하고, 한국에 배치 된 사드 체계는 그 본래 배치 목적에 따라 제3국을 겨냥하지 않는 것으로서 중국의 전략적 안보 이익을 해치지 않는다는 점을 분명히 했다. 중국 측은 국 가 안보를 지키기 위해 한국에 배치된 사드 체계를 반대한다고 재천명했다. 동 시에 중국 측은 한국 측이 표명한 입장에 유의했으며, 한국 측이 관련 문제를 적절하게 처리하기를 희망했다. 양측은 양국 군사 당국 간 채널을 통해 중국 측이 우려하는 사드 관련 문제에 대해 소통해 나가기로 합의했다."

"중국 측은 MD 구축, 사드 추가 배치, 한미일 군사 협력 등과 관련해 중국 정부의 입장과 우려를 천명했다. 한국 측은 그간 한국 정부가 공개적으로 밝 혀 온 관련 입장을 다시 설명했다."

이 협의문을 두고 의견이 엇갈렸습니다. 한쪽에서는 '굴욕적 외교', 다른 한 쪽에서는 '단순 협의'라고 주장했습니다. '굴욕적 외교'라 보는 쪽은 '1. 사드 추 가 배치, 2. 미국 측이 제안하는 MD(미사일 방어 체계)에 가입, 3. 한미일 안 보 협력이 군사동맹으로 발전'하지 않기로 했다는 입장입니다. 그러나 앞에 언 급된 '한중 협의문'에는 '금지' 또는 '하지 않는다'는 식의 표현은 찾을 수 없습니 다. 그래서 '단순 협의'라고 주장하는 쪽도 일리가 있습니다.

이런 의견 차이는 강경화 외교부 장관의 발언에서 비롯됐습니다. 위 협의문 이 나오기 하루 전인 2017년 10월 30일, 강경화 외교부 장관은 국회 외교통일 위원회 국정감사에서 "사드 추가 배치 관련해서 우리 정부는 검토하지 않고 있 습니다. 우리 정부는 '미국의 MD 체계에 참여하지 않는다'는 기존 입장에 변 함이 없고, 삼국(한미일) 간 안보 협력이 군사동맹으로 발전하지 않을 것임을 분명히 말씀드립니다."라고 말했습니다.

정인용, 「한중 사드 '3불 원칙' 내용은⋯ 양날의 칼?」,
연합뉴스, 2017. 10. 31.

　강경화 장관의 발언은 '3불(사드 추가 배치, MD 체계 편입, 한미일 군사동맹 금지)'
이 맞습니다. 그런데 강경화 장관의 이런 발언이 있은 지 하루 뒤엔 그런 내용
이 없습니다. 오락가락하는 우리 외교부의 행동으로 중국과 마찰이 생겼습니
다. 중국은 "국가 간 약속, 공약이니 엄수해야 한다."라는 입장이고, 우리 측은
"약속도, 합의도 아니니 안 지켜도 그만"이라 반박하자, 중국 측은 "양국은 사
드 합의를 달성했다."라며 발끈했습니다. 하지만 우리 정부는 중국 측의 이런
반박에 공식 논평을 내지 않았습니다.

　합리적인 추론을 해 보면 이렇습니다. 2017년 10월 사드 배치와 관련해 한
국과 중국 측은 두 번의 회담을 가졌습니다. 강경화 장관의 발언처럼 '3불'의
내용이 양국 간에 오간 건 확실한 팩트인 것 같습니다. 그런데 이걸 공식적으
로 표명하려 하니 기존에 미국과 했던 약속에 금이 갈 것 같고, 국민들에게 설
명하자니 굴욕적인 외교라 비판받을까 봐 양국 간 협의문 작성으로 일단락 지
은 것으로 추측됩니다. 이면 합의의 가능성을 생각해 볼 있다는 말입니다. 중
국이 저렇게 버럭하며 강력하게 주장하는데도 우리는 제대로 된 논평 하나

못 내고 있으니 충분히 생각해 볼 수 있는 것입니다.

 사드 배치 관련 한중 간의 협의가 모호하게 마무리되고 한국과 중국 두 정상의 회담이 추진됩니다. 2017년 12월 14일 문재인 대통령은 중국을 방문해 시진핑 주석을 만났습니다. 이때 바로 "소국小國", "대국大國", "큰 산봉우리", "중국몽中國夢" 발언이 나오게 된 겁니다. 중국이 사드 문제로 저렇게 난리를 치는 상황에서 우리 외교부는 중국에 납작 엎드렸고, 대통령은 중국 땅에서 우리는 '소국'이라 우리 스스로를 낮췄습니다.

 스스로를 약자라고 칭하면 강자는 약자의 말에 귀 기울이지 않습니다. 더 만만하게 보고 함부로 대합니다.

 문재인 대통령의 정상회담 방중 기간 중 중국으로부터 푸대접을 받았습니다. 방중 기간 열 끼 중에 두 끼 식사만 중국 고위 인사와 식사를 했고 나머지는 '혼밥(혼자 먹는 밥)'을 했고, 공항 영접에는 차관보급 인사가 나왔습니다. 정상 간 외교에서 상대국 정상의 영접은 본인 또는 장관급이 하는 것이 관례입니다. 그러나 중국은 대한민국 대통령이 국빈으로 중국을 방문하는데 장관 밑에 차관도 아닌 차관을 보좌하는 관료가 영접 장소에 나왔습니다. 우리 측 기자는 중국 경호원으로부터 집단 폭행을 당하기도 했습니다. 더 기가 막힌 건 그 광경을 우리 측 경호원이 강 건너 불구경하듯 보고만 있었다고 합니다. 중국의 생떼에 정부가 납작 엎드리니 국민도 자연스럽게 중국 앞에서 작아지는 모양입니다.

 명색이 국빈 초청인데 딱 한 끼 식사만 시진핑과 함께하고 돌아왔습니다. 가슴이 먹먹해집니다. 왜 우리 대한민국의 대통령이 중국에서 이런 푸대접을 받아야 하는지….

우리의 중국에 대한 태도는 일본을 대하는 태도와는 사뭇 다릅니다. 일본이 각료가 야스쿠니 신사에 공물을 헌납하면 우리 정부는 즉각 항의 성명을 냅니다. 일본이 역사 왜곡을 하면 국민들은 모금 운동을 통해 반박·비난 광고를 냅니다. 일본이 전략 물품 수출 금지로 무역 보복을 하면 우리도 똑같이 맞대응합니다. 그런데 말입니다. 중국이 6·25 전쟁을 미화하고, 고구려 역사를 왜곡하고, 사드 배치로 경제 보복을 했을 때 우리 정부는 어떻게 대응했습니까. 한심할 따름입니다. 이런 이중적인 외교 전략을 이해할 수 없습니다. 과거 우리 민족을 괴롭힌 것은 공통된 사실인데 대응이 이렇게 차이가 날 수 있다는 것이 이해가 안 됩니다.

'위안스카이'라는 인물을 아십니까? 조선 말기 청나라에서 조선에 파견됐던 '조선 총독'이었습니다. 28세의 어린 총독이 아버지, 할아버지뻘 대신들을 향해 의자를 집어 던지고 두들겨 패기까지 했습니다. 그 광경을 지켜보던 고종은 아무 말도 못 한 채 지켜보기만 했습니다. 한 나라의 대신들보다 서열이 높았던 청나라 관료가 국정에 개입하고 신하들을 함부로 대하던 시절을 상상해 보십시오. 치가 떨립니다. 지금 상황이 그때와 매우 유사하다고 느껴지는 건 저만의 생각일까요.

그때와 비슷한 상황이 지금 벌어지지 않으리란 법은 없습니다. 일본에 대응하는 것만큼 강하게 맞서야 합니다. 사드 배치는 우리의 안보 주권입니다. 다른 나라가 "배 놔라, 감 놔라."할 수 없는 사안입니다. 다른 나라와 흥정할 수 있는 것이 아닙니다. 국민의 생명과 재산, 그리고 행복을 담보할 수 있는 우리의 권리를 다른 나라가 반대한다고 해서 협상할 사안이 아닙니다. 중국의 이치에 맞지 않는 반발에 우리가 대응하는 순간 이슈화되고 분쟁이 됐던 것입니다. 무대응으로 일관했었어야 했습니다.

위에 언급된 사례 외에도 중국의 안하무인 갑질 외교는 더 있습니다. 2010년 다이빙궈 국무위원이 "한국 갈 테니 서울공항 비우라.", 2018년 한국을 방한하는 양제츠 정치국 위원이 정의용 안보실장에게 "부산으로 와라."라는 일방적 지시를 내렸습니다. "니가 와라, 서울로…", "서울 공항은 못 비운다. 한적한 울진 비행장으로 오시오."라고 시원하게 말할 수 있는 지도자 없나요. '사이다 발언'이란 이런 걸 말하는 겁니다.

우리나라 지도자들이 중국을 대하는 모습을 보니 명나라 황제로부터 황금, 은, 여자를 조공하라는 압박을 받고 전전긍긍하던 조선 시대 왕들과 신하들이 생각납니다. 이에 조선은 금과 은을 깡패들에게 뺏길 바에 차라리 생산하지 말자는 결정을 내렸습니다. 황금과 은을 조공하라는 깡패들의 압박에 어쩔 수 없이 금광, 은광을 폐쇄했던 궁여지책은 조선을 빈곤한 나라로 만들었습니다. 지금의 우리나라 지도자들의 거울을 보는 것 같습니다. 당당하고 씩씩하게 외교합시다. 대중국 굴욕 외교에 관한 이야기는 여기서 마치겠습니다.

여기서 질문 하나 드리겠습니다. 월드컵 축구 예선에서 중국과 일본이 붙었습니다. 둘 중 한 팀만 올라갈 수 있습니다. 여러분은 어느 팀을 응원하시겠습니까?

제5장

대북大北
굴종외교屈從外交

북한의 공주에게 휘둘리는 대한민국
북한 공주님 말에 우리 장관 3명이 교체됐습니다
밥이 목구멍으로 넘어가지 않습니다
핵을 머리에 이고 사는 나라의 운명

중국은 우리 한반도 역사에서 빼놓을 수 없는 존재입니다. 역사 초기 중국은 한반도를 집어삼키기 위해 수 없는 침략 전쟁을 벌였습니다. 중국 한나라의 고조선 침략 전쟁을 시작으로 수·당의 고구려 침략, 나·당 연합군 참전, 원나라의 고려 침략, 조선 시대 정묘호란·병자호란, 6·25전쟁 참전 등 중국이 우리는 괴롭힌 흔적은 고스란히 역사에 남아 있습니다. 대등한 관계에서 전쟁을 치렀던 고려 시대를 끝으로 중국과의 대등한 관계는 우리만의 희망 사항이 됐습니다. 경쟁 관계에서 대등한 관계로, 대등한 관계에서 형제의 관계로, 형제의 관계에서 군신의 관계로 변했고, 아직도 그런 사고방식이 무의식 속에 많이 남아 있습니다.

최근 중국 경제의 비약적 발전으로 중국의 힘은 이전과는 비교할 수 없을 정도로 막강해졌습니다. 그 힘을 바탕으로 약소국을 억압하며 힘을 과시하고 있습니다. 대한민국도 예외가 아닙니다. 한국의 사드 배치로 중국의 한국에 대한 경제 보복은 아직도 진행 중이며 대한민국은 제대로 된 저항 한 번 하지 못하고 끙끙거리고 있습니다. 중국의 힘에 눌려 눈치 보며 살아가야 하는 대한민국입니다. 대한민국이 눈치를 봐야 하는 나라가 또 있습니다. 북한입니다.

북한은 핵무기 개발을 금지하는 NPT(핵확산방지조약)에 1993년, 2003년 두

번 탈퇴하면서 국제사회의 감시를 피해 핵무기를 개발해 왔습니다. 북한은 국제사회의 반대에도 불구하고 2006년 10월 9일 첫 핵실험을 강행했고, 2017년 9월 함경북도 풍계리에서 6차 핵실험을 시행했습니다. 이후 북한은 국제 무대에서 '핵보유국' 지위를 얻기 위해 미국과의 협상을 시도했습니다. 결국, 막판에 결렬되기는 했지만, 미국과 북한이 정상회담을 통해 핵무기 관련 담판을 지으려 했다는 사실만으로도 북한은 이미 '핵보유국'으로 인정된 것이나 다름없게 됐습니다.

남북 분단 이후 대한민국은 북한과의 체제 경쟁에서 승리했다는 평가를 받아 왔습니다. 우월한 경제력을 바탕으로 북한에게 경제적 지원을 해 왔고, 북한은 어려울 때마다 무력시위 또는 떼쓰기 전략으로 대한민국의 도움을 요청했습니다. 하지만 그럴 필요가 없어졌습니다. 핵무기를 보유한 국가로서 북한은 군사적으로 남한을 압도하게 됐습니다. 대한민국은 명실공히 '핵 인질'이 됐습니다. 북한의 말이라면 이제 어쩔 수 없이 들어줘야 하는 상황이 됐습니다. 조선 시대에 명나라, 청나라 사신들의 횡포에도 저항 한 번 제대로 못한 것처럼, 모든 요구를 들어줄 수밖에 없는 북한의 '핵 인질'이 됐습니다.

북한의 최고 존엄 김정은의 친동생 김여정은 북한 권력 2인자로 불리고 있습니다. 김정은은 김여정을 대남對南 메시지를 전달하는 스피커로 활용하고 있습니다. 김여정의 말이 곧 김정은의 말입니다. 김여정이 대한민국에게 어떤 발언을 했으며 우리 대한민국은 어떻게 반응했는지 알아보겠습니다. 김여정은 북한 사람, 문재인 대통령과 청와대, 행정 관료들은 대한민국 사람입니다. 이

글을 읽고 청와대 및 관료들이 북한 인민이라고 착각하지 않길 바랍니다.

1. 대북 전단 살포 금지 요구에 4시간 만에 '충성'

2018년 평창동계올림픽을 계기로 남과 북은 대화 모드로 들어섭니다. 개막식에 참석한 김여정은 문재인 대통령을 북한으로 초대한다는 친서를 남측에 전달했고, 문 대통령은 북한에 특사를 파견했습니다. 대북 특사 정의용은 2018년 4월 판문점 평화의 집에서 정상회담을 개최하기로 북측과 합의했고, 4월 27일 남북 정상이 만났습니다. 두 정상은 '판문점 선언'에서 "한반도의 항구적이며 공고한 평화체제 구축을 위해 적극적으로 협력해 나갈 것"이라고 합의했습니다.

이런 평화무드가 지속되면서 2018년 6월 12일에는 싱가포르에서 북미 정상회담이 열렸습니다. 이 회담에서 다수의 공동합의문이 채택되었습니다. 그 가운데 가장 이목을 끌었던 것은 "북한은 한반도의 완전한 비핵화를 위해 노력하기로 약속"이라는 문구였습니다. 북미 정상 간의 북한 비핵화 합의와 새로운 북미 관계 수립의 연장선으로 남한과 북한은 2018년 9월 평양에서 남북정상회담을 가졌습니다. 회담에서 '남과 북이 일체의 군사적 적대행위를 전면 중지'하기로 합의했습니다. 이른바 '9·19 남북 군사합의'입니다. 이에 남북은 비무장지대 내 상호 GP를 철수·폭파했고, 확성기를 이용한 대남 대북 심리전 방송도 중단시켰습니다.

2019년 2월 27일 북미 정상 간의 한반도 평화체제 건설에 대한 구체적 이행을 의논하기 위해 베트남 하노이에서 회담이 열렸습니다. 금방이라도 북한이 비핵화를 이행하고 종전선언이 될 것 같은 분위기였습니다. 그러나 구체적 이행 방법에 대한 이견으로 회담이 결렬됐습니다. 지금까지 북한의 노력이 수포로 돌아가는 듯했습니다. 이후 미국은 다시 한번 북한을 대화의 장으로 끌어들이기 위한 노력을 했습니다. 트럼프 대통령은 2019년 6월 30일 일본 오사카에서 열린 G20 회의가 끝난 후, 한국을 깜짝 방문해 남북미 정상이 만나기도 했습니다. 대화 분위기가 재개되어 북미 실무진이 만나 수차례 협의를 이어 갔으나 진척 없이 결렬될 뿐이었습니다.

아무 이득 없이 팽팽한 줄다리기가 끝나고, 북한은 2020년 1월 신년사에서 '충격적인 실제 행동'과 '새로운 전략무기'를 예고했습니다. 화가 잔뜩 났었던 모양입니다. 그도 그럴 것이 용기를 내서 정상회담에 응했고 비핵화하겠다고 약속까지 했는데 얻은 것은 아무것도 없으니 그럴 만도 했습니다. 김정은의 신년사(협박)에도 불구하고 미국과 남한의 별다른 반응 없자 김여정은 대북 전단 살포를 문제 삼았습니다. 9·19 남북 군사합의 이후 1년 반 동안 언급하지 않던 문제를 지금 와서 제기한 것은 북한이 도발에 대한 명분 찾기 위해서라는 시각이 많았습니다.

2020년 6월 4일 김여정은 『노동신문』에 "남조선 당국이 응분의 조치를 세우지 못한다면 금강산 관광 폐지에 이어 개성공업지구의 완전한 철거가 될지, 북남 공동연락사무소 폐쇄가 될지, 있으나 마나 한 북남 군사합의 파기가 될지 단단히 각오는 해 둬야 할 것"이라는 담화를 발표합니다. 또 "군사분계선 일대에서 삐라 살포 등 모든 적대행위를 금지하기로 한 판문점 선언과 군사합의서 조항을 모른다고 할 수 없을 것. 6·15(남북공동선언) 20돌을 맞는 마당에 이런 행위가 '개인의 자유', '표현의 자유'로 방치된다면 남조선은 머지않아 최악의 국면까지 내다봐야 할 것"이라고 경고했습니다. '대북 전단 살포를 금지시키라'하는 협박 일변도의 담화였음에도 우리는 제대로 된 성명 하나 내지 못했습니다.

이런 김여정의 『노동신문』담화가 발표되고 4시간 반 만에 대한민국 통일부는 "대북 전단 중단 법률안을 준비하고 있다."라는 브리핑을 했습니다. 이와 함께 "접경 지역의 환경오염, 폐기물 수거 부담 등 지역 주민들의 생활 여건을 악화시키고 있다. 남북 방역 협력을 비롯해 접경 지역 국민들의 생명, 재산에 위험을 초래하는 행위는 중단되어야 한다."[63]라고 했습니다. 어느 나라 행정부인지 믿기지 않을 사건이었습니다. 통일부가 남의 나라 방역과 환경 문제까지 신경 써 수는 기관인지 처음 알았습니다. 북한 권력자의 말대로 움직이는 통일부를 보니 '통일부 폐지론'이 공감됩니다.

판문점 선언 2조 1항에는 "5월 1일부터 군사분계선 일대에서 확성기 방송과 전단 살포를 비롯한 모든 적대행위들을 중지하고 그 수단을 철폐하며, 앞으로 비무장지대를 실질적인 평화지대로 만들어 나가기로 했다."라고 기재되어 있습니다. 하지만 약속은 쌍방이 약속을 이행할 때 유효한 것입니다. 북한은 아무런 조치를 이행하지 않으면서 우리 측에 약속 이행을 요구하는 것은 이치에 맞지 않습니다. 하지만 대한민국 입법부는 2020년 12월 14일 '대북 전단살

---

63) 원선우, 「김여정의 삐라 비난 4시간여 만에… 통일부 "삐라 금지법 만들겠다"」, 조선일보, 2020. 6. 4., https://www.chosun.com/site/data/html_dir/2020/06/04/2020060401772.html

포 금지법' 또는 '대북 전단 금지법'이란 이름의 법을 국회 본회의에서 통과시켰고, 2021년 3월 30일부터 법적 효력이 발생되어 어길 시 3년 이하의 징역 또는 3000만 원 이하의 벌금에 처해집니다. 다수의 힘으로 북한을 이롭게 하는 법을 통과시킨 더불어민주당 의원들은 대한민국 세금으로 월급 받는 사람들 맞습니까?

2. 남북 공동연락사무소 폭파

북한의 김여정이 대북 전단 살포 금지를 강요하는 담화를 낸 다음 날 후속 조치로 '남북 공동연락사무소 철폐'를 언급했습니다. 6월 9일에는 남북 통신 연락선을 차단하겠다고 했습니다. 남한의 반응이 없자 6월 13일에 김여정은 "북남 공동련락사무소가 형체도 없이 무너지는 비참한 광경을 보게 될 것이다."라고 하자 청와대는 국가안전보장회의를 개최하고 대책을 논의했습니다. 이틀 뒤인 6월 15일은 남북공동선언 20주년이라 북한의 말뿐인 협박이라고 생각했는지 청와대는 구체적 대응 방향에 대해 언급하지 않았습니다.

6월 15일 남북공동선언 20주년 기념행사에서 문 대통령은 "대화의 창을 닫지 말 것을 요청한다."라는 말을 하며 북한 달래기를 시도했습니다. 대북 특사를 보내겠다는 대북 통지문을 보내기도 했으나 북한은 "특사 파견을 간청하는 서푼짜리 광대극을 연출했다."라는 메시지로 남한의 요청을 거절했습니다. 다음 날 6월 16일 오후 2시 49분, 북한은 남북공동연락사무소를 실제로 폭파했습니다.

현일훈, 「남북 연락사무소 폭파와 함께 세금 170억 원도 날아 갔다」, 중앙일보, 2020. 6. 16.

남북공동연락사무소는 대한민국 세금으로 지어진 건물입니다. 토지는 북한 소유지만, 건물은 명백히 대한민국 자산임에도 불구하고 북한은 자신들의 재산이라도 되는 양 폭파했습니다. (언론사 마다 조금씩 다름) 최초 건설 비용은 113억 원, 2년간 운영비 100억 원, 폭파 당시 옆에 있던 개성공단 종합지원센터는 건설 비용이 530억 원입니다. 청와대는 "북측의 언행, 전혀 도움이 되지 않을 것. 모든 사태의 결과는 전적으로 북측 책임"이라는 성명을 내긴 했으나 행동으로 보여 준 것은 아무것도 없습니다.

폭파 사건의 하루 뒤 김여정은 대북 전단 살포와 관련해 '사죄와 반성, 재발 방지'를 요구했습니다. 남북 공동연락사무소를 돈을 내고 지어 준 쪽과 협의도 없이 자의적으로 폭파시켜 놓고 사과와 반성이라니요. 이런 말도 안 되는 김여정의 요구에 김연철 통일부 장관은 사의를 표명하고 물러났습니다. 맞은 놈보다 때린 놈이 더 화를 내는 상황입니다. '적반하장賊反荷杖도둑이 몽둥이를 든다'라는 말이 딱 맞는 표현입니다. 때린 놈은 멀쩡한데 맞은 놈이 자리에서 물러났습니다. 참 이해되지 않는 일입니다.

이 사건에 대한 여권 정치인들의 발언이 논란의 도마 위에 올랐습니다. 송영길 의원(외통위 위원장)은 "대포로 안 한 게 어디냐."라고 했습니다. 귀싸대기 얼어맞고서는 "똥 닦은 걸레로 안 치고 손으로 때려 줘서 고맙다."라고 말하는 격, "고사총으로 안 쏴 죽이고 권총으로 쏴 죽여 줘서 고맙습니다."라고 말하는 격입니다. 북한이 장사포로 서울을 공격하면 "핵 안 쏜 게 어디냐."라고 할 인간입니다. 어느 나라 국회의원인지 참 어이없는 발언입니다. 송영길 의원은 현재 더불어민주당 당대표입니다.

김두관 의원은 "미국 눈치를 보지 말고 바로 개성공단 문을 열고 금강산 관광을 재개해야 한다."[64]라고 주장했습니다. 개성공단은 노무현 정부 시절 우리 세금과 우리 기업들의 자본으로 건설한 것입니다. 북한은 토지와 노동력만 제공했지요. 그런데 지금 어떻게 됐습니까. 북한에 의해 개성공단은 폐쇄됐고, 대한민국과 우리 기업들은 권리행사를 1% 도 못하고 쫓겨났습니다. 아직도 현재 진행형입니다. 금강산 관광지구도 똑같습니다.

금강산과 개성공단은 북한의 돈줄 역할을 해 왔습니다. 막대한 양의 외화를 벌어들여 그 돈을 다 어디에 썼겠습니까. 우리 세금과 기업들의 투자로 벌어들인 외화로 핵 개발을 했습니다. 결과론적으로 이 두 개의 대북 사업이 대한민국에 안겨 준 것은 아무것도 없습니다. 전쟁 대신 평화를 안겨 줬다는 주장도 있지만 팩트를 말하자면 전쟁 대신 '핵 인질'이 됐다고 표현하는 것이 정확합니다.

'핵 인질'이 돼서 우리가 지어 준 건물을 함부로 폭파하는 세력에게 질질 끌려다니고, 대포로 폭파하지 않고 폭약으로 폭파해 줘서 고맙다고 인사해야 하는 이 상황을 어떻게 생각하십니까.

---

64) 김명일, 「이 와중에… 김두관 "미국 눈치 보지 말고 개성공단 열자"」, 한국경제, 2020. 6. 17., https://www.hankyung.com/politics/article/2020061781257

3. 천안함 폭침 주역
   김영철 한마디에 교체된 국방부 장관

남북공동연락사무소 폭파 사건 이후 북한 김여정은 추가 '대남 군사행동 계획'을 언급했습니다. 그런데 김여정의 오빠인 김정은이 선심이라도 베풀 듯 '대남 군사행동 계획'의 보류를 지시했습니다.

정경두 국방부 장관은 2020년 6월 24일 국회 법제사법위원회에서 북한의 대남 군사행동 보류에 대해 "지금 현재 북한에서 이것을 보류한다고 했는데 저는 완벽히 철회해야 한다고 생각하고 있다."[65]라고 말했습니다. 이 발언을 빌미 삼아 북한의 김영철 당중앙위 부위원장은 "남조선 국방부 장관이 기회를 틈타 체면을 세우는 데 급급해 불필요한 허세성 목소리를 내는 경박하고 우매한 행동을 했다. 우리의 군사행동 계획이 '보류'가 아닌 완전 '철회'로 돼야 한다고 도가 넘는 실언을 한 데 대해 매우 경박한 처사였다는 것을 경고하지 않을 수 없다."라고 말했습니다. 한 마디로 '주제 넘는 말하지 말고 가만히 있으라'는 말입니다.

김영철의 정경두 장관에 대한 경고성 발언 이후 청와대는 외교 안보 라인 개편을 고심하며 정경두 국방장관을 교체하는 쪽으로 가닥을 잡았다고 언론에 알려졌습니다. 결국 정 장관은 두 달 뒤 교체됐습니다. 정 장관의 경질에 대해 청와대는 북한 김영철의 발언과는 전혀 관계가 없다고 선을 그었지만, 김연철 통일부 장관이 그랬듯이 북한의 대남 비난 성명 후 일어난 일이라 궁색한 변명

---

65) 이원광, 「정경두 "北, 군사행동 보류 아니라 철회해야"」, 머니투데이, 2020. 6. 24., https://m.mt.co.kr/renew//vote2017/view.html?no=2020062413467663005

이라는 의견이 우세합니다. 김영철은 천안함 폭침을 계획한 인물입니다. 대한민국 해군을 폭사시킨 주범의 말을 듣는 청와대는 어느 나라 기관인지 묻고 싶습니다.

4. 정확히 계산된 강경화 외교장관 교체

2020년 12월 5일 강경화 외교부 장관은 중동 순방 중 국제전략문제연구소 주최 바레인 '마나마 대화'에서 북한 코로나 방역과 관련해서 다음과 같이 발언합니다. "북한이 우리 방역 지원 제안에 호응을 잘 하지 않고 있다. 코로나19 도전이 사실상 북한을 보다 북한답게 만들고 있다고 생각한다. 예를 들어 더 폐쇄적이 되고, 코로나19 대응에 관해선 거의 토론 없이 하향식으로 결정 과정을 보여 준다. 북한은 여전히 코로나 19 확진자가 전혀 없다고 주장하는데 나는 믿기 어렵다. (…) 좀 이상한 상황이다."[66] 북한의 폐쇄적이고 상명하달식 방역 시스템을 우회적으로 비판하고, 북한이 그런 방역 시스템으로 방역이 완벽하다고 우기는 것을 조롱한 것입니다.

이 발언을 접한 북한이 가만히 있지 않았습니다. 김정은이 코로나 확진자나 사망자가 없다고 발표했는데, 그것을 조롱한 것은 최고 존엄을 건드린 것이나 다름없었기에 강도 높은 비난이 쏟아졌습니다. 이번에도 역시나 김여정이 스피커 역할을 했습니다. 김여정은 강 장관을 콕 집어 "남조선 외교부 장관 강경

---

66) 정효식, 「김여정한테 대놓고 찍힌 강경화… 文정부 최장수 장관 위기 맞나」, 중앙일보, 2020.12. 9.,https://www.joongang.co.kr/article/23941374#home

화가 중동 행각 중에 우리의 비상 방역 조치들에 대해 주제넘은 평을 하며 내뱉은 말들을 보도를 통해 구체적으로 들었다. 앞뒤 계산도 없이 망언을 쏟는 것을 보면 얼어붙은 북남 관계에 더더욱 스산한 냉기를 불어오고 싶어 몸살을 앓는 모양 (…) 정확히 들었으니 우리는 두고두고 기억할 것이고 아마도 정확히 계산돼야 할 것"이라고 비난했습니다.

앞서 김여정이 비난했던 김연철 통일부 장관, 김영철이 비난했던 정경두 국방부 장관은 모두 교체됐습니다. 최고 존엄을 건드려 "정확히 계산돼야 할 것"이라고 비난받는 강경화 외교부 장관의 거취를 많은 언론사가 추측했습니다. 교체될 것이라는 추측성 보도는 현실이 됐습니다. 강 장관은 김여정의 "주제넘었다, 정확히 계산"발언 40일 만에 장관 교체 명단에 올랐습니다. 정확히 계산됐습니다. 김여정의 말 한마디에 대한민국 장관의 목이 세 개나 날아갔습니다. 국가의 안위를 결정짓는 외교·안보 수장들이 주적主敵 북한 공주님 말에 놀아나고 있습니다. 대한민국 맞습니까. 주먹이 불끈 쥐어집니다. '김찍문찍'이라는 말이 있습니다. 김여정에게 찍히면 문재인에게 찍히는 거다. 북한이 먼저다.

5. 대한민국 영토방위 훈련에도 북한 눈치

남과 북은 분단되어 있습니다. 전쟁을 잠시 멈춘 상태로 언제 전쟁이 발발할지 알 수 없는 휴전休戰 중입니다. 대한민국은 북한의 도발에 대비한 방어 수준의 훈련을 매년 미국과 함께 실시해 왔습니다. 북한 공격·침략이 목적이 아닌 전쟁 억제를 대전제로 실시해 왔습니다.

2018년 6월 싱가포르 북미 정상회담 이후 한미연합훈련은 일부 훈련을 축소하거나 폐지했고, 매년 두 차례 컴퓨터 시뮬레이션 방식의 훈련을 했습니다. 2019년 하노이회담이 결렬되면서 남북, 북미 관계는 경색됐습니다. 2020년 6월 대북 전단 살포를 비난하며 북한은 일방적으로 모든 연락선을 차단시켰습니다. 2021년 8월 북한은 남북 연락선을 복원시키로 남측과 합의했습니다. 문재인 대통령은 2020년 9월 발생한 '서해 공무원 피살 사건'때 북한의 무자비한 총살을 비난하지 못하고, 남북 간의 연락선(통신선) 부재가 아쉽다며 통신선의 복구와 재가동을 북측에 요청하기도 했습니다. 약 1년이 지난 2021년 8월, 연락선 복원 합의는 이에 대한 북측의 응답이었을까요.

주는 게 있으면 받는 게 있는 법. 북한은 연락선 복원의 합의한 후, 8월에 예정된 한미연합훈련에 대해 언급합니다. 북한의 김여정은 '중단'을 요구했습니다. 북한을 거들어 중국은 아세안지역안보포럼(ARF) 외교장관회의에서 한미훈련을 반대한다고 공개적으로 표명했습니다. 이에 더해 남북 연락선 복원 합의가 이루어지면서 북한과의 관계 개선을 위해 한미연합훈련을 축소 또는 연기해야 한다고 주장한 사람들이 있습니다. 외부 인사가 아닌 대한민국 국회의원들입니다. 더불어민주당 설훈·진성준·유기홍·이병훈·서영석 등은 2021년 8월 5일 국회 기자회견에서 "남북 관계와 한반도 정세의 결정적 전환을 가져오기 위한 적극적이고도 능동적인 조치로서 한미군사훈련의 연기를 결단할 필요가 있다."[67]라는 성명을 냈습니다. 북한이 통신선 연결 스위치를 눌렀더니 마치 '파블로프의 개'처럼 즉각 반응하는 민주당 의원들입니다. 이미 정신적으로

---

67) 길윤형, 「한미훈련 의견 갈리는 여권」, 한겨레, 2021. 8. 25., https://www.hani.co.kr/arti/politics/
politics_general/1006651.html

북한에 종속됐습니다. 지금까지 북한이 해 왔던 수 없이 많은 '거짓 평화 쇼'에 반응한 결과입니다.

　진정한 평화는 강력한 '전쟁 억지력'에서 나옵니다. 적이 침략할 수 있는 틈을 보이면 안 됩니다. 힘을 길러야 합니다. 동맹과의 결속을 확고히 해야 넘보지 않습니다. 북한은 그 결속을 약하게 만들고 그 고리가 끊어졌을 때 우리를 침략하는 것이 목표입니다. 역사 이래 '평화'를 외치면서 평화롭게 합쳐진 나라가 있으면 알려 주십시오. 독일이 있다고요. 참… 할 말이 없습니다. 독일식 통일을 운운하시는 분은 독일의 분단과정을 공부하십시오. 동독과 서독이 나뉜 것은 전쟁으로 인한 분단이 아닙니다. 공산주의와 자유시장경제 체제 대결에서 자유시장경제 체제의 우위가 만들어 낸 통일입니다. 예멘이 있다고요. 예멘은 평화롭게 통일된 듯했으나 결국 내전을 겪고 선쟁을 통해 하나로 합쳐졌습니다.

　멀리서 찾지 마십시오. 우리 역사를 보면 어떻게 행동해야 하는지 답을 찾을 수 있습니다. 고구려·백제·신라 삼국통일, 후삼국 통일이 아름답고 감동적인 스토리로, 손에 손잡고 평화롭게 진행돼 하나의 나라가 됐습니까. 피를 흘린 전쟁을 통해서 합쳐졌습니다. 전쟁에서 패배한 나라의 백성(국민)들은 노예와 같이 비참하다는 것을 우리는 잘 알고 있습니다. 우리의 부모 형제가 노예로 끌려가고, 우리의 언니, 여동생들이 중국(원·명·청)으로 끌려갔던 사실을 알고 있습니다. 전쟁 없는 통일은 없습니다. 전쟁이 일어나면 모든 게 끝입니다. 전쟁을 피해 평화롭게 살려면 강력한 국방력만이 답입니다.

　한미합동군사훈련은 공격훈련이 아니라 적의 침입에 대비한 방어훈련입니다. 중국은 대한민국 영토방위 훈련을 '반대'한다는 성명을 냈습니다. 내정간섭입니다. 아직도 대한민국을 조선 시대 제후국으로 생각하는 이 상황을 우리는 웃어넘겨서는 절대 안 됩니다. 한미연합훈련은 2017년 32만 명을 정점으로 현재는 600여 명 규모의 유명무실한 기동훈련으로 실시되고 있습니다. 이에 반해 중국은 러시아군을 자국 영토에 불러들여 13만명 규모의 합동군사훈련을 실시했습니다. 내로남불은 국적도 가리지 않습니다.

6. 김여정 한마디에
'도발'을 '도발'이라 부르지 못하는 국방부 장관

2021년 9월 15일 북한은 탄도미사일을 발사했습니다. 이전과 다른 점은 미사일 발사 차량이 아닌 이동 중인 열차에서 발사됐다는 점입니다. 터널에 숨어 있다가 기습적으로 나타나 발사한다는 점에서 매우 이례적이며 위협적인 수단이 될 것이란 관측입니다. 이에 유엔안보리는 긴급회의를 개최하고 대북제재 결의 위반에 해당한다는 성명을 냈습니다. 대한민국도 9월 15일 국가안전보장회의(NSC)를 소집해 "연속된 미사일 도발에 우려를 표명한다."라고 했습니다.

대한민국의 "미사일 도발"이라는 성명에 대해 북한의 김여정이 또다시 등장했습니다. 열흘 뒤인 25일 김여정은 핵·미사일 도발에 대해 "도발이라는 막돼먹은 평을 하지 말라."라고 위협했습니다. 그 뒤 정부의 각 부처에서는 '도발'이라는 말이 금기어禁忌語가 됐습니다. 나흘 뒤 29일 북한은 극초음속 미사일 발사를 성공적으로 마쳤습니다. 극초음속 미사일은 일반 탄도미사일과 달리 속도가 매우 빠를 뿐만 아니라 궤도 추적이 어려워 요격이 어렵고, 경로 변경과 지그재그 비행이 가능해 무적의 미사일로 평가받는 기술입니다. 그런데 우리는 북한의 이런 행위에 대해 '도발'이라는 말 대신 '유감'이라는 표현을 썼습니다. 나흘 만에 북한의 말을 그대로 들어준 겁니다. 이게 제대로 된 나랍니까.

10월 22일 외통위, 국방위 국정감사에 나온 정의용 외교부 장관과 서욱 국방부 장관은 북한의 최근 미사일 발사를 어떻게 보느냐는 의원들의 질문에 한결같이 도발이 아니라는 취지로 말하거나 '위협'이라고 답했습니다. 참 어느 나라 관료인지 구분이 안갑니다. 더불어민주당 송영길 대표도 거듭니다. 송 대표는 한 라디오 인터뷰에서 북한의 신형 잠수함 탄도미사일 발사에 대해 "단거리 탄도미사일 발사도 안보리 위반이지만 장거리 미사일과 추가 핵실험을 하지 않고 있는 것은 불행 중 다행"[68]이라고 했습니다. 제정신이 아닙니다. 남북공동연락사무소 폭파 때도 "대포로 안 한 게 어디냐."라고 하더니 이번에도 이런 망언을 쏟아 냈습니다.

'도발'과 '위협'의 개념으로 말장난을 하자는 것이 아닙니다. 기존에 써 왔던 '도발'이라는 말을 쓰지 말 것을 요구한 북한 요구를 그대로 수용하고 실천했다는 것이 문제입니다. 전쟁이 터지면 이 인간들은 전부 손들고 북으로 넘어갈 듯합니다. "그만 까불고 투항하시라요.", "네, 알갔습네다. 투항하갓시오. 핵

68) 최지선, 「송영길 "北 장거리미사일 아닌건 다행" 논란」, 동아일보, 2021.10.21.,https://www.donga.com/news/Politics/article/all/20211021/109812004/1

미사일 안 쏴 줘서 감사합네다."

대답 없는 메아리처럼 허망한 것이 없습니다. 아무리 외쳐 봤자 변하지 않습니다. 이 정권에 피를 토하며 설득하고 떠들어도 되돌아오는 것은 '위원장 동지께 충성'밖에 없습니다. 들깨시민들이 변하지 않는다면 찐시민들이 진짜 국민이 돼서 이들을 몰아내는 수밖에 없습니다.

7. 지금 목구멍으로 랭면이 넘어갑네까!

2018년 9월 평양에서 열린 남북정상회담 때 일입니다. 우리나라 기업 총수들은 특별수행원 자격으로 정상회담에 동행했습니다. 9월 19일에 옥류관에서 열린 오찬 자리에서 리선권 북한 조국평화통일위원장이 정색하면서 갑자기 나타나 남측 기업 총수들에게 "랭면이 목구멍으로 넘어갑네까?"라며 핀잔을 줬습니다. 남북 관계 개선이 더디게 진행되자 불만을 터트린 것으로 알려져 있습니다.

YTN news, 「"냉면이 목구멍으로 넘어 갑니까?" 리선권 발언
'논란'」, 유튜브 YTN news 채널, 2018. 10. 31., 동영상, 1:35

우리나라 대기업 총수들이 정상회담에 동행한 이유는 남북경제 협력 때문입니다. 개성공단 조성처럼 우리나라 기업이 공장을 건설하면 북한은 노동력을 제공하는 대신 엄청난 외화를 벌어들일 수 있습니다. 남북 간의 평화 모드가 무르익고, 대북제재가 해제되면 북한은 외국 기업 유치를 통해 천지개벽할 수 있습니다. 김정은이 말한 '인민들이 이밥에 소고깃국 먹는 날'을 실현하기 위해서라도 기업 유치에 적극적으로 나서야 하는 쪽은 북한입니다. 이런 상황임에도 우리 기업인들은 북한에 가서 막말 대접을 받았습니다. 랭면이 콧구멍으로 들어가는지 목구멍으로 들어가는지 알 수 없을 정도로 불쾌했을 겁니다.

"랭면이 목구멍으로 넘어 갑네까?" 이런 말은, 일은 하지 않고 방구석에서 밥만 축내는 자식들에게 부모가 하는 말입니다. 제 밥벌이 제 손으로 못하고 국가 배급이나 바라는 사람들에게 하는 말입니다. 리선권 동무 번지수 잘못 찾았습네다.

북경 가서 푸대접받으며 혼자 밥을 먹은 우리의 달님이 생각납니다. 우리는 동네북인가요. 그만 두들겨 맞고 힘을 기릅시다.

리선권의 이런 도발적 발언을 옹호하는 정치인들도 있었습니다. 당시 더불어민주당 원내대표 홍영표 의원은 "그 말 한마디 가지고 그렇게 굴욕적이다, 아니다 판단하기 어렵다."[69]라고 했습니다. 대한민국에서는 노동자들의 피를 빨아먹는 대기업 취급, 북한에서는 공장 지어 줄 물주物主임에도 핀잔먹는 불쌍한 기업인들입니다. 기업인을 바라보는 인식은 대한민국 관료와 북한 관료나 똑같습니다. 유산자(가진 자) 계급을 사회의 악으로 규정하는 사회는 생동감이

---

69) 김주영, 「평양 공동선언 비준 공방 속 때아닌 '평양냉면' 후폭풍」, YTN, 2018. 10. 30., https://www.ytn.co.kr/_ln/0101_201810301824404847

없습니다. 경제는 쪼그라들고 국가 배급만 바라보는 사회로 전락할 수밖에 없습니다. 멀리 있지 않습니다. 북한을 본받으려 합니까? '고깃국에 이밥 먹는 세상'이 국가 경제 건설 목표인 나라는 희망을 잃은지 오랩니다.

짝사랑은 위험합니다. 짝사랑을 하면 쫓아다니는 쪽은 갖은 수모를 당해야 합니다. 시키는 대로 다 해야 합니다. 오라면 오고, 가라면 가야 하는 신세가 될 수밖에 없습니다. 짝사랑에 끌려다니며 상대에게 당했다고 칩시다. 처음 당했을땐 금품을 요구한 놈이 나쁜 놈이요, 두 번째 당했을 때는 맹목적으로 사랑을 주는 놈이 바보입니다. 북쪽의 김씨 왕조에게 속은 짝사랑 사례를 꼽아 보니 열 손가락이 모자랄 정도입니다. 열 번 정도 당하면 그 상황을 어떻게 설명하면 좋을까요? 북한이 가끔 답을 알려 줍니다. 오지랖 넓은 중재자, 삶은 소 대가리, 특등 머저리라고 말이죠. 환상에서 깨어나 이성을 차립시다. 짝사랑에서 벗어나야 합니다.

어떤 사람들은 김대중·노무현·문재인 정권에서 남북 관계가 커다란 진척을 이루었다는 평가를 내리기도 합니다. 진척이라 말할 수 있는 것은 ICBM, SLBM, 초음속 미사일, 핵 무기의 무시무시한 발전뿐입니다. 그로 인해 대한민국은 북한의 '핵 인질'이 됐습니다. 이 상황을 되돌리는 것은 말라비틀어진 황태를 생태로 만드는 것만큼 불가능한 일이라 생각됩니다.

제6장

탈원전 脫原電

영화와 가짜 뉴스가 탈원전 근거
세계는 원전 건설, 우리는 탈원전
30년 원전 건설 노하우, 한순간에 물거품

조선의 찬란했던 과학 기술이
관념론의 주자학에 사장된 것처럼,
우리도 조선의 길로 가는 중

탈원전 정책은 〈판도라〉에서 출발?
후쿠시마 원전 사고 사망자는 1368명?

원자력 발전소는 얼마나 위험할까요? 뒤편에 탈원전 정책의 허구성을 설명 드릴 때 알려 드리겠습니다만, 결론은 '전혀 위험하지 않다'입니다. 지금부터 탈원전 관련 두 가지 가짜 뉴스에 대해 말씀드리려 합니다. 첫째는 야권(현재 국민의힘)이 생산한 가짜 뉴스, 둘째는 문재인 대통령이 생산한 가짜 뉴스에 대해 살펴보겠습니다.

문재인 새천년민주당 전 대표는 박근혜 전 대통령에 대한 탄핵이 진행되던 2016년 12월 22일 영화 〈판도라〉를 관람했습니다. 〈판도라〉는 원자력 발전소가 지진으로 폭발 사고가 났음에도 국가가 제대로 대처를 못 해 많은 국민들이 피해를 입는다는 줄거리의 영화입니다. 문재인 전 대표는 영화를 관람한 후 "비록 (원전 사고) 확률이 수백만분의 1밖에 안 되더라도 사고 발생 가능성이 있다면 우리가 막아야 한다. 세계에서 가장 심하게 원전이 밀집된 고리 지역 반경 30㎞ 이내에는 340만 명이 살고 있어, 만에 하나 원전 사고가 발생한다면 최악의 재난이 될 것"[70]이라며 "원전 추가 건설을 막고 앞으로 탈핵·탈원전

---

70) 김선호, 「재난영화 '판도라' 본 문재인 "탈핵·탈원전 국가 돼야", 연합뉴스, 2016.12.18., https://www.yna.co.kr/view/AKR20161218053900051

국가로 가야 한다.", 또 "부산 시민에게는 머리맡에다 언제 터질지 모르는 폭탄 하나를 놔두고 사는 것과 같다. 판도라(원전) 뚜껑을 열지 말아야 할 것이 아니라 판도라 상자 자체를 치워야 한다."[71]라고 말했습니다.

영화를 보며 눈물을 많이 흘린 당시 문재인 전 대표는 "큰 재난이 발생했는데 청와대 등이 전혀 컨트롤 타워 역할을 못 하고 있는 것이 박근혜 정부에서 많이 봐 왔던 모습"이라 말했습니다. 이후 문재인 전 대표는 2017년 대선에 출마하면서 탈원전 정책을 확립합니다. 일각에서는 문재인 대통령이 〈판도라〉 영화를 관람하고 백년대계 에너지 정책을 순식간에 폐기하는 정책을 수립했다는 주장도 있으나 이는 사실이 아닙니다. 내막을 살펴보겠습니다.

신선민, 「[팩트 체크K] 영화 '판도라' 때문에 '탈원전' 시작됐다?…사실은」, KBS, 2019. 5. 22.

2019년 야권(국민의힘) 관계자들의 발언을 살펴보겠습니다. 2019년 5월 15일 탈원전 대국민 토론회에서 심재철 자유한국당 의원은 "전혀 말도 되지 않는 탈원전 정책 영화 한 편 보고 대한민국 수십 년짜리 정책을 이렇게 망가뜨리고…"라고 말합니다. 정진석 의원은 2019년 2월 22일 4대강 보 파괴 저지 특별

71) 정유경, 「"수명 다한 원전 가동은 세월호와 같다"…문 대통령, 국민 생명권 강조」, 한겨레, 2017. 6. 19., https://www.hani.co.kr/arti/politics/bluehouse/799453.html

위원회 입장문 발표에서 "문재인 대통령은 〈판도라〉라는 영화 한 편 보고, 가동 중인 원전과 원전 산업을 다 폐기하겠다고 나섰습니다."라고 말했습니다. 홍준표 자유한국당 전 대표는 2019년 12월 17일, 유튜브 방송 '홍카콜라'에서 "대통령이라는 분이 〈판도라〉라는 영화 하나 보고 난 뒤에 탈원전 정책을 했다. 나는 참 걱정스럽다."라고 말했습니다.

야권 인사들의 발언을 종합해 보면 문재인 대통령이 대선 후보 당시 영화 한 편 보고 감성에 젖어 국가의 에너지 정책을 결정했다는 것이 주요 내용입니다. 그러나 문재인 대통령은 2012년 18대 대선 공약에도 탈원전 정책을 언급했습니다. 마찬가지로 19대 대선에서도 탈원전 정책을 추진한다고 했습니다.

저는 이 글을 쓰면서 야권 인사들이 가짜 뉴스를 생산했다는 점에서 상당히 당황스러웠습니다. 보수의 품격에 맞지 않기 때문이죠. 그래서 이 내용이 사실인지 KBS에서 팩트 체크 한 내용을 검증해 보았습니다. 문재인 대통령의 18대, 19대 대통령 선거 공약집을 찾을 수 없었으나 참여연대에서 운영하는 의정감시센터에서 공약 일부를 찾을 수 있었습니다. 참여연대 홈페이지에 들어가셔서 '박근혜 문재인 정책 공약 비교'라고 검색하시면 페이지 가운데쯤에서 발견할 수 있습니다. 문재인 후보는 18~19대 대선후보 당시 탈원전 정책을 추진한 것이 맞습니다. 문재인 대통령이 2016년 〈판도라〉 영화를 보고 급진적으로 탈원전 정책을 추진했다는 주장은 사실이 아닙니다.

이번에는 문재인 대통령이 탈원전 정책을 추진하면서 만들어 낸 가짜 뉴스
에 대해 알아보겠습니다. 저는 2017년 6월 부산시 기장군 장안읍 길천 근처
에 출장을 간 적이 있습니다. 그날 문재인 대통령은 고리 1호기 원전 영구 정
지 기념식에 참석했습니다. 그 자리에서 문 대통령은 "2011년 일본 후쿠시마
원전 사고로 5년 동안 1,368명이 사망했다."[72]라고 말했습니다. 이는 사실과
전혀 다른 이야기입니다. 원자력 발전소의 위험성을 이야기하기 위해 '1,368명
사망자'라는 가짜 통계를 근거로 들었습니다. 엉뚱한 통계를 탈원전 정책에 맞
는 내용으로 변형시킨 것입니다. 내막을 살펴보겠습니다.

문재인 대통령의 위와 같은 발언이 알려지자 일부 언론은 과장된 표현이라
는 비판을 쏟아 냈습니다. 유엔 산하 '방사선 영향 과학조사위원'의 2014년 보
고서에는 후쿠시마 발전소 인근 주민들이 방사능으로 사망 또는 심각한 질병
에 걸린 사례는 발견되지 않았다고 합니다. 일본 정부는 매년 후쿠시마 원전
사고로 피해를 입은 주민들을 추적 조사하고 있습니다. 원전 사고로 집을 잃
은 이재빈늘은 피난 생활을 하다가 건강 악화 등 지진의 간접적 요인으로 사
망하기도 합니다. 일본은 유가족들이 관청에 사망 신고를 하면 '지진 관련 사

---

72) 김수혜, 「文 대통령 "후쿠시마 원전 사고로 5년간 1368명 사망"연설에… 日 정부 "정확한 이
해 없이 말해…매우 유감"」, 조선일보, 2017. 6. 28., https://www.chosun.com/site/data/html_
dir/2017/06/28/2017062800219.html

망'으로 분류해 재해 조의금을 지급했습니다. 『도쿄신문』은 이 숫자를 집계해 2013년부터 '핵발전소 관련 사망자 숫자'를 발표해 왔습니다. 방사능 피폭으로 사망한 사람은 없음에도 '핵발전소 재해 대피 중 사망'으로 처리한 것입니다. 그 숫자가 1,380명이었습니다. 얼핏 보면 원전 사고의 직접적 원인(방사능 피폭)으로 사망한 것처럼 보이지만 사실이 아닙니다. 바로 그 숫자를 문재인 대통령이 일본 후쿠시마 원전 사망자로 인용한 것입니다.

엉뚱한 통계를 탈원전 주장의 근거로 잘못 사용했습니다. 일본 정부는 후쿠시마 원전 사고의 피해가 지나치게 부풀려질 가능성을 우려해 한국 정부에 강한 유감을 전했습니다. 일본 언론계에서는 "사망자 추산의 근거가 불분명하다.", 산케이 신문은 "어떤 숫자를 인용한 건지 알 수 없어 당혹스럽다."라는 보도를 했습니다. '핵발전소 재해 대피(피난) 중 사망자 ≠ 원전 사고 사망자'입니다.

한 나라의 지도자가 자신의 정치적 목적을 달성하기 위해 남의 나라 재해 피해자 숫자를 엿장수 마음대로 사용하는군요. 소득주도 성장과 관련된 통계가 정책 성과와 다른 방향으로 나오자 교체됐던 통계청장이 생각납니다.

탈원전 정책의 근거는 가짜 뉴스

이번 장에서는 탈원전 정책 추진의 근거가 갖는 오류 및 가짜 뉴스를 살펴보고, 탈원전 정책의 허구성에 대해 말씀드리고자 합니다.

2008년 대한민국은 미국산 소고기 수입 여부를 놓고 나라가 둘로 갈라졌습니다. 바로 '광우병 파동'입니다. "미국산 소고기를 먹으면 뇌에 구멍이 생기고 죽는다."라는 궤변으로 국민들을 공포에 빠뜨린 사건입니다. 좌파 선동, 무지에서 나오는 맹신, 가짜 뉴스, 〈PD 수첩〉이 떠오르는 사건입니다. 이러한 확증 편향은 집단 광기로 바뀌어서 촛불 시위로 이어졌습니다. 가짜 뉴스에 현혹된 사람들이 길거리로 뛰쳐나와 미국산 소고기의 수입을 금지해야 한다고 주장했습니다. 하지만 결국엔 수입이 결정됐고 지금 우리는 미국산 소고기를 먹고 있습니다. 그들의 주장처럼 광우병으로 '뇌 송송 구멍 탁'은 단 한 차례도 발생하지 않았습니다. 광우병 사태[73]는 이명박 정권 때 이야기이므로 여기서는 자세히 다루지는 않겠습니다.

우리가 병원에 가서 신체 장기의 정밀 촬영에 사용하는 장비가 컴퓨터 단층

---

[73] 2008년 이명박 정권 당시 한미 FTA 과정에서 미국산 소고기 수입을 결정한 정부를 비판했던 시위. 여기에 MBC 방송국의 〈PD 수첩〉이 광우병에 대한 비과학적인 내용을 방영해 국민들을 선동했다는 비판이 있음. 이에 선동된 국민들은 남녀노소를 가리지 않고 반대시위에 참여함. 현재 대한민국에서 광우병과 관련된 인간 질병은 보고된 사례가 없음.

촬영(CT)입니다. 컴퓨터 단층 촬영을 했을 경우 우리 몸에 피폭되는 방사선량은 얼마나 될까요? 평균 7mSv 방사선에 노출된다고 합니다. 그럼 2011년 발생한 후쿠시마 원전 사고 오염 지역 살면 얼마나 피폭될까요? 10mSv 약간 넘게 피폭될 뿐이라고 합니다. 유엔 산하 방사능영향과학위원회는 2년여의 조사 끝에 "2011년 후쿠시마 원전 사고로 심각한 방사선 건강 피해가 확인되지 않는다."라는 결론을 내놨습니다.

영국의 환경 저널리스트 조지 몬비오는 후쿠시마 원전 사고가 발생한 이후 원자력에 대해 중립적인 자신의 생각이 지지로 바뀌었다고 했습니다. 그렇게 큰 사고가 터졌음에도 방사선 희생자는 한 명도 나오지 않았다는 이유에서입니다.

공신력 있는 국제 기구와 저명한 환경 저널리스트들도 원자력 발전소 및 방사능에 대해 위험하지 않다는 결론을 내렸음에도 우리 주변에는 아직도 방사능은 위험하니 원자력 발전소를 건설하는 것은 자살행위라고 주장하는 분들이 많습니다. 그 오해와 진실에 대해 살펴보겠습니다.

1.

'후쿠시마 원전 사고로 방사능 오염 지역이 확산되어 결국엔 일본 전체에 뿌리내리게 될 것이다. 이렇게 방사선은 위험하다. 사고가 터지면 대한민국 전체가 오염될 것이다. 따라서 탈원전 정책 추진으로 방사능 공포로부터 해방되어야 한다.'라는 주장은 사실일까요?

정정문(한국수력원자력), "일본 방사능 공포의 오해와 진실 (1)", 전기저널 통권 제443호(2017): 69-71

위 QR 코드 안의 그림을 보면 후쿠시마 원전 사고로 일본 면적 절반 이상이 여행 금지 지역Forbidden Zone으로 표시되어 있습니다. 이 그래픽의 출처를 『PNSA』(미국 국립과학원 회보)라 밝히고 있지만, 전혀 사실이 아닙니다. 홈페이지에는 이러한 그림이 존재하지 않습니다. 한국수력원자력에서는 직접 『PNSA』측에 연락해 확인했고, 위와 같은 지도를 제작한 적이 없다는 답변을 얻었다고 합니다. 또 그림을 언뜻 보아도 신뢰도가 상당히 떨어집니다. 프랑스어(COREE)와 영어(FORBIDDEN) 표시가 혼재되어 있습니다. 공신력 있는 기관에서 작성한 자료가 이렇게 허술할 리 없습니다.

방사능은 반감기를 갖고 있습니다. 시간이 지나면 자연적으로 점점 줄어드는 특성을 갖고 있습니다. 그런데 방사능 유출 사고 후 방사능이 점점 더 확대되어 퍼진다는 것은 일반적인 과학 상식과 배치되는 주장입니다.

2.

'2011년 후쿠시마 원전 사고 이후 일본 방사능의 영향으로 기형 해바라기, 싹이 자라는 토마토 등의 돌연변이가 발견되고 있다. 따라서 방사능은 우리 자연 생태계를 파괴할 가능성이 매우 높으니 탈원전 정책 추진으로 우리 환경을 보호해야 한다.'라는 주장의 근거는 사실일까요?

검색 포털 사이트에서 '방사능 돌연변이', '후쿠시마 원전 돌연변이'라고 검색하면 '싹이 난 토마토', '잎이 비정상인 해바라기' 사진을 쉽게 찾을 수 있습니다. 방사능의 위험성을 알리기 위한 근거 자료로 많이 사용되고 있는 것들입니다. 잎이 비정상적으로 자라는 해바라기, 토마토에 싹이 자라는 사진. 이 사진들은 방사능이 우리 생태계를 망가뜨리는 위험한 것이고, 우리 인간들에게도 결국 악영향을 미칠 것이라는 생각을 하게끔 하는 꽤나 설득력 있는 자료입니다. 이 흉측한 사진들은 일반 시민들에게 방사능에 대한 공포감을 고조시키켜 불안하게 만듭니다.

'싹이 난 토마토'는 구글에서 '아사히 싹이 난 토마토'라고 검색하시면 사진이 최초로 등장한 시기와 내용을 확인할 수 있습니다. 이 사진의 출처를 통해 후쿠시마 원전 사고와 연관이 있는지 살펴보겠습니다. 싹이 나고 있는 토마토 사진은 2012년 7월 7일 『아사히신문』 웹페이지에서 흔적을 찾을 수 있습니다. 일본 나라현 미야케 마을의 이케다이츠가 산 토마토라고 설명되어 있습니다. 방사능 오염과 싹이 난 토마토의 연관성에 대해서는 어떠한 언급도 없습니다.

정영일·이창명·정소라, 「괴물 해바라기·싹난 토마토 등 괴사진 '원본' 추적해 보니」, 머니투데이, 2013. 7. 26.

마찬가지로 기형 해바라기 사진이 인터넷에 최초로 검색된 것은 2011년 3월 15일로, 후쿠시마 원전 사고 발생 4일 뒤입니다. 사고 발생 4일 뒤에 돌연변이가 발생했다는 주장은 설득력이 부족합니다. 잎이 저렇게 떨어진 것이 왜 돌연변인지 이해되지 않습니다. 이 사진은 체르노빌 원전의 돌연변이라는 사진으로도 사용되기도 합니다. 한마디로 아무 데나 막 사용되는 만능 근거 자료입니다. 신뢰도가 상당히 떨어지죠.

코에 걸면 코걸이, 귀에 걸면 귀걸이인 근거 자료를 믿고 원자력 발전은 위험하다는 생각을 가진다면 이는 잘못된 믿음입니다. 인과관계를 설명할 수 있어야 주장·근거의 조합이 맞는 것이죠. 비과학적이고 비논리적인 감정적 믿음은 우리 인류의 발전을 가로막는 악惡입니다.

3.

2021년 1월 경북 월성원전 부지 지하수가 삼중수소로 오염됐다는 보도가 나왔습니다. '삼중수소는 핵분열 시 생성되는 인공 방사성 물질이며 우리 몸에 들어오면 DNA에 삼중수소가 결합했다가 분열하고 나면 손상이 일어날 수 있다'는 것은 사실일까요?

2021년 1월 경북 경주 월성원자력발전소 지하수에서 삼중수소가 관리 기준보다 많은 양이 검출됐다는 보도가 나왔습니다. 이에 여당은 "삼중수소는 자연에 없는 위험 물질"이라며 탈원전의 당위성을 주장했습니다. 당시 이낙연 더불어민주당 대표는 "지하수에서 방사성 물질이 검출됐다는 사실 자체가 충격적이다. '원전 마피아'와 결탁이 있었는지 밝혀야 한다."[74]라고 말했습니다. 나

---

74) 이미나, 「"월성 원전 지하수서 방사성물질" VS "위험 과장하려 억지"」, 한국경제, 2021. 1. 12., https://www.hankyung.com/politics/article/2021011224447

와 생각이 다르면 악마화하는 게 이분들의 공식인가 봅니다. '원전 마피아'가 여기서 왜 언급되며 그 사람들이 그걸 의도적으로 생산이라도 했단 말인지 궁금하군요. 결론부터 말씀드리자면 가짜 뉴스입니다.

삼중수소 뉴스가 나오게 된 배경도 잠시 설명드리겠습니다. 감사원은 2020년 10월 월성 원전 1호기 조기 폐쇄에 대한 감사 결과를 발표했습니다. 감사원은 산업통상자원부와 한국수력원자력이 월성 원전 1호기의 경제성을 의도적으로 낮추고 조작했다는 결론을 내렸습니다. 정권의 에너지 전환 정책의 하나인 탈원전 결정에 많은 오점이 생겼고, 그 오점을 상쇄하기 위해 경제성이 아닌 '삼중수소'라는 생소한 물질을 끌고 와 원전의 안전성을 이슈화함으로써 탈원전을 합리화하려는 시도였습니다. '삼중수소가 과연 불안한 물질인지 살펴보겠습니다.

삼중수소는 자연계에 존재하지 않는 물질이라고 주장하는 탈원전 옹호론자들도 있습니다. 틀렸습니다. 삼중수소는 우리 주변 자연계에 존재합니다. 인공적인 핵분열뿐만 아니라 우주선이 지구 대기권으로 들어오면서 공기 중 질소와 반응해서 삼중수소가 만들어지는 경우도 있습니다. 우리가 삼중수소의 화학적 구조까지는 알 필요 없습니다. 명확히 해야 할 것은 '삼중수소가 우리 몸에 해로운가?', '과학적 근거는 있는가?' 이 두 가지입니다.

삼중수소 논란이 일었던 그 당시 서울대 보건대학원 백도명 교수는 삼중수소에 대해 "DNA에 삼중수소가 결합했다가 분열하고 나면 그 자리에 수소가 아닌 다른 물질이 오면서 손상이 일어난다."라고 했습니다. 삼중수소가 인체에 해로울 수 있다는 주장에 대해 정용훈 카이스트 교수는 다음과 같이 반박했습니다. "삼중수소가 몸속 다른 결체의 구성성분이 될 수 있다는 이야기는 틀린 것으로 판명 난 크리스 버스비의 이야기를 그대로 옮긴 것." 정 교수의 이런 지적을 백 교수는 인정하며 "체내에 들어온 삼중수소의 유기물화가 인체에 미치는 영향은 아직 온전히 규명돼 있지 않다."라고 하며, 삼중수소가 인체에 해롭다는 주장을 철회했습니다.

인터넷 매체 어디를 찾아봐도 삼중수소가 인체에 유해하다는 명확한 결론을 내린 자료는 찾을 수 없었습니다. '삼중수소가 인체에 쌓여 DNA 변형을 유발할 수도 있다'는 논조를 반박하는 글은 찾을 수 있었습니다. 김희근·공태영의 「중수로원전 종사자의 삼중수소 체내섭취에 따른 인체대사모델과 유효반감기 분석」에는 "삼중수소는 신체 내에서 약 2시간 후에 평형에 도달하며, 약 10일의 유효반감기를 가지고 신체로부터 제거된다."[75]라고 제시되어 있습니다. 한마디로 삼중수소는 우리 몸속에 들어와서 10일만 지나면 체외로 배출되어 사라집니다. 따라서 위험한 물질이 아니라는 말입니다.

삼중수소의 위험성이 공포감만 조장한다고 주장하는 카이스트의 정용훈 교수는 "우리나라 땅에 떨어지는 자연 삼중수소만 해도 130테라베크렐(TBq)에 달한다. 여당은 사실관계와 수치를 무시하고 왜곡하는 탈脫과학을 범하고 있다. 월성원전 인근 삼중수소 피폭량은 멸치 1g, 바나나 6개 안팎 수준으로 미미해 건강 영향은 염려하지 않아도 된다."[76]라고 말했습니다. 그간 탈원전 정책을 추진해 온 정재훈 한수원 사장조차도 "사실과 과학적 증거 기반이

---

75) 김희근·공태영, "중수로원전 종사자의 삼중수소 체내섭취에 따른 인체대사모델과 유효반감기 분석", 방사선방어학회지 2019 no.2(2019), 87-94.

76) 김소연, 「'월성원전 삼중수소' 논란 재점화 "해묵은 난타 戰"」, 인사이트N파워, 2021. 1. 13., http://www.inpnews.kr/news/articleView.html?idxno=669

아닌 극소수 환경 운동가가 주장한 무책임한 내용이 확산되는 일은 없어야 한다."[77]라고 말했습니다.

삼중수소가 탈원전 정책을 옹호하는 여당 의원의 거짓 선동으로 많은 논란을 불러일으켰으나 그 사람들의 주장은 모두 거짓으로 드러났습니다. 큰 의미 없는 사건을 침소봉대했습니다. 자신들의 권력 유지에 도움이 되는 지지층의 동의를 얻기 위해 비과학적인 내용을 마치 사실인 양 표현하고, 공포감을 극대화해 잠재적 지지층까지 자극했습니다. 마치 2008년도 탈과학, 비논리로 그럴듯하게 포장된 제2의 광우병 선동을 보는 것 같습니다. 아직 가치관이 제대로 형성되지 않은 우리 미래 세대의 주역인 어린이와 청소년들이 이런 비과학적 선동에 넘어가지 않을까 걱정스럽습니다.

위와 같은 허위·가짜 자료로 탈원전 정책에 당위성을 부여하는 집단들은 공정률 30%의 신한울 3·4호기 건설을 중단하고 월성 1호기는 남아 있는 수명보다 훨씬 일찍 폐쇄하는 정책을 추진했습니다. 뿐만 아닙니다. 공정률 99%의 신한울 1·2호기도 운영허가를 미루다가 최근 1호기만 허가했습니다. 2021년 여름 폭염으로 예비 전력이 10%를 밑도는 일이 발생하지 않았다면 신한울 1호기 운영허가는 불가능한 일이었을 겁니다.

77) 성상훈, 「과학 거스르는 원전 공격… 野 "조직적 가짜뉴스 '광우병 시즌2' 냐"」, 한국경제, 2021. 1. 12., https://www.hankyung.com/politics/article/2021011248361

무엇이 그렇게 두려워서
한밤중에 도둑처럼

 탈원전과 관련된 가짜 뉴스에 대한 팩트를 체크하고 오류를 살펴보았습니다. 이번엔 탈과학에 기반한 가짜 뉴스로 월성 1호기의 경제성을 조작하여 멀쩡한 원전을 조기 폐쇄했던 사건을 살펴보겠습니다. 이와 함께 산업통상자원부 공무원들이 한밤중에 몰래 사무실에 들어가 원전 관련 파일 444건을 삭제한 사건도 함께 알아보겠습니다.

 탈원전 정책은 애초부터 많은 결함을 갖고 추진되었습니다. 산업통상자원부가 주도해 원자력 발전소(월성 1호기)의 경제성을 조작했습니다. 산업통상자원부는 대통령이 월성 1호기의 영구 가동 중단을 언제 결정할 계획인지 질문했다는 보고를 들은 2018년 4월, 경제성 평가 용역을 체결하기도 전에 이미 원전폐쇄와 즉시 가동 중단이라는 결론을 정한 상태였습니다. 2018년 5월 23일 3,427억 원이었던 월성 1호기 경제성 평가 결과가 1,779억 원으로 떨어졌고, 다시 733억 원, 보름 만인 18일에는 163억 원까지 떨어졌습니다. 하지만 같은 해 6월 11일 최종 평가에선 경제성이 -91억 원으로 결론지어졌습니다. 월성 1호기로 생산된 전기 판매 단가를 회의를 거칠수록 낮춘 탓입니다. '조기 폐쇄'

라는 답을 정해 놓고 숫자를 조작한 것입니다. 월성 1호기가 흑자 원전에서 졸지에 적자 원전으로 뒤바뀌어 '조기 폐쇄'가 결정된 것입니다.

원자력국 실무자들은 경제성 평가 문건 작성 전 월성 1호기를 2년 반 더 가동시키자고 했다가 장관에게 "너 죽을래."라는 협박까지 들었습니다. 감사원 (최재형 원장) 감사에서 이런 정황들이 드러나자 관련 직원은 일요일 오후 11시 24분 한밤중에 사무실로 들어가 월성 1호기 관련 문건 444건을 삭제했습니다. 이 사건으로 감사원은 검찰에 수사를 의뢰했고 검찰은 백운규 전 산업통상자원부 장관과 정재훈 한국수력원자력 사장 등 4명을 수사하고 있습니다.

'꼬꼬무'라고 들어 보셨습니까? SBS 시사교양 프로그램으로 사람들의 주목을 받았던 과거 사건을 상세하게 묘사해 시청자들에게 전달해 주는 프로그램입니다. 정식 명칭은 〈꼬리에 꼬리는 무는 이야기〉입니다. 제가 그 프로그램 진행자가 된 듯한 느낌입니다. 문재인 대통령과 여권 인사(일부는 야권도 있음)들의 말 바꾸기, 언행 불일치, 내로남불 등에 대해 말할 내용이 너무나 많은데 작은 이야기를 하나 시작하면 설명하고 비판해야 할 이야기가 멈출 수 없을 정도로 꼬리에 꼬리를 물며 이어지는군요. 한밤중에 몰래 사무실에 들어가 삭제한 444건의 문건 중에 국민들이 알아서는 안 될 문건이 검찰수사로 드러났습니다. '북한 원자력 발전소 건설 지원'을 암시하는 파일이 포함된 사실이 밝혀져 커다란 파장을 불러왔습니다.

2018년 4월 27일 남북 정상은 판문점에서 정상회담을 가졌습니다. 이 회담에서 문재인 대통령은 김정은 북한 국무위원장에게 '한반도 신경제 구상 USB'를 전달했습니다. 이후 산업통상자원부에서는 '북한 지역 원전 건설 추진 방안 버전 1·1 등과 같이 북한에 원자력 발전소를 건설해 주는 정책 관련 문서를 작성했습니다. 북한 원전 건설 관련 문서 작성이 검찰의 공소장 기록에서 드러나자 야당은 의문을 제기했습니다. "도대체 감춰야 할 내용이 무엇이길래 한밤중에 사무실에 몰래 들어가 파일을 삭제했는가?"라는 의문과 함께 "정부가 극비리에 북한에 원전을 지어 주려 한 것은 충격적 이적 행위다."라는 비판을 했습니다. 또 야당은 "USB에 무엇이 있었는지 그대로 밝히면 될 일"이라고도 주장했습니다.

그렇습니다. 이전 김대중 대통령은 김정일 위원장과 정상회담을 하는 조건으로 엄청난 돈을 북에 송금[78]했습니다. 2009년 11월에는 이명박 대통령과 김정일 국방위원장의 3차 정상회담 추진 과정에서 북한이 6억 달러를 요구해 회담이 무산됐다고 알려져 있습니다. 그렇다면 이번 문재인 대통령과 김정은 위원장의 정상회담에도 북측에 대가를 지불했을 수 있다는 합리적 추측도 가능합니다. 그게 바로 '북한에 원자력 발전소'를 건설해 주는 것입니다.

하지만 청와대와 여권은 야당의 이러한 주장을 일축했습니다. 문재인 대통령인 건넨 "USB에는 발전소 내용이 포함되긴 했지만, 북한 원전 건설은 포함되지 않았다.", "북한이 핵을 포기했을 때 남북 관계 개선을 전제로 당장 협력이 가능한 수력·화력·신재생 에너지 등이 주요 내용이었다."라고 말했습니다. 문재인 대통령은 야당의 합리적 추측에 대해 발언 수위를 높여 "구시대의 유물 같은 정치"라고 야당의 의문 제기를 비난했습니다. 청와대는 북에 준 USB

---

78) 2002년 김대중 대통령은 김정일 국방위원장과의 정상회담 댓가대가로 국가정보원 계좌를 이용해 현대그룹을 이용해 4억 5천만 달러를 대출받아 북한에 송금했음. 이 사건으로 2021년 현재 대한민국 국정원장인 박지원이 구속되고, 정몽헌 현대그룹 회장이 수사 압박을 견디지 못하고 자살함.

를 공개하려면 "야당이 명운을 걸어야 할 것"이라고도 했습니다.

야당이 아무 근거 없이 생떼를 쓰는 것도 아닌데 청와대와 여당의 반응이 상식 밖입니다. 많이 당황했나 봅니다. 부처의 고위직 공무원도 아닌 이들이 북한 원전 건설 지원 계획을 스스로 구상해 문서로 만들어 보관하고 있었다는 것은 공무원 사회의 특성을 비추어 보았을 때 맞지 않습니다. 어느 공무원이 윗선에서 지시도 하지 않았는데 원전 건설 추진 계획을 문서화 하겠습니까? 그것도 북한에… 장관에게 "너 죽을래."라는 협박까지 들었던 이들이 무슨 봉변을 당하려고 5조 원짜리 원전을 북한에 지어 주자는 아이디어를 자발적으로 낼 수 있겠습니까? 이 문건은 분명 윗선의 지시가 있었다는 게 합리적 추측입니다. 어느 윗선에서 지시가 내려왔는지 2022년 3월 이후에 조사가 진행되겠지요. 2022년 3월은 대통령 선거가 있습니다.

청와대와 여당은 이 사건을 두고 마치 도박판에서 낮은 패를 들고 있으면서 상대를 심리적으로 누르려는 전술을 구사하고 있습니다. 합리적인 의문 제기에 '의문 제기가 사실과 다르면 야당의 명운을 걸어라.'라고 말합니다. 영화 〈타짜〉의 한 장면이 떠오릅니다. '쫄리면 뒈지시든가!' 문재인 대통령은 야당의 의문 제기를 '구시대 유물'로 치부해 버렸습니다. 그럼 제가 질문을 던져보죠. 새 시대의 국방외교는 평화를 빙자한 퍼 주기, 이적 행위입니까?

팩트에 근거한 합리적 의심을 나쁘다고 규정하고 적폐 취급하며, 대통령의 성은을 입은 사람(최재형 감사원장)이 대통령을 치려고 한다는 '조선 시대 임금 간신배 놀이'에 국민이 등을 돌리고 있습니다. 법과 양심에 따라 국가 정책 집행을 감사監査했지만, 적폐 취급당한 최재형 감사원 원장 같은 분들이 나라의 근본이 무너져 간다며 대선에 출마하는 이유입니다.

우리 가족도 먹지 않는 자장면을
자랑스럽게 파는 아버지

저희 아버지는 할아버지가 운영하시던 중국집을 물려받아 운영하고 있습니다. 할아버지가 만든 자장면은 감칠맛 나기로 소문이 나서 장사가 매우 잘되는 편이었습니다.

지금 이 책을 읽는 독자분들도 잘 아시겠지만, 중국 음식 하면 미원이 빠질 수가 없습니다. 미원이 빠진 중국 음식은 상상도 할 수가 없죠. 며칠 전 아버지가 운영하는 식당에 들러 자장면을 한 그릇 먹고 싶다고 했더니 아버지가 이렇게 말씀하셨습니다. "어제 TV를 보니 MSG가 몸에 해로울 수 있다는 얘기가 나오더라. 그래서 앞으로는 우리 집 식구들에게는 중국 음식을 만들어 주지 않기로 했다."

그래서 저는 아버지에게 이렇게 물었습니다. "그럼, 식당 문 닫으실 거예요? 다른 사람들한테도 팔지 말아야죠." 아버지가 답했습니다. "문을 닫을 생각은 없다. 장사는 계속할 거다." 제가 물었습니다. "우리 가족 건강 위협한다고 못 먹게 하는 음식을 다른 사람한테 팔면 어떻게 해요? 다른 손님한테도 팔면 안 되죠." 아버지가 말씀하셨습니다. "그래도 우리 집 자장면 맛이 최곤데 안 팔 순 없지."

잠시 뒤 식당에 손님이 들어오고 아버지가 손님께 주문을 받습니다. "저희 집은 자장면이 최고 맛있습니다. 그걸로 해 드릴까요?" 우리 식구에게는 못 먹게 하면서 손님들에게는 최고의 맛이라 추천하는 모습에서 헛웃음이 튀어나왔지만, 꾹 참았습니다.

몇 개월 뒤 아버지는 MSG의 유해성에 대해 확고한 신념이 생겼는지 지금부터 아버지 식당에서 만드는 모든 음식에 MSG를 넣지 않기로 결정하셨습니다. 그러자 손님이 점점 줄기 시작했고, 줄어든 매출 때문에 식당 종업원들의 월급이 밀렸습니다. 경영이 악화됐고 종업원들은 스스로 가게를 그만뒀습니다. 아버지 식당도 문을 닫게 됐습니다. 아버지는 먹고살 길이 막막해졌습니다.

신문에 광고를 냈습니다. "중국요리 비법 전수해 드립니다. 최고의 맛을 낼 수 있는 방법을 알려 드리겠습니다." 몇몇 사람들이 비법을 전수받기 위해 아버지를 찾아왔습니다. 며칠 뒤 식당을 말아먹은 아버지 경력을 안 사람들이 수강료를 돌려달라며 항의했습니다. "자기 가게도 제대로 운영 못 하는 사람이 최고의 비법은 무슨 얼어 죽을 비법이에요. 환불해 주세요." 사람들은 비법 전수 첫날 모두 집으로 돌아갔습니다.

며칠 뒤 아버지의 이복동생이 찾아왔습니다. 사업 실패로 경제적으로 엄청나게 힘들게 살고 있던 터라 평소 아버지가 걱정을 많이 하고 계셨죠. 아버지의 이복동생은 우리 어머니에게 돈을 빌려갔습니다. 빌려 간 돈은 아직도 감감무소식. 어머니는 아버지의 이복동생을 싫어할 수밖에 없었습니다. 아버지는 "정은아 너 자장면 만드는 기술 배워 볼래?"라고 정은이 삼촌에게 제안했습니다. 이 사실을 알면 어머니가 노발대발하실 텐데… 아버지는 어머니 몰래 정은이 삼촌에게 자장면 만드는 기술을 전수해 줬습니다. 정은이 삼촌은 기술을 전수받아 식당을 차렸습니다. 정은이 삼촌의 중국식당은 MSG를 듬뿍 넣어서 맛이 좋기로 유명해졌습니다.

아버지의 이상한 신념 때문에 우리 집은 쫄딱 망했고 자장면이 먹고 싶을 땐 아버지 가게에서 원 없이 공짜로 먹었는데 이제는 정은이 삼촌 가게 또는 저 멀리 있는 중국집에 가서 돈 주고 사서 먹어야 합니다. 아버지의 그 얼어 죽을 신념 때문에 우리 가족은 완전히 망했습니다. 아버지의 그 이상한 신념을 바꿀 방법은 없을까요?

저희 집 가정사가 아닙니다. 일부 업체에서 MSG를 악마화했던 카피라이트 때문에 주부들 사이에서는 건강을 해치는 물질로 오해받아 왔습니다. MSG를 먹으면 건강이 나빠진다는 근거 없는 이야기가 사실인 것처럼 세뇌됐습니다. 그래서 우리는 천연을 좋아합니다. MSG가 건강을 해친다는 근거는 없습니다. MSG와 나트륨을 함께 넣으면 소량의 나트륨으로도 짠맛을 배가시키는 것이 MSG입니다. 즉, 오히려 나트륨 첨가를 줄여 건강을 지켜 주는 게 맞습니다. 원자력 발전도 마찬가지입니다. 과학적 근거 없는 카더라 통신과 근거 조작으로 사람들을 공포에 몰아넣습니다. MSG에 대한 탈과학적 사고와 행동은 탈원전을 대하는 것과 비슷한 점이 많습니다.

우리는 탈원전, 너희는 친원전

앞의 자장면집 이야기는 탈원전 정책으로 원자력 산업 생태계가 망해 가고, 우리나라는 탈원전인데 해외에는 원전을 수출하려 하며, 우리나라는 탈원전인데 북한에는 지어 주려고 하며, 탈원전으로 전력 공급망이 불안해지자 해외에서 전력을 수입하려는 말도 안 되는 정책을 세우는 등 비상식적인 정책을 끝까지 고수하는 모습을 풍자한 것입니다.

이런 엉터리 탈원전 정책으로 많은 문제점이 생겼습니다. 지금부터 하나하나 따져보겠습니다.

탈원전 중에 내로남불 특등 머저리 케이스. '우리는 위험해서 짓지 않는 원자력 발전소를 해외로 수출하겠다.'의 문제를 살펴보겠습니다. 2018년 11월 28일 문재인 대통령은 체코 프라하의 한 호텔에서 안드레이 바비쉬 체코 총리와 만나 신규 원자력 발전소 건설을 계획 중인 체코에 우리 기업의 기술력과 강점을 홍보했습니다. 이 자리에서 40년간 원전을 운영하면서 단 한 건의 사고도 없었다. 아랍에미리트 바카라 원전의 경우도 사막이라는 특수한 환경에서도 비용 추가 없이 공사기한을 완벽하게 맞췄다."[79]라고 말했습니다.

---

79) 문병기, 「"한국, 40년간 단 한 건의 사고도 없었다"…文대통령, 체코서 원전 세일즈」, 동아일보, 2018. 11. 29., https://www.donga.com/news/Politics/article/all/20181129/93076881/9

문재인 대통령은 영화 〈판도라〉를 보고 "비록 (원전 사고) 확률이 수백만분의 1밖에 안 되더라도 사고 발생 가능성이 있다면 우리가 막아야 한다. 세계에서 가장 심하게 원전이 밀집된 고리 지역 반경 30㎞ 이내에는 340만 명이 살고 있어, 만에 하나 원전 사고가 발생한다면 최악의 재난이 될 것"이라며 "원전 추가 건설을 막고 앞으로 탈핵·탈원전 국가로 가야 한다."라고 말했습니다.

자, 2018년 11월 체코에서 한 말과 2016년 12월 한국에서 한 말과 서로 매칭이 됩니까? 저는 몇 번을 다시 읽어도 공통점을 찾을 수가 없네요. '우리는 원전 사고 날까 봐 무서워서 탈원전하고 있어. 그런데 우리는 기술력이 세계 최고고 사고 난 적도 없어. 그러니까 우리 원전 사 주라.' 여러분이 원전을 사야 하는 외국 입장이라면 원전을 구매하시겠습니까? 원전의 안전성에는 문제가 없는데 안전성 때문에 탈원전을 추진한다는 논리는 성립하지 않습니다.

얼마 전 글로벌 가전업체인 동시에 대한민국 최고의 가전 브랜드 LG전자가 스마트폰 사업에서 철수한다고 선언했습니다. 온·오프라인 휴대폰 매장에서는 LG 스마트폰을 헐값에 판매한다는 광고가 넘쳐났습니다. 왜 LG전자 스마트폰이 시장에 헐값으로 판매되었을까요? 소비자들에게 외면받았기 때문입니다. 소비자들은 똑똑합니다. 앞으로 스마트폰을 만들지 않겠다는 회사는 앞으로 A/S가 안될 것이라는 생각, 품질이 좋지 않으니 사업을 접었을 거라는 생각 등 LG전자에 대한 부정적인 생각이 LG전자 스마트폰을 외면하게 만들었기 때문에 헐값으로 시장에 나온 겁니다. 여러분 원자력 발전소 건설도 마찬가지입니다. 자국에서 원자력 발전소 건설 사업을 철수한다고 하는데 어느 나라가 그 기술을 도입하려고 하겠습니까? '그래도 우리나라 원전 기술이 세계 1등이니까 해외에서는 사줄 거야.'라는 생각은 탈원전 옹호론자들의 망상일 뿐입니다.

역사는 반복된다

원자력 발전은 우리나라 전기 생산의 근간을 이루는 중요한 시설입니다. 원자력 발전 설계·운용 기술을 배우기 위해 과거 원자력 공학도들은 피나는 노력을 했습니다. 그 결과 우리는 원자력 발전소 건설 설계·시공·운용에서 세계 최상위 수준으로 인정받아 왔습니다. 그런데 친환경 에너지 정책이라는 이름 하에 탈원전 정책이 추진되면서 그동안 쌓아 왔던 기술력과 경쟁력이 한순간에 무너져 갈 준비를 하고 있습니다.

우리는 남들이 따라오지 못할 기술력을 우리 스스로 발전시키고 계승시키지 못해 결국 근대화에 뒤쳐지고, 나라가 망하는 비운의 길을 걸었던 경험이 있습니다. 조선 시대에 우리 손으로 쓴 쓸쓸할 역사입니다. 역사 교과서에 나왔던 조선의 찬란했던 그 과학 기술들을 우리 손으로 망가뜨렸습니다. 지금의 탈원전 정책과 판박이처럼 비슷하기에 교훈으로 삼고자 살펴보고자 합니다. 아래의 내용은 『조선일보』 박종인 선임기자가 쓴 『대한민국 징비록』(와이즈맵, 2019)의 내용을 요약한 것입니다.

1년은 365일. 정확히 말하자면 365일 5시간 58분 45초입니다. 조선 시대 현대 역법 계산에 1초 모자란 칠정산이라는 역법서가 만들어졌습니다. 칠정산 역법은 세종 14년부터 10년간 연구를 통해 만들어졌습니다. 세종 재위 시절에는 과학 기술의 황금기라 부를 정도로 칠정산을 비롯한 다양한 과학 기술들이 개발되었습니다.

물시계 자격루는 크기가 거대해서 이동이 불편했고, 해시계 앙부일구는 밤에는 해가 없기에 무용지물이었습니다. 이런 단점을 보완하기 위해 만든 것이 일성정시의日星定時儀였습니다. 낮에는 해를, 밤에는 별을 관측해 시각을 정해 알려 주는 천문시계였습니다. 자격루, 앙부일구, 일성정시의 이 세 가지 시계는 중국 명나라, 일본을 앞서간 대표적인 조선의 발명품이라 할 수 있습니다.

조선 최고의 발명품이라 할 수 있는 과학 기술들은 계승·발전되지 못했습니다. 세종은 자기 손으로 만든 역법과 천문대를 중국이 알게 되면 좋을 게 없다는 이유로 사용하지 않았습니다. 선조는 "조선이 만든 역서를 중국이 알면 화가 미치니 사용하지 말라."라고 명했습니다. 이후 칠정산 역법을 이해하는 후학들이 사라졌습니다. 50년 뒤 관상감은 "칠정산 역법을 미처 전수해 배우지 못했으므로 청(중국)에 가서 청나라 새 역법을 배워 오겠다."라고 왕에게 청했습니다.[80]

한때 조선은 은광석을 제련하는 세계 최고의 기술을 보유한 나라였습니다. '회취법'은 은광석에서 불순물이 거의 없는 순도 높은 은을 만들어 내는 첨단 기법으로 평가받았습니다. 은 제련법이 변변치 않았던 일본은 은광석을 싣고 조선으로 가져와 '회취법'으로 은을 제련해 돌아가는 방식으로 은을 생산했습니다. 그런데 1540년경 은 생산 후진국이었던 일본산 은이 조선 수도 한양에 넘쳐나는 일이 벌어집니다. 원시적 채굴과 제련으로 연명하던 일본은 은 생산

---

80) 박종인, 『대한민국 징비록』(와이즈맵, 2019), 83.

량을 어떻게 늘릴 수 있었을까요?

해답은 조선이 은광 채굴을 금지했기 때문입니다. 채굴을 금지해 '회취법'이라는 최첨단 은 제련법은 일본으로 전수됐고, 그 기술을 바탕으로 일본은 17세기 세계 1위 은 생산국이 됐습니다. 은 채굴을 금지한 이유는 명나라의 무리한 은 조공 요구때문이었습니다. 무리한 조공 요구를 피하기 위해 은광을 폐쇄했던 것입니다. 게다가 조선의 관료들과 지식인들은 광업이 농사에 지장을 줄 뿐 아니라 금과 은은 사치품이기 때문에 채굴을 억제해야 한다는 주장을 했습니다.

일본은 '회취법'으로 제련한 막대한 은으로 포르투갈에서 들어온 철포를 구입하고 제작했습니다. 군선도 제작했습니다. 이 철포와 군선이 임진년 조선을 유린했습니다.

세계 최초의 측우기, 해와 별의 움직임을 관측해 만든 전천후 시계, 현대 역법과 똑같은 칠정산은 찬란했던 조선의 과학 기술이었습니다. 후대로 이어져 세상을 이롭게하지 못하고 잊혀져 갔습니다. 자기가 만든 과학 기술 사용법을 다 까먹어 버리는 희한한 일이 벌어진 것입니다. 남의 나라에 가서 다시 배워 오는 우를 범하기도 했습니다. 실용보다는 찬란한 정신문화를 섬기는 주자학 때문이었습니다.[81]

이것뿐만이 아닙니다. 임진왜란 때 일본으로 끌려갔던 도자기 기술자 심수관과 이삼평은 전쟁이 끝난 후 조선으로 돌아오지 않고 일본에 남았습니다. 조선에서는 천대받고 배고팠던 천민 기술자였지만, 일본에서는 기술을 인정받았고 사무라이 계급 대우를 받았기 때문입니다. 이 두 조선 도자기 기술자들

---

81) 박종인, 『대한민국 징비록』(와이즈맵, 2019), 80-102.

은 일본 자기에 특유의 색을 입힌 도자기를 만들어 유럽인들의 관심을 끌었습니다. 유럽으로 판매된 일본 도자기는 일본의 근대화의 밑거름이 됐고, 눈부시게 발전하는 도자기 제작 과정에서 응용된 굴뚝은 철을 생산하는 용광로 기술로 발전했습니다. 도자기는 근대화의 자본 역할을, 용광로는 대포, 철포, 군함 제작의 원동력이 됐습니다.

반면 조선은 도자기 시장을 폐쇄했습니다. 도자기 제조와 판매를 억압했습니다. 도자기가 생산유통되는 시스템이 붕괴되어 버렸습니다. 우리의 찬란했던 도자기 제조 기술은 조선 후기에 이르러 도자기 후진국이었던 동남아 수준으로 후퇴했습니다. 단순 토기라 불릴 정도로 엉망이 되었습니다. 명나라, 베트남, 조선만이 가지고 있던 최첨단 기술을 발전시키지 못하고 사장시켰습니다. 우리에게 기술을 습득한 일본은 현재 도자기 제조 일류 국가가 됐습니다. 한국 도자기보다는 일본의 아리타 도자기를 고급으로 쳐 주는 아이러니한 세상이 됐습니다.[82]

잘 읽어 보셨습니까? 조선 시대 이야기이지만 현재 대한민국에게 의미심장한 메시지를 전해 주고 있습니다. 한때 세계 최고의 원전 기술력을 가진 미국이 작은 원전 사고에 원전 건설을 중단하고, 원전 규모를 축소했으며 그로 인해 이제는 원전 설계 능력조차 없는 나라로 전락했다는 이야기. 그래서 원전 설계 기술을 다시 배우고자 대한민국에 손을 내밀었다는 이야기. 바로 뒷 이야기에서 설명드리겠습니다. 이제는 우리 대한민국이 미국의 전철前轍을 밟기 위한 준비를 하고 있습니다. 바로 알고 여기서 멈춰야 합니다.

---

82) 박종인, 『대한민국 징비록』(와이즈맵, 2019), 225-249.

탈원전으로 원전 산업 생태계 붕괴

　탈원전으로 원전 산업의 생태계가 붕괴되고 있습니다. 원자력 발전소의 불모지에서 원전 건설과 운영에 있어 세계 최고의 기술을 갖게 된 대한민국입니다. 일반 산업 분야도 생태계가 무너지면 그 인프라를 재구축하고 숙련된 기술자들을 양성하는 데 20여 년이 걸린다고 합니다. 그런데 원자력 발전소 건설과 같이 고도의 기술력을 요하는 산업은 더 걸릴 수 있다는 게 원자력 전문가들의 의견입니다.

　실제 예를 들어 보겠습니다. 미국은 1979년 스리마일섬 원전 사고[83]로 원전에 대한 불안감 때문에 원전 건설에 소극적이었습니다. 사실상 1979년부터 2013년까지 원전 건설이 전면 중단되었습니다. 이후 미국은 원전 건설 허가 절차가 대폭 강화돼 원전 건설 허가받기가 거의 불가능해졌고, 1950년대부터 1989년까지 전 세계에서 완공된 원전 481기 중 4분의 3을 건설하며 전성기를 맞았던 미국 원전 기업들은 망하거나 해외로 팔려나갔습니다.

　이에 미국은 원자력 발전소 건설 산업에서 도태되기 시작했고 최근 들어서

---

83) 1979년 3월 28일 미국 펜실베니아주의 스리마일섬(TMI) 원자력 발전소 2호기에서 일어난 노심용융 사고. 방사능 노출은 X-ray 2~3회 촬영 정도로 큰 피해는 없었음. 그러나 이 사건은 원자력 발전의 안전성 논란의 시발점이 되어 미국이 원자력 발전을 기피하는 시발점이 됐고, 이후 미국 원자력 산업 붕괴의 원인이라는 지적이 있음.

미국 정부는 '원자력 산업이 붕괴 직전'이라 진단했고 정부가 적극 지원해야 한다고 백악관 회의에서 밝혔습니다. 얼마 전 바이든 미 대통령이 문재인 대통령에게 '한미 공동 원전 수출'을 제안한 것은 원전 산업이 붕괴된 미국이 우리에게 도움을 요청한 것이라 해석할 수 있습니다.

1986년 미국이 한참 탈원전 정책을 펴고 있을 당시 우리나라는 원자력 발전소 건설의 원천 기술 확보를 위해 노력했습니다. 한빛 3·4호기 건설 때, 2년 만에 미국으로부터 원자로 설계 기술을 완벽하게 습득했습니다. 우리나라는 설계 기술 습득 후 국내에서 착공한 울진 3·4호기부터는 우리 독자 기술로 원전을 설계·시공할 수 있었습니다.

미국은 소소한 원전 사고로 원자력 발전을 포기하다시피 했고, 우리나라는 그 틈새를 비집고 들어가 세계 최고의 원전 건설 기술을 보유한 나라가 됐습니다. 약 30~40여 년간 원자력 발전소 건설에서 도태된 미국은 원전 산업 생태계 회복을 위해 우리에게 손을 내밀고 있습니다. 미국은 독자적으로 원자력 발전소를 건설할 수 없을 지경에 이르렀단 이야기입니다. 미국의 원자력 발전 흥망은 우리에게 시사해 주는 점이 많습니다. 미국의 이런 사례를 보고도 탈원전 정책을 고수해야 합니까?

탈원전 정책으로 원자력 산업 생태계가 어떤 현실에 놓여 있는지 살펴보겠습니다. 우리나라 원자력 발전소 건설과 가장 관계 깊은 회사는 두산중공업입니다. 두산중공업은 원자력 발전소 터빈을 만드는 걸로 유명합니다. 현재 두산중공업은 경영난에 허덕이고 있습니다. 탈원전을 잘못된 정책이라고 비판하는 쪽에서는 "두산중공업의 경영난은 정부의 탈원전 정책으로 매출이 줄었기 때문이다."라고 주장하고, 탈원전을 옹호하는 쪽에서는 "두산중공업의 전체 매출에서 원자력 발전소 사업이 차지하는 매출 비중은 미미하다."라고 주장합니다.

팩트를 확인해 보겠습니다. 먼저 탈원전을 옹호하는 쪽의 주장을 살펴보겠습니다. 한국수력원자력에 따르면, 탈원전 정책(2017년 10월)이후 한국수력원자력이 두산중공업에 지급한 금액은 2013년 6,355억 원, 2014년 7,440억 원, 2015년 7,871억 원, 2016년 6,559억 원, 2017년 5,887억 원, 2018년 7,636억 원, 2019년 8,922억 원으로 원전 관련 매출은 과거 대비 큰 변화가 없고, 탈원전 정책 추진 이후 매출은 오히려 증가했습니다. 『한겨레』에서는 "두산중공업의 사업 구조에서 석탄 화력발전 비중은 70~80%를 차지한다. 원전이 차지하는 비중은 15%에 불과하다."(2020년 3월 31일 자)라고 보도했습니다. 한마디로 "문재인 정부의 탈원전 정책이 미래에 영향을 미칠 수 있지만, 결정적으로 회사에 타격을 줄 사안은 아니다."의 논조입니다.

맞습니다. 장기적으로 보면 탈원전으로 인해 두산중공업의 매출이 낮아질 수 있습니다. 그런 내용을 왜 간과하고 '내 탓이 아니오.'라는 주장을 펼치는지 이해되지 않습니다. 여기서 『한겨레』와 '한수원'이 말하는 내용을 검증해 보겠습니다. 전자공시시스템(DART)에 들어가서 두산중공업의 매출 내용을 살펴보았습니다. 기업 내용, 재무제표를 확인해 본 결과 '한수원'에서 주장하는 한수원이 두산중공업에 지불한 액수와 『한겨레』가 주장한 원전이 차지하는 매출 비중은 확인할 수 없었습니다. '한수원'이 제시한 자료는 국가기관이니 어느 정도 신뢰가 갑니다. 그러나 『한겨레』가 주장하는 "두산중공업의 매출 중 원전 관련 매출은 15%에 불과"라는 주장의 근거는 전혀 찾을 수 없었고, 사기업이므로 검증이 더 필요하다고 생각합니다. 혹시 근거 자료를 갖고 계신 분은 연락해 주시기 바랍니다. 추후 정정하겠습니다.

이번엔 탈원전을 반대하는 쪽의 주장을 살펴보겠습니다. 국회는 우리나라의 입법을 담당하는 국가기관입니다. 따라서 국회에 소속된 국회의원은 입법을 하기 위한 기초 자료를 사회 각 분야로부터 요구할 수 있습니다. 두산중공업의 원자력 부문 매출을 미래통합당(국민의힘) 윤한홍 의원실에서 두산중공업 측에 요구해 취합한 자료에 따르면 다음과 같습니다. 2016년 1조 5,300억 원, 2017년 1조 2,000억 원, 2018년 8,500억 원으로 쪼그라들었습니다.

독자 여러분, 여러분의 생각은 어떻습니까? 양쪽의 주장이 팽팽하니 판단은 여러분께 맡기겠습니다. 그러나 확실한 사실은 몇 가지 있습니다. 첫째, 두산중공업은 신한울 3·4호기에 들어가는 원자로 제작을 마친 상태에서 정부가 탈원전 정책의 일환으로 원전 건설을 갑자기 백지화하면서 손해를 봤습니다. 현재 두산중공업은 정부를 상대로 4,900억 원의 손해배상 소송을 진행 중입니다. 또한 탈원전 정책으로 두산중공업이 입을 손해는 계산 불가입니다. 둘째, 두산중공업처럼 대기업뿐만 아니라, 원전 관련 중소기업들이 매출 감소에 줄도산하고 있습니다.

탈원전으로 신음하는 중소기업들의 사례는 회사명이 실명이며, CEO 또는 회사 임원이 자기 이름을 걸고 인터뷰한 내용들을 찾아 실어 봤습니다. A사, B사, 김 모 사장, 이 모 임원… 이런 식의 내용은 신뢰도를 떨어뜨릴 수 있기 때문입니다. 신문 기사 저작권 때문에 전문은 싣지 못했습니다. QR 코드로 접속해 읽어 보시기 바랍니다.

2019년 5월 28일 자 『조선일보』, 「탈원전 2년… 핵심 부품기업들이 쓰러진다」에 보도된 사례를 살펴보겠습니다.

"한때 300명이 넘던 직원은 90명으로 (…) 박현철 대표는 '이렇게 한순간 몰락할 줄은 정말 몰랐다.'라고 했다. (…) 에스에이에스에 납품해 온 한국공작기계도 기업회생 절차를 신청했다."

에스에이에스라는 원전 부품 제작회사가 어려워져서 협력 업체도 어려워진 현실을 알 수 있습니다. 원전 기술 발전에 직원들과 혼신의 힘을 다해 애썼지만 잘못된 정부의 정책으로 회사는 문을 닫고, 직원들은 직장을 잃게 됐습니다.

안준호·표태준, 「탈원전 2년… 핵심 부품기업들이 쓰러진다」,
조선일보, 2019. 5. 28.

다음은 2019년 5월 28일 자 『조선일보』, 「올해 업체들 줄도산… 내년이면 자력으로 원전 못 짓는 나라 될 것」에 보도된 사례를 살펴보겠습니다.

"경성정기의 성남현 전무는 '신고리 원전 5·6호기 납품이 끝나면 일감이 없다.'(…) 성일엔지니어링 김충열 이사는 '한 군데가 무너져 이가 빠지면 전체가 무너지고 결국 원천 기술을 가진 외국 기업에 의존해야 한다.'라고 말했다."

전수용, 「올해 업체들 줄도산… 내년이면 자력으로 원전 못 짓는 나라 될 것」, 조선일보, 2019. 5. 28.

2021년 1월 8일 자 『조선일보』, 「직원 350명이던 원전 부품업체, 일감 끊겨 12명뿐」에 보도된 사례를 살펴보겠습니다. 앞서 '에스에이에스'라는 회사의 상황을 설명해 드렸습니다. 약 2년 정도가 지난 후 다시 신문에 언급됐습니다. 어떻게 됐을까요? 같이 읽어 보겠습니다.

"에스에이에스 본사 사무동, (…) 2014년 원전 수출 1호 아랍에미리트(UAE) 바라카 원전용 부품을 만들 때만 해도 350여 명이나 됐지만, 지금은 겨우 12명만 남았다. 남아 있던 장비를 하나둘 팔고 회사는 2018년 10월 기업 회생 절차에 들어갔다. 결국 이달 중순 부산의 한 선박 부품 회사에 팔린다."

탈원전으로 일감이 줄어든 회사가 결국에는 기업 회생 절차에 들어갔고, 다른 회사에 팔린다는 보도였습니다. 국가와 사회에 봉사하자는 회사 임직원들의 다짐은 이렇게 물거품이 됐습니다. 그나저나 회사 직원들의 생계가 걱정됩니다.

2021년 8월 7일 『중앙일보』, 「원전 부품기업 매출 반토막, 우수 인력 '썰물'… 백지화 지역 지원금도 토해 낼 판」에 나온 사례를 살펴보겠습니다.

"무진기연 대표는 '신규원전 건설 계획 백지화와 신고리 5·6호기 건설 중단 방침으로 약 700여 개의 원자력 공급업체와 95개의 원도급사, 512개 하도급사와 협력사가 일자리를 잃을 위기'라고 했다. 함께하던 회원사들도 저마다 '먹고 살 길'을 찾아 업종 전환하거나 원전 사업 규모를 대폭 축소하는 쪽으로 방향을 틀었다."

〈원전 부품기업 매출 반토막, 우수 인력 '썰물'… 백지화 지역
지원금도 토해 낼 판〉
2021.8.7. 중앙일보

　회사명, 대표자(임원) 실명으로 나온 신문 기사를 소개해 드렸습니다. 두산 중공업의 사례는 서로 의견이 상반되고 근거 자료가 다소 부족하니 탈원전으로 인한 원전 생태계 고사枯死 사례에서 빼는 걸로 차치하더라도 중소기업들의 매출 감소 및 도산은 명백합니다. '에스에이에스'가 탈원전으로 힘들어지니 협력 업체인 '한국공작기계'도 회생절차에 들어간 사례를 보셨습니다. 조금씩 무너지다가 언젠가는 너나 할 것 없이 다 무너질 겁니다.

　탈원전으로 힘들어하는 중소기업의 사례는 대부분 보수언론 쪽에서 인용했습니다. 노동자들의 권익을 생각한다는 『한겨레』에서는 찾을 수 없었기 때문입니다. 탈원전으로 원전 관련 중소기업들이 이렇게 신음하고 있는데 『한겨레』는 이런 목소리를 반영한 기사를 단 한 건도 취재하지 않았습니다.[84] 삼성

---

84) 한겨레 홈페이지에서 '탈원전 중소기업'이라고 검색하면 탈원전으로 힘들어하는 중소기업과 관련된 기사를 단 한 건도 찾을 수 없음.

을 비롯한 대기업들 때문에 힘들어하는 중소기업은 열심히 쫓아다니지만, 국가 정책 때문에 힘들어하는 중소기업의 신음에는 눈을 감고 귀를 닫았습니다. 그 사이 원전 관련 산업에 종사하는 노동자들은 피눈물을 흘리며 회사를 떠나야 했습니다. 가족은 경제적 어려움에 웃는 날보다 얼굴 찌푸린 날이 더 많았습니다. '사람이 먼저다'가 아니라 '정권이 먼저다'이군요. 『한겨레』는 정권 나팔수라는 표현이 어울립니다. 『한겨레』에서 보도한 기사를 클릭하면 버퍼링이 상당합니다. 기업들 광고가 엄청나서 로딩 속도가 느린 것이죠. 참 아이러니 합니다. 기업들을 잠재적 범죄자 취급하고 노동자들의 노동을 착취하는 악한 집단으로 묘사하면서 기업 광고는 얼마나 많이 받는지, 신문 기사보다 광고가 더 많이 보입니다.

탈원전으로 인해 원전 산업 생태계가 무너져 가고 있다는 주장에 쐐기를 박아 보겠습니다. 정부는 정책 추진 과정에서 발생되는 오해를 바로잡기 위해 '대한민국 정책브리핑'이라는 홈페이지에 '사실은 이렇습니다'를 운영하고 있습니다. 「두산중공업 국내 원전 매출, 에너지 전환 정책 이후에도 큰 변화 없어」라는 제목의 브리핑에서 "정부는 두산중공업 및 관련 협력사 등 원전기업의 어려움을 지원하기 위한 보완대책 등을 지속 추진·강화해 나가겠다."라고 설명했습니다. 아래는 그 세부 내용입니다.

두중 협력사 등 원전기업의 어려움 관련[85]

□ 정부는 두중 및 관련 협력사 등 원전기업들의 어려움을 지원하기 위한 보완대책 등*
을 지속 추진·강화해 나가겠음

* 에너지전환 보완대책(2018. 6.), 원전 중소기업 지원방안(2019. 4., 2019. 9.), 원전해체
산업육성전략(2019. 4.), 원전 전주기 수출 활성화 방안(2019. 9.)

① 원전기업의 일감 확보, 단기 경영애로 해소 지원을 통해 원전산업의 연착륙을 유
도해 나가겠음

- (신규원전 수출) 2020년 중 체코·폴란드 원전사업 계획 확정·발주에 대비해 고
위급면담·한국원전 홍보를 강화하는 한편, UAE와 함께 제3국 원전시장 진출
을 위한 협력도 추진

- (경영애로 지원) 원전기업지원센터를 통해 업계 간담회 수시 개최하고, 인증·자
금 등 애로사항을 지속 발굴·지원

② 핵심 공급망, 인력 관리를 통해 원전 안전운영과 핵심 생태계 유지에 문제가 없도
록 노력하겠음

- (공급망 관리 개선) 한수원 공급자 관리체계 강화(2020년) → 핵심 예비품 및
공급자 체계적 관리 추진

- (단종품 대응) 단종 예상품목 사전관리, 일반규격품 품질검증* 제도 등을 통해
단종품 발생 가능성에 대비

- (핵심인력 관리) 원전 공기업별 핵심인력 유지대책(2018. 11.)에 따라, 핵심인력
대상 별도 직무급, 특별대우 적용 등 인센티브 제공

- (인력 DB 구축) 원자력학회와 공동으로 퇴직자 DB 구축(~2020. 7.) → 원전운
영, 수출 등에 필요한 기술전수, 네트워크 지원

---

85) 기획재정부, 「두산중공업 국내 원전 매출, 에너지전환 정책 이후에도 큰 변화 없어」, 대한민국 정책 브리
핑, 2020. 2. 19., https://www.korea.kr/news/actuallyView.do?newsId=148869339

③ 원전 건설 분야외에 다양한 대체·유망 시장을 신규 창출하고, 유망기업 육성 및 사업전환 등을 지원하겠음

- (사업 전환) 자금, 기술, 제도 등의 패키지 지원을 통해 원전중소기업들의 사업전환을 유도

④ 원자력 신규인력과 재직자들이 미래 유망분야 등으로 진출할 수 있도록 인력진출을 지원하겠음

- (신규인력) 원자력공학과 內 융합교육 프로그램을 마련(에너지인력양성사업)하고, 한수원 원자력전공자 채용비중 확대(現 13% → 2023년 30%)

- (재직자) 원전기업 재직자들이 해체·방폐·수출 등 유망분야로 경력전환을 위한 교육프로그램(2020년 신규사업 기획)을 마련

탈원전으로 중소기업들이 힘들어하지 않으면 이런 정책브리핑을 할 필요가 없습니다. 탈원전으로 중소기업들이 힘들어하니 '업종전환 지원', '신규인력 및 재직자들의 경력 전환 지원', '해외 원전시장 진출 지원' 등을 통해 중소기업들을 지원해 주겠다는 겁니다.

국민의힘 윤한홍 의원은 중소기업들의 이런 어려움을 뒷받침해 주는 자료를 내놨습니다. 원전 업계에서 입수한 자료에 따르면 경남 소재 270여 원전 협력업체의 매출은 2016년 16조 원대에서 2018년 10조 원대로 추락했습니다. 고용인원도 14%나 감소했습니다.[86]

문재인 대통령에게 묻고 싶습니다. 탈원전 정책 추진 때문에 사업을 접은 대

---

86) 남경문, 「윤한홍 의원 "정부 탈원전 정책에 두산重 협력업체 매출 급감"」, 뉴스핌, 2020. 4. 6., https://www.newspim.com/news/view/20200406000043

표, 직장을 잃게 된 직장 및 부양가족들에게 마음에 빚은 있나요? 전기료가
계속 오르고 있습니다. 전기료가 오르니 다른 물건 값도 덩달아 오르겠죠. 물
건값이 오를 때마다 국민들은 대통령 당신의 얼굴을 떠올릴 겁니다. 국민에게
진 마음의 빚은 어떻게 갚으시렵니까. 조국에게 마음의 빚을 졌다고 한 그 말!
우리도 듣고 싶습니다.

탈원전으로 신음하는 공학도들

    지금부터는 무너져 가는 원자력 발전소 관련 산업 생태계 일부분인 원자력 공학도들의 신음소리를 들어 보겠습니다.

    경북 울진에는 한국원자력마이스터고등학교가 있습니다. 이 학교는 원자력 발전소 운영과 유지에 필요한 기초 인력을 양성하기 위해 설립되었습니다. 문재인 정부가 탈원전 정책을 추진하기 전까지는 취업이 잘된다고 알려져 인기가 높았습니다. 그러나 문재인 정부의 탈원전 정책 추진으로 2021학년도 신입생 정원(80명)을 채우지 못하고, 79명으로 신학기를 열게 되었습니다.

    원자력공학 관련 학과가 있는 대학교들의 사정도 다를 게 없습니다. 2018년 서울대 원자핵공학과에서는 입학생 32명 중 6명이 자퇴했다고 합니다. 입학 후 1년 이내에 이렇게 많은 인원이 자퇴하는 것은 이례적인 일이라고 합니다. 카이스트에서도 매년 평균 20명의 학생이 원자력·양자 공학을 선택했으나 2017년에는 9명이 선택했다고 합니다. 경희대 원자력공학과는 2019년 3월 2학년에 올라가는 학생 50명 가운데 14명이 전과를 신청했다고 합니다. 부산대는 기계공학부 졸업생의 6~10명이 원자력 석사과정을 지원해 왔지만, 2019년에는 지원자가 1명뿐이었습니다.

왜 이렇게 원자력 공학도들이 자신의 전공을 포기하는 걸까요? 탈원전이 시작되면서 신규원전 건설이 중단되었고 원자력 관련 기관과 연구소의 일자리가 줄어들 것이 자명하기 때문입니다. 일자리가 줄어들 상황에 그 일자리를 위해 공부를 계속한다는 것은 무모한 짓입니다.

원자력 발전 산업은 원자력 불모지에서 세계 최고의 기술로 우뚝 선 대한민국의 자랑입니다. 국가 핵심 전략 산업으로 키워 나가야 할 정부가 오히려 망가뜨리고 있습니다. 원자력 발전과 관련된 공학도들은 불안한 앞날에 자리를 뜨고 있고 산업 생태계는 엉망이 되어 가고 있습니다. 문재인 대통령은 대통령 후보 시절 '소통'과 '협치'를 강조했습니다. 그러나 소통과 협치는 단 '1'도 찾아볼 수 없었습니다. 나라의 백년대계 에너지 정책을 아집과 독선으로 추진하고 있습니다. 전문가인 학자들과 국민들과의 소통이 없습니다. 수십 년 고생해서 어렵게 키워 낸 세계 1등 기술력으로 일자리를 창출하고 막대한 국부를 창출했는데 이런 독선적인 정책 추진으로 전부 다 잃게 생겼습니다.

전기를 수입한다

　지금부터는 이전보다 더 황당한 이야기를 들려드릴까 합니다. 문재인 정부는 에너지 전환 정책 추진이라는 미명하에 탈원전을 포함한 신재생 에너지 발전 비율을 높이는 정책을 추진하고 있습니다. 하지만 신재생 에너지는 우리나라 지형에 맞지 않아 발전 효율이 매우 낮습니다. 원자력 발전소를 더 이상 짓지 않는다면 전기 공급이 부족할 텐데 그 부족분을 신재생 에너지에서 끌어올 수가 없는 상황입니다. 그래서 정부는 정말 듣도 보도 못한 초대형 블록버스터급 에너지 정책을 하나 만들어 냅니다. 중국과 러시아에서 전기 수입을 추진한다고 합니다.

　대통령 직속 탄소 중립위원회는 '2050 로드맵'을 통해 2050년 이전에 석탄발전소를 모두 폐기하고, 태양광·풍력 발전량을 2018년 대비 64배로 키워 탄소 중립을 달성하는 방안을 마련했습니다. 이와 함께 중국과 러시아에서 전기를 수입하는 방안도 공개했습니다. 반면 탈원전 정책은 현행대로 유지해 23% 수준인 원전 발전 비율을 7%까지 떨어뜨린다는 방침을 세웠습니다.

　현실을 무시한 탈원전 정책이라 이상적理想的 방안들은 충분히 나올 수 있다고 생각됩니다. 지구의 미래와 우리 후손을 위한다는 정책은 현실과 좀 거리가 멀지만, 석탄발전소를 없애고, 원자력발전소를 줄이는 그것까지는 이해할 수 있다는 말입니다. 그런데 에너지 주권은 한 국가의 생명과도 같은데 이를 다른 나라로부터 수입한다는 발상은 도저히 이해할 수 없는 처사입니다.

이유는 첫째, 우리가 전기를 생산할 능력이 안 되는 나라입니까? 우리는 세계 최고의 원자력 발전소 설계·시공·운영 능력을 가진 나라입니다. 그런데 그 훌륭한 우리 기술을 버리고 남의 나라에서 에너지를 수입합니까?

둘째, 중국은 우리나라를 발밑의 껌보다도 못하게 생각하는 나라입니다. 사드 미사일 배치를 두고 중국이 우리에게 한 보복을 떠올려 봅시다. 중국은 우리의 동맹이 아닙니다. 그런데 그런 에너지 주권을 중국에 넘겼다가는 우리나라의 안보가 흔들릴 수 있습니다. 에너지는 국가의 안보와 직결됩니다. 타국에 에너지를 의존하게 되는 순간 우리는 그 나라의 에너지 속국이 되는 겁니다.

셋째, 러시아, 중국으로부터 수입되는 전기는 북한을 거쳐올 수밖에 없습니다. 북한과의 관계가 틀어지면 대한민국에 어떤 일이 벌어지겠습니까? 마음에 안들면 200억 짜리 건물도 한 방에 날려 버리는 무리들입니다. '핵 인질'도 모자라 '전력 인질'을 자청하는 것입니까. 절대 있을 수 없는 일입니다.

탈과학의 탈원전 정책에 대한 결론

　지금까지 탈원전 정책 추진의 근거가 갖는 오류 및 가짜 뉴스를 진단해 보고, 탈원전 정책의 허구성을 살펴보았습니다.

　탈원전 정책으로 원자력 발전 관련 중소기업들이 문을 닫고 줄도산하고 있으며, 원자력 관련 공학도들은 불확실한 미래를 걷어차고 진로를 바꾸고 있습니다. 비과학적인 사실과 검증되지 않은 억측으로 원자력 발전의 효용성을 깔아뭉개고 있습니다. 원자력의 불모지에서 원전 건설 세계 일류 기술을 갖게 된 나라가 서서히 망해 가고 있습니다. 안전하고 효율적인 원자력 전기 생산은 뒷전이고, 온 나라가 태양광과 풍력 발전으로 덮이는 것도 모자라 미래에는 외국에서 전기를 수입하려 합니다. 우리가 똑똑해져야 정책이 바뀝니다.

　과학이 발전하면 세상은 더욱 편리해집니다. 기술이 발전하면 더욱더 안전한 세상이 됩니다. 원자력 발전소 건설 안전 설계는 과학적이고 그 안전성을 충분히 인정받았습니다. 그런데도 우리는 과거로 돌아가려 합니다. 무지로 인한 공포감이 가득한 세상으로 퇴보하고 있는 듯한 느낌을 지울 수 없습니다.

　자살 폭탄 테러처럼 급진적으로 행동하는 것만이 테러가 아닙니다. 나와 생각이 다른 사람들을 심리적으로 서서히 무너뜨리는 것…. 눈에 보이지 않게 자신들의 목적을 달성하기 위해 심리적인 공포감을 조성하는 것도 테러입니다. 합법을 가장한 불법적인 행위로 국가·사회 시스템을 무력화 시키는 것도 테러입니다. 단지 우리는 그것을 심각하게 인지하지 못하는 것일 뿐입니다. 우리가 알지 못하는 사이에 조금씩 진행되고 있습니다. 돌려 말하지 않겠습니다. 우리는 지난번 선거에서 대한민국을 서서히 망가뜨리는 테러리스트들에게 표를 준 것입니다.

탈레반은 이슬람 율법에 나오는 교리를 자의적으로 해석해 이슬람 원리주의가 지배하는 탈법치·탈인권의 사회를 강요하고 있습니다. 이념으로 똘똘뭉쳐 강철대오를 형성한 탈레반은 아프가니스탄을 미개의 시대로 돌려 놓았습니다. 멀리 있지 않습니다. 실용實用을 멀리하고 이념이 지배하는 사회가 얼마나 처참한지 가까이서 찾을 수 있습니다. 총과 수염만 없었지 탈레반과 다를 것 없는 관념론자들에게서 실용의 대한민국을 찾아와야 합니다.

탈원전 정책을 조롱하고 비판하는 대학생들의 외침을 전해드리면서 마무리 짓겠습니다. 읽어 주셔서 감사합니다.

김방헌, 「[단독]"순순히 죽지 못해 죄송"…100개 대학가 붙은 대자보」, 중앙일보, 2021. 7. 8., https://www.joongang.co.kr/article/24100973#home

제3부

침몰이 시작되다

불공정, 내로남불, 위선, 실정이
내로남불호를 가득 채웠다

이제 서서히 가라앉기 시작한다
침몰의 원인을 암초에서 찾지 않고
암초를 피해 가자고 했던 사람들을 탓하기 시작한다

방역, 댓글 조작, 인사, 입시, 성희롱, 부동산 정책
사회 전 분야에서 적폐가 드러난다
걷잡을 수 없는 침몰이 시작된다

제7장

그때는 충신忠信
지금은 역적逆賊

충신과 역적의 기준은 무엇이던가?
사람에 충성하지 않고 국민에 충성한다는 말에 신격화하더니
이제는 사람에 충성하지 않는다며 역적으로 몰아간다

윤석열을 꾸짖다가 역공당한 사람들

　앞서 탈원전 정책에 대한 이야기를 살펴봤습니다. 탈원전 정책의 잘못을 밝혀낸 곳이 감사원이었고 감사원장은 그 비위 사실을 검찰에 고발했습니다. 이 사건으로 당시 최재형 감사원장은 여당과 친문 지지자들로부터 많은 비난을 받았습니다. "당신(최재형)을 그 자리에 앉힌 사람이 누군데, 이렇게 배은망덕할 수 있느냐?, 적폐 청산하라고 했더니 정권 비리만 캐낸다."라는 말을 했습니다. 어떤 여권 정치인은 최재형 전 감사원장을 두고 '배신자', '쿠데타', '친일파'를 운운하기도 했습니다.

　비슷한 사례로 윤석열 전 검찰총장도 있습니다. '적폐 수사의 최고 적임자', '조국과 검찰 개혁을 수행할 환상의 콤비'에서 '조국 수사'로 하루아침에 '역적'으로 몰린 분입니다. 이번 장에서는 윤석열 전 검찰총장, 최재형 전 감사원장에 대한 여권과 문재인 지지층들의 말 바꾸기 행태를 살펴보겠습니다. 배꼽이 빠질 수도 있으니 응급실이 있는 가까운 병원을 꼭 확인하고 읽어 주십시오. 〈개그콘서트〉가 필요 없습니다. 한 입으로 두말하는 인간들의 극치를 보여 드리겠습니다.

　윤석열 전 검찰총장이 사람들의 주목을 받기 시작한 것은 2013년 국정원 여론조작[87] 사건 때입니다. 2013년 서울중앙지검 특별수사 제1부장으로 이 사건을 수사[88]하다가 수원지검 여주지청장으로 좌천되었습니다. 2012년 대선에 개입한 국정원에 대한 수사 외압 여부를 묻는 2013년 10월 21일 국정감사에서 윤석열(당시 수원지검 여주지청장)은 외압이 심각했다고 대답해 큰 파문을 일으켰습니다.

국감 질의 중 새누리당(현재 국민의힘) 정갑윤 의원이 "우리 증인은 혹시 조직을 사랑합니까?"라고 묻자 윤석열은 "예, 대단히 사랑하고 있습니다."라고 답했고, 다시 정 의원이 "사랑합니까? 혹시 사람에 충성하는 거 아니에요?"라고 질문하자 윤석열은 "저는 사람에 충성하지 않기 때문에 제가 오늘도 이런 말씀을 드리는 겁니다."[89]라는 명언을 남겼습니다. 이 발언으로 윤석열은 국민들에게 권력의 눈치를 보지 않고 소신껏 법을 집행하는 인상을 심어 주었습니다. 반면 이 발언으로 박근혜 정부에서 눈엣가시 같은 존재가 되어 버린 윤석열은 대구와 대전 고등검찰청의 평검사로 2년을 떠돌게 됩니다.

시간이 흘러 2016년, 박근혜·최순실 국정농단 사건이 터집니다. 이때 대전고검으로 좌천돼 있던 윤석열은 2016년 국정농단 의혹 사건 규명을 위한 특별검사(박영수 특검)실 수사 4팀장으로 임명되면서 반전의 기회를 맞이합니다. 특별

---

87) 2012년 대한민국 대통령 선거(당시 대통령은 이명박)에서 국가정보원소속 심리정보국 소속 요원들이 국가정보원의 명령에 따라 인터넷에 후보 관련 게시글을 남김. 즉, 국가정보원이 대한민국 제18대 대통령 선거(박근혜 당선, 문재인 낙선)에 개입하였했다는 사건을 말함. 당시 야당인 민주통합당(현재 더불어민주당)은 정치중립을 지켜야 하는 국가정보원의 정치개입에 대한 문제를 제기함.

88) 당시 살아 있는 권력이었던 정권(박근혜 당선)의 정통성에 대한 위협이 될 수 있었던 것으로 윤석열은 국정원 직원들의 압수수색압수 수색과 체포 영장 청구를 윗선에 보고하지 않고 수사를 진행했음.

89) 이충재, 「"사람에게 충성하지 않는다"…윤석열 '명언'의 탄생 과정」, 데일리안, 2019. 6. 19., https://www.dailian.co.kr/news/view/804088

수사팀장으로 이재용 삼성그룹 부회장을 구속시키는 성과를 냈습니다.

2017년 새 정권이 들어서자 윤석열은 서울중앙지검장으로 임명[90]됐고 이명박 전 대통령을 구속시켜 재판에 넘겼고, 사법농단 수사로 양승태 대법원장 등 고위 법관들을 법정에 세우기도 했습니다. 이에 윤석열은 문재인 정권이 외치던 적폐 청산의 최고 적임자로 신임을 받게 됩니다.

2019년 청와대는 문무일 검찰총장 후임으로 윤석열 서울중앙지검장을 지명합니다. 고검장을 거치지 않고 검찰총장으로 임명된 것은 첫 사례였습니다. 그만큼 문재인 정부의 두터운 신뢰를 받고 있었고, 윤석열에게 바라는 것이 분명하다는 뜻이기도 했을 겁니다. 당시 고민정 청와대 대변인은 윤석열을 파격적으로 검찰총장 후보로 지명하게 된 이유를 다음과 같이 설명했습니다. "탁월한 지도력과 개혁 의지로 국정농단과 적폐 청산 수사를 성공적으로 이끌어 검찰 내부뿐만 아니라 국민에게 두터운 신망을 받아 왔습니다." 덧붙여 청와대는 '검찰 개혁'과 '검경 수사권 조정'의 신속한 추진을 위한 인사였다고 설명했습니다.[91]

윤석열 검찰총장 후보 지명과 관련해 더불어민주당은 "검찰 개혁을 이끌 적임자"라며 환영했지만, 당시 자유한국당은 "'혹시나'가 '역시나'인 인사, 검찰 독립은 날 샜다."라고 비판했습니다.

윤석열 검찰총장 후보자 인사청문회 및 간담회에서 나왔던 여야 의원들의 발언을 소개해드리겠습니다. 당시 자유한국당 및 바른미래당은 박근혜 대통령 탄핵의 선봉장이었던 윤석열이 달갑지 않았습니다. 당시 야당은 윤석열을

---

90) 평검사(대전고검)에서 검사장(중앙지검장)으로 승진하는 파격적인 인사였음.

91) 강태화, 「文, '예정된 파격' 윤석열 지명…靑 "적폐청산·검찰개혁 완수 의지"」, 중앙일보, 2019. 6. 17., https://www.joongang.co.kr/article/23498878#home

향해 "조폭 영화 속 조폭들이 의리를 과시하는 모습", "윤 후보자는 무자격자", "후보자에서 내려오는 길이 검찰 개혁의 길" 등의 비난을 쏟아냅니다.

더불어민주당 의원들은 어떤 발언을 했는지 살펴보겠습니다. 버터를 바른 듯 칭찬 일색입니다. 많이 느끼합니다. 옆에 콜라 한잔 준비하시고 읽어 주십시오. 윤석열이 검찰총장 후보로 지명된 이후 2019년 6월 19일 관훈클럽 토론회에 참석한 더불어민주당 이인영 원내대표는 "윤석열 후보자가 자신이 가진 검찰의 칼날을 정치적으로 활용했다. 이런 이야기를 저는 들어 본 적이 없습니다. 그만큼 충직하고 강직했다."[92]라고 말했습니다.

뒷부분 부동산 내로남불편에 나오는 더불어민주당 박주민 의원도 2019년 7월 8일 검찰총장 인사청문회에서 "저는 검찰에 대한 국민적 신뢰를 높이기 위해서 두 가지가 필요하다고 보는데 오늘 후보자의 모두발언에 그 부분이 좀 언급이 되어 있는 것 같아요."[93]라고 격찬했습니다. 적격자라는 칭찬이죠.

같은 날 백혜련 더불어민주당 의원은 "지금 후보자하고 문재인 대통령하고 학연·지연 뭐 이런 것은 없잖아요? 그렇다면 정치적 성향이 비슷하냐 그것도 보니까 저는 아닌 것 같아요. 오히려 보수 쪽에 가까운…. 그럼에도 불구하고 후보자가 검찰총장 후보로 지명된 것은 그동안 검사로서 생활하면서 정권에 따라서 유불리를 가리지 않고 검사의 소신에 따라서 엄정하게 수사해 왔던 것들이 후보자가 검찰총장으로 지명될 수 있는 가장 큰 동력이었다고 생각합니

---

92) 김경희, 「이인영 "윤석열 강직해서 걱정할 정도. 칼날 우리 향할 수도"」, 중앙일보, 2019. 6. 19., https://www.joongang.co.kr/article/23500803#home

93) YTN, 「윤석열 검찰총장 후보자 인사청문회」, YTN, 2019. 7. 8., https://www.ytn.co.kr/_pn/0301_201907081431317712

다."[94]라며 윤석열을 소신 있는 검사라 치켜세웠습니다.

이철희(현 정무 수석) 더불어민주당 의원은 "저는 '될 만한 사람이 지명됐다', 이렇게 생각합니다. 국민이 사랑하는 검찰, '국사검'이라고 제가 이름 붙여봤는데 꼭 이루심 좋겠고요. 제가 좋은 인사, 잘된 인사라고 말씀드렸습니다만 저는 (윤석열의) 정치적 중립성이나 독립성에 대해서는 의심하지 않습니다."[95]라고 별명까지 붙여 가며 치켜세웠습니다.

더불어민주당 표창원 의원은 "살아 있는 권력을 내리 수사한 유일한 검사다. 국민의 여망이 이렇게 드러납니다. 무수하게 많은 기대와 희망과…"[96]라며 법치주의자라고 칭찬합니다. 살아 있는 권력 수사하면 '홍카콜라' 국민의힘 홍준표 의원이 원조인데 표창원 의원님 좀 오바하셨네요.

가족 범죄단 조국 지킴이 더불어민주당 김종민 의원은 "이 비극을 만들어 낸 건 이 비정한 정치입니다. 윤석열이 수사를 해서가 아니고, 대한민국 검사들이 정권에 동원돼서 불법에 내몰리지 않는 그런 대한민국 만드는 데에 윤석열 후보자의 임무가 있다."[97]라며 그동안 윤석열이 해 온 스타일처럼 정권에 휘둘리지 않는 검찰을 만드는 데 일조해 주길 바란다는 당부의 말을 건넵니다.

표창원 의원이 한마디 또 했군요. "검사로서의 능력 그리고 법과 원칙에 대한 준수, 정치적 중립성, 정의에 대한 용기 이것에 대해서만큼은 다 인정하고 타의 추종을 불허한다."라고 다시 한번 치켜세웁니다. 이런 검사 또 없죠. 세

---

94) 이강은, 「윤석열 임명 반대의견 많았다? 조국 주장과 달랐던 청문회 발언들[이슈 톡톡]」, 세계일보, 2021. 6. 1., https://m.segye.com/view/20210601509692

95) 위의 기사.

96) 위의 기사.

97) 김종민TV, 「[윤석열 후보자 인사청문회] 김종민의 당부, 윤석열의 눈물」, 유튜브 김종민TV 채널, 동영상, 3:52, 2019. 7. 9., https://www.youtube.com/watch?v=_vx8lL-R_m8

상에 이렇게 훌륭한 검사가 어디에 있겠습니까? 느끼하시지는 않았습니까? 콜라 한잔 드셨습니까?

아! 하이라이트가 빠졌습니다. 문재인 대통령도 윤석열에 대한 칭찬을 아끼지 않았습니다. 문재인 대통령은 윤석열 총장 임명장 수여식에서 다음과 같이 말합니다. "우리 사회를 공정한 사회로 만드는 일을 시대적 사명으로 여겨 줬으면 좋겠단 생각이 듭니다. 반칙과 특권을 용납하지 않는 그래서 정의가 바로 서는 그런 세상을 만들고 특히 강자가 우월한 지위를 이용해 약자에게 군림하고 횡포를 가하는 일들을 바로 잡아, 누구나 법 앞에 평등한 사회를 만든 것이 검찰의 시대적 사명이다. 마지막으로 한 말씀 드리자면 우리 윤 총장님은 권력형 비리에 대해서 정말 권력에 휘둘리지 않고 눈치도 보지 않고 사람에 충성하지 않는 엄중하게 처리해서 국민들의 신망을 받았다. 이런 점들을 끝까지 좀 지켜 나가 주십시오. 살아 있는 권력에 대해서도 똑같은 자세가 되어야 합니다. 권력형 비리가 있다면 정말 공정한 자세로 임해 주시기 바랍니다."

소름 돋습니다. 문재인 대통령은 미래에 일어날 일을 알기라도 한 듯, 한 달 뒤에 발생할 일을 그대로 말합니다. 한 달 뒤, 살아 있는 권력, 가족 범죄단 조국이 등장합니다.

연합뉴스 TV, 「문 대통령, 윤석열에게 "살아 있는 권력에도 엄정해야"」, 유튜브 연합뉴스 TV 채널, 2019. 7. 25., 동영상, 2:04

자, 세월은 바야흐로 2019년 8월 9일 조국이 대한민국 법무부 장관 후보로 지명되고 여러 가지 논란을 일으키며 국민이 분열됐습니다. 조국 가족의 비리 혐의(무시험 대학 입학 의혹, 장학금 부정 수령, 논문 제1저자 등재, 인턴십 허위 경력서 작성, 동양대 표창장 위조, 사모 펀드 투자…)가 드러나자 한 달 전 검찰총장으로 임명된 윤석열은 여당 의원과 문재인 대통령이 당부한 것처럼, 윤 총장이 검사 시절 그전에 그래왔듯 조국 가족의 비리를 수사하기 시작합니다. 차기 여권의 대선 주자로 이름이 오르내리던 문 정권의 핵심 인사 조국에게 칼을 겨눴습니다. 이전에 윤석열 총장을 옹호했던 사람들의 생각이 어떻게 바뀌었을까요? 살펴보겠습니다.

사실 윤석열 총장의 인사청문회 당시 야당 의원들은 엄청나게 윤 총장을 비난했습니다. 이후 조국 사태가 터지자 꿀 먹은 벙어리가 돼버리죠. 그런데 더불어민주당은 다릅니다. 인사청문회 당시에는 '물고 빨고 우쭈쭈' 하더니 조국 사태가 터지고 나서 180도 돌변합니다. 차라리 자유한국당처럼 입이라도 다물고 있었으면 나았을 걸 조국을 옹호하기 위해 자신들이 했던 발언들과는 정반대되는 말만 했습니다. 언제 그랬냐는 듯이 과거의 자신을 버립니다. 카멜레온은 명함도 못 내밀 지경입니다.

조국 사태에 대한 윤석열 검찰총장의 수사가 시작되자 더불어민주당 이해찬 대표는 "현직 법무부 장관 집을 압수 수색 하는 그것도 11시간이나 걸쳐서 (…) 사태를 보고서 무슨 말을 해야 될지 어떻게 대응을 해야 될지 (…) 참 어이가 없습니다."[98]라고 말합니다. 조국이 도대체 이 사람들에게 어떤 존재인지

---

98) 김정훈, 「與 "11시간 수색 과잉수사"… 檢 "가족 요구 들어주느라 지체된 것"」, 동아일보, 2019. 9. 25., https://www.donga.com/news/Politics/article/all/20190925/97571941/1

궁금합니다. 그렇게 큰 비리 의혹을 받고 있는 피의자 집을 압수 수색하자 '현직 법무부 장관 집'을 운운하며 압수 수색을 해서는 안 될 사람을 수색한 것처럼 말합니다. 박근혜·최순실 국정농단 때는 청와대 압수 수색이 옳은 것이고, 지금에 와서는 고관대작 법무부 장관의 집을 압수 수색 하면 큰 죄를 짓는 것처럼 말합니다. 조선 시대 왕조에 사는 듯한 느낌입니다. 이분들의 정신세계가 궁금합니다. 정신·문화 지체현상이 여기서도 발생합니다. 정적政敵의 잘못에 대해서는 촘촘한 잣대를 들이대고 자신들 잘못에 대해서는 엉성한 잣대로 도덕적 판단을 합니다. 같은 사안에 대해 다른 기준을 적용하는 사람들입니다.

이해찬은 조국의 집을 11시간 압수 수색을 했다며 검찰 수사를 비난했습니다. 국민들이 다 압니다. 왜 11시간을 조국 집에서 시간 낭비했는지…. 변호인 올 때 까지 기다린다고 두 시간, 밥 먹자고 해서 한 시간, 금고 여는 시간, 추가 영장 발부 신청해서 기다리는 시간 등 압수 수색을 방해한 시간만 여덟아홉 시간입니다. 그리고 적법한 절차에 의해 법원에서 발부한 영장으로 범죄 혐의자의 집을 압수 수색 하는 게 뭐가 문제인지 모르겠습니다.

조국 압수 수색 당시 정경심은 수색 도중 수사팀에 점심 식사를 같이 하자고 제안했습니다. 그런데 이 일이 '검찰 관계자들이 점심으로 중국 음식을 시켜먹어 압수 수색을 지켜보던 조 장관 가족에게 모욕감을 줬다'는 내용으로 변질되어 인터넷에서 유포됐습니다. 팩트는 이렇습니다. 검찰 관계자의 설명에 따르면 점심 메뉴는 자장면이 아닌 한식, 수사 지연의도는 없었습니다. 여기에 대한 조국의 반박은 없었으므로 팩트입니다. 이 사건으로 윤석열 총장은 '윤짜장'이라는 웃지 못할 별명을 얻게 됐습니다. 가짜 뉴스로 사람을 인신 공격하는 이 사람들은 인권을 존중하고 민주주의를 지향하는 더불어민주당의 암적 존재입니다. 손절해야 살 수 있습니다.

조국은 자택 압수 수색 당일 현장 지휘 검사에게 전화를 건 사실도 있습니다. 조국은 검사에게 "처의 상태가 안 좋으니, 차분하게 해 달라고, 배려해 달라고 부탁한다."[99]라고 했습니다. 이것이 그들이 말하는 공정과 정의인가요. 헌법 제1조 제2항 '대한민국의 주권은 국민에게 있고 모든 권력은 국민으로부터 나온다'는 말을 입에 달고 살던 사람들. 그들의 손으로 국민으로부터 나온 권력을 무력화시키기 위해 청탁 전화를 했습니다. 검사에 대한 인사권과 지휘·감독권을 갖는 법무부 장관이 자기 집을 압수 수색하는 검사에게 전화를 건 것은 청탁인 동시에 협박입니다. 불법행위를 당연시하는 법무부 장관은 자격 미달입니다.

2019년 9월 24일 더불어민주당 원내 대책 회의에서 이인영 원내대표는 "아울러 별건 수사를 하고 있는 것은 아닌지, 잘못된 수사행태로 검찰이 국민의 심판대에 오르는 불행한 일이 없길 바라며, 과거 수사권과 기소권을 독점하고 무소불위의 권력을 휘두른 검찰이 다시 정치를 하고 있다는 오명만큼은 더 이상 우리 민주당은 상상할 수 없습니다. 검찰이 정치로 복귀해서는 절대로 안 됩니다."[100]라고 말합니다. 검찰이 마치 잘못된 억지 수사를 하고 있고, 계속될 경우 국민들의 심판을 받을 것이라는 협박까지 합니다. '정치 검찰'을 외치는 쪽은 야당의 트레이드 마크인데 여당이 '정치 검찰'을 말하는 것은 한 번도 경험해 보지 못한 나라 모습입니다.

---

99) 박소희, 「조국 대 검찰 정면충돌… 검찰 "전화, 심히 부적절"」, 오마이뉴스, 2019. 9. 26., http://www.ohmynews.com/NWS_Web/View/at_pg.aspx?CNTN_CD=A0002573788

100) 강병철, 「이인영 "檢 수사 냉정하게 주시… 국민 심판대에 오르는 일 없길"」, 연합뉴스, 2019. 9. 24., https://www.yna.co.kr/view/AKR20190924055500001

이 원내대표는 '별건 수사'를 언급하며 검찰 수사의 적법성을 문제 삼았습니다. 경찰이 보이스 피싱 혐의자를 수사하다가 통장에서 마약 거래 내역을 발견한 경우를 가정해 봅시다. 경찰은 보이스 피싱과 마약 거래 혐의는 별건이므로 마약 거래 혐의는 수사를 하지 않는 게 맞는지 묻고 싶습니다. 당연히 둘다 수사를 하는 게 맞습니다. 예를 들어 표창장 위조를 수사하기 위해 컴퓨터 포렌식을 했는데 카톡 내용에 또 다른 범죄 혐의가 포착되면 같이 수사하는 것이 당연한 것 아닌가요.

2019년 10월 17일 대검찰청 국정감사에서 더불어민주당 표창원 의원은 윤석열 인사청문회와는 사뭇 다른 발언을 했습니다. 청문회 당시 "(문재인 정권에서는)어떠한 압력에도 굴하지 말라"했던 표 의원은 이날 "수사나 사법적 절차에 영향을 끼칠만한 압력은 절대 있어선 안 된다. (조국 장관 관련 수사가) 표적인지 목적성을 가진 수사인지, 자연스러운 수사인지는 나중에 밝혀질 것"[101]이라며 조국 가족에 대한 수사를 비판했습니다. 국회의원들의 모든 발언들은 역사로 기록되어 박제됩니다. 주워 담을 수도 없습니다. 석 달 만에 우리 편을 수사했다고 얼굴을 바꾸다니 정말 실망스럽습니다.

그나마 다행인 건 표 의원은 2020년 총선(국회의원 선거)에 불출마했습니다. "사상 최악의 20대 국회, 정쟁에 매몰돼 민생을 외면하고 본분을 망각했다. 불출마의 방식으로 참회하겠다."[102]라고 말했습니다. 또 그는 조국 일가의 범죄행위로 허탈감을 느꼈을 청년 세대에 대한 미안한 마음 때문에 불면의 밤을 지

101) 김기정, 「"윤석열, 어떤 압력에도 굴하지 말라"던 민주당의 돌변」, 중앙일보, 2019. 10. 17., https://www.joongang.co.kr/article/23606723#home

102) 추인영, 「표창원도 불출마 선언 "사상 최악의 20대 국회 책임지겠다"」, 중앙일보, 2019. 10. 24., https://www.joongang.co.kr/article/23613814#home

새며 무척 괴로워했음을 밝혔습니다. 새정치민주연합의 인재 영입 1호로 입당해 경기 용인에서 당선된 표 의원은 국회라는 곳에서 일해 보니 국민들의 삶보다는 정당 간의 헐뜯기로 정쟁하는 모습에 큰 실망을 하지 않았나 추측해 봅니다. 특히 조국 사태의 심각성과 여당의 내로남불 모습에 자신이 생각했던 이상적인 정당이 아니라는 판단이 섰을 겁니다. 양심 있고 약자들에 대한 공감 능력이 있는 국회의원이 더불어민주당에 있다는 것이 놀라운 동시에 감사하다는 생각이 듭니다.

조국 일가의 범죄행위는 이 책에서 서술하면 500페이지가 넘는 백과사전이 될지도 모르는 상황에 직면할까 봐 여기서는 항목별로 상세히 다루지 않겠습니다. 조국 가족 관련 범죄행위가 양파 껍질처럼 벗겨도 벗겨도 끝없이 드러나자, 분노한 국민들은 대규모 집회로 조국 사퇴를 압박했습니다. 이에 2019년 10월 14일 조국은 법무부 장관으로 임명된 지 35일 만에 사퇴합니다. 대한민국 법무부 장관 자리는 2020년 1월까지 공석이었다가 추미애가 임명됩니다.

추미애 법무부 장관이 임명된 이후 1조 6,000억 원 펀드 판매 사기 사건이 발생합니다. 라임자산운용이 투자자들에게 1조 원이 넘는 피해를 입힌 사건 수사를 두고 법무부와 검찰의 의견이 팽팽하게 맞섭니다. 이유는 이렇습니다. 라임자산운용의 주요 피의자로 구속 수감 중인 김봉현 전 스타모빌리티 회장은 언론사에 편지 한 통을 보냅니다. 편지에는 검찰이 라임 사건을 수사하면서 야권 인사에 대한 의혹은 은폐하고 자신에게 청와대 고위급 인사의 비위를 증언하라고 종용했다는 내용이 있었습니다. 이에 법무부는 감찰에 나섰고 이틀 만에 "검찰총장이 야권 정치인 및 검사 비위에 대해서는 구체적인 비위 사실을 보고

받고도 여권 인사와는 달리 철저히 수사하도록 지휘하지 않은 의혹이 확인됐다."[103]라며 윤석열 검찰총장의 수사지휘권을 박탈했습니다.

하지만 법무부는 구체적인 증거는 제시하지 못했고, 일각에서는 같은 검찰 식구의 말보다 범죄 피의자로 구속 수감 중인 사기꾼의 말을 더 신뢰하는 추 장관의 행태를 비판하는 목소리도 있었습니다.

이렇게 '아몰랑'으로 윤석열 검찰총장의 수사지휘권을 박탈한 이 사건은 어떻게 됐을까요? 2021년 8월 13일 현재, 추미애 법무부 장관의 주장처럼 이 사건에 연루된 야권 인사가 있을까요? 야권 인사 중 라임사건에 연루되거나 조사받고 있는 사람은 윤갑근 충북도당위원장 한 사람밖에 없습니다. 반면 이 사건에 연루된 여권 및 청와대 인사는 다음과 같습니다. 더불어서 민주당 부산 사하구 당협위원장 이상호(구속), 더불어민주당 기동민 의원, 전 광주 MBC 사장 이씨, 김영춘 국회 사무총장(소환 통보), 김모 전 청와대 행정관(금융감독원) 등이 있습니다.

이렇게 헛발질을 해대니 국민들이 신뢰하지 않는 것입니다. 한낱 사기꾼 범죄자의 옥중 편지 한 통으로 양심과 법에 따라 소신 있게 법을 집행해 온 사람을 범죄자들을 옹호하는 협잡꾼으로 만들어 버렸습니다. 살아 있는 권력 수사로 정권의 목에 칼끝이 겨눠지는 상황을 지켜볼 수만은 없었을 겁니다. 자기네 편이 이 비리에 연루되는 상황이 벌어지면 정권 재창출에 큰 타격을 입기 때문에 막을 수밖에 없었을 겁니다. 거짓된 옥중 편지 한 통과 근거 없는

---

103) 박정연, 「추미애·윤석열 정면충돌… "부실수사 확인" vs. "검찰총장 모략"」, 프레시안, 2020. 10. 18.,
https://www.pressian.com/pages/articles/2020101814581187067#0DKU

자료 따위로 검찰 수사를 무력화 시킨 추미애 장관이 지금 대통령 후보가 되고 싶다고 떠들고 다닙니다. 대깨문들의 눈치 보며 정권 입맛에 맞는 행동만 하던 그분. 그분이 더불어민주당의 대선후보가 된다면 저는 한국을 떠나겠습니다. 거짓으로 국민들을 선동하는 그런 대한민국은 희망이 없기 때문입니다.

이런 말도 안 되는 검찰 수사 방해는 결국 윤석열 검찰총장을 차기 대선후보군에 이름을 올리는 데 큰 역할을 했습니다. 그 당시 검찰은 정권의 민낯이 드러나는 수사를 어느 누구의 눈치도 보지 않고 있는 그대로 진행합니다. 원자력 발전소 월성 1호기 경제성 조작, 울산시장 선거 청와대 개입, 조국 일가 수사 등으로 정부는 윤석열 검찰총장과 대립각을 세웁니다. 한 발도 물러서지 않는 검찰의 수사에 정권·청와대·검찰 길등은 점점 더 깊어져 갔고, 추미애 장관은 취임에서 퇴임까지 1년 가까이 윤석열 찍어 내기에 골몰하게 됩니다. 상황이 정권에 불리하게 돌아가자 마침내 추미애는 윤석열 검찰총장을 '직무배제 및 징계 청구'를 하는 지경까지 갈등의 골을 악화시켰습니다.

윤석열 검찰총장에 대한 징계는 위원회를 통과했고 윤 총장은 이에 대해 이의 신청을 했습니다. 친정권 검사들과 법무부가 무리하게 밀어붙인 징계 처리가 위법하다는 것을 서울행정법원에서 인정하며 윤석열 검찰총장의 손을 들어 줬습니다. 윤 총장은 직무배제 정지 신청이 받아들여진 다음 날 출근길에 "헌법정신과 법치주의를 지키기 위해 최선을 다할 것을 약속드린다."[104]라고 말했습니다. 추미애의 윤 총장 징계 헛발질은 윤 총장의 대선 후보 지지율을 급

---

104) 김정인, 「윤석열 업무 복귀 결정… 30여 분 만에 대검 출근」, MBC, 2020. 12. 1., https://imnews.imbc.com/replay/2020/nwdesk/article/6003298_32524.html

상승 시키는 역할을 했고, 윤 총장의 이 발언으로 당시 대선 후보 지지율 1위를 달리던 윤 총장의 정계 진출은 더욱더 확실시됐습니다.

윤 총장을 찍어 내기 위한 4차례의 검찰 인사로 윤 총장을 고립시켰고 '직무배제'와 같은 헛발질을 계속하던 추미애는 결국 쫓겨납니다. 물론 자진 사퇴의 형식을 빌리기는 했지만, 여론이 심상치 않자 윗선에서 사퇴를 권유했다는 게 정설입니다.

쫓겨난 추미애를 대신해 박범계 의원이 법무부 장관에 임명됩니다. 박범계 법무부 장관은 검찰 개혁 완수라는 그들만의 논리로 검경 수사권 조정, 공수처 설치, 6대 범죄 수사권 박탈 등으로 검찰은 기소만 담당하는 기구로 전락시키는 전략을 펼칩니다. 그 수많은 정권의 압박에도 사퇴하지 않던 윤 총장은 박범계의 전략을 "검찰 해체 시도"라 규정지으며 이를 막기 위해 총장직을 던지겠다는 의사를 주변 사람들에게 전합니다.

마침내 2021년 3월 4일 2년의 검찰총장 임기를 넉 달 정도 남긴 시점, 대선을 1년 앞둔 시점에 윤석열 검찰총장은 자진해서 사퇴했습니다. 그는 사퇴의 변에서 "이 나라를 지탱해 온 헌법정신과 법치 시스템이 파괴되고 있습니다. 그 피해는 고스란히 국민에게 돌아갈 것입니다. 저는 이 사회가 어렵게 쌓아 올린 정의와 상식이 무너지는 것을 더 이상 두고 볼 수 없습니다."[105]라고 말했습니다. 윤 총장의 사퇴로 정권과의 악연이 끝나는 것처럼 보였으나, 악연은 또다시 시작됐습니다. 주변의 기대처럼 대선 출마를 선언하며 문재인 정권

---

105) 허진무, 「윤석열 검찰총장 사의… "헌법정신과 법치 시스템 파괴됐다"」, 경향신문, 2021. 3. 4., https://m.khan.co.kr/national/court-law/article/202103041406001#c2b

과의 전쟁 2탄이 시작됐습니다.

윤석열 검찰총장의 대선 행보가 이어지자 여권에서는 엄청난 비난을 쏟아 냈습니다. 더불어민주당 정청래 의원은 "별거 없다. 정치적 역량도, 경제적 지식도 사회문화적 공감대도 없었다. 검찰총장직을 정치적 발판 삼으면 정치깡패"[106]라고 비난했지만, 과거에는 "윤 총장은 의리의 총대, 상남자, 문재인 대통령이 당연히 임명해야 한다."라며 윤석열을 치켜세웠던 모습과는 너무 대조적이어서 웃음이 나옵니다. 더불어민주당 윤호중 원내대표는 '무능한 집권 세력의 국민약탈을 막아야 한다'는 윤석열의 출마 선언을 두고 "본인 이야기 아니냐. 무능한 검사의 넋두리"라고 비난했습니다.

위 내용을 보면 윤석열 검찰총장이 무능한 검사, 출세욕에 젖어 정권을 수사한 것처럼 비난받고 있습니다. 그렇지만 이는 사실과 전혀 맞지 않습니다. 윤석열 검찰총장은 검사 시절 지위고하, 여야를 막론하고 법을 어긴 자들에게 엄정한 법의 칼날로 수사했던 사람입니다. 그 사례를 잠시 들여다보겠습니다.

윤석열 검찰총장은 1994년 사법연수원을 수료하고 1996년 강릉지청, 성남지청을 거쳐 1999년 서울중앙지검으로 자리를 옮깁니다. 이 당시 김대중 정부의 경찰 실세였던 박희원 치안감을 소환해 수사했고 하루 만에 자백을 받아 냈다고 합니다. 이때 유명한 일화가 있습니다. 박희원 치안감은 영장실질검사를 포기했는데 이는 윤석열이 철두철미하게 수집한 증거 때문이라고 합니다. 2003년에는 참여정부에서 노무현 대통령의 최측근인 안희정, 강금원[107]

---

106) 김명일, 「興 "무능한 검사의 넋두리" "한 시간 횡설수설" 尹 출마선언 맹공」, 조선일보, 2021. 6. 29., https://www.chosun.com/politics/politics_general/2021/06/29/WXDYCDUCHFBM5OHBJ525CNVZPM/

107) 노무현 전 대통령의 최측근으로 전북 부안 출신으로 부산에서 사업을 했음. 강금원은 지역 차별 때문에

을 구속했습니다. 살아 있는 권력에 법의 칼을 겨눈 강심장이었죠. 2006년에는 대검찰청 중앙수사부 검찰연구관으로 재직할 당시 현대자동차 비자금 사건을 맡아 정몽구 회장을 구속시켰습니다. 2017년 이재용 삼성전자 부회장을 뇌물공여 혐의로 구속영장을 청구했습니다. 2017년 중앙지검장으로 임명되고 갑질 논란의 미스터피자 정유현 회장을 구속했고, 2018년에는 이명박 전 대통령을 피의자 신분으로 조사했으며 이상득(이명박의 형)의 자택을 압수 수색하기도 했습니다. 2019년에는 양승태 대법원장을 포함한 법관 14명을 사법농단 관련 피의자로 기소했습니다.

윤석열 검찰총장과 관련된 미담을 몇 가지 소개해드립니다.

우리는 가끔 모임 자리에 나가면 회원들이 회비를 갹출하고 한 사람이 한꺼번에 카드로 결제하는 광경을 쉽게 경험할 수 있습니다. 윤석열은 과거 지인들과의 모임에서 위와 같은 상황이 되자 "이건 카드깡이다."라며 반대했고, 밥값을 각자 계산했다고 전해집니다.

또 현재 법무부 장관이자, 윤석열 검찰총장을 쫓아내는 데 결정타를 날린 박범계는 윤 총장과 사법연수원 동기입니다. 국회의원에 당선된 박범계를 축하하기 위해 마련된 식사자리에서 윤석열은 말없이 10분간 술만 홀짝홀짝 마시다 떠났다고 합니다. 이를 두고 박범계 의원은 SNS에 "국회의원과 현직 검사가 사석에서 함께 있으면 정치 중립성이 훼손될 수 있다는 당연한 사실을 나에게 깨우쳐 주었다."라며 윤석열에 대해 고마운 마음을 표시했습니다. 여권에서 윤

많은 고통을 겪던 시절, 노무현이 지역주의 타파하겠다는 정치 연설에 감명받아 2000년부터 노무현을 경제적으로 지원함. 청와대 뒤편에 있는 원두막에서 함께 담배를 피우기도 하고, 돼지고기도 구워 먹고, 노무현과 어깨동무를 하며 청와대 경내를 둘러볼 정도로 매우 친한 사이였음.

총장을 "대선에 출마하기 위해 준비하고 있었다. 권력에 눈이 멀었다."라고 비난하는 대목을 깨끗이 씻어 주는 일화입니다. 권력에 눈이 멀었다면 사법연수원 동기인 국회의원에게 빌붙어 친한 척이라도 해야 되는 거 아닙니까?

잘 읽어 보셨습니까? 윤석열 검찰총장이 정권에 충성하기 위해 정권의 입맛에 맞게 야당을 탄압하고, 돈 있는 피의자들을 '혐의없음'으로 불기소 처분한 것들이 보입니까? 헌법 앞에 누구나 평등하다는 생각으로 법에 따라 피의자들을 법의 심판대에 세운 것입니다. 윤석열은 자기의 유불리에 따라 수사를 결정한 것이 아닙니다. 정치 검사가 아닙니다. 살아 있는 권력, 재벌 등을 가리지 않고 수사한 법치주의자입니다.

윤석열 검찰총장이 서울중앙지검장으로 근무하면서 적폐 수사(더불어민주당 입장)를 지휘할 당시 여당과 청와대, 여당 지지자들은 환호와 박수를 보냈습니다. 그런데 조국 가족 범죄단의 비리가 조금씩 드러나고 윤석열 검찰총장이 법과 원칙에 따라 수사를 진행하자 입장이 180도 돌변했습니다. 윤석열 검찰총장을 추켜세웠던 여당 의원들은 언제 그랬냐는 듯 "정치 깡패, 배신자, 쿠데타, 반역자"라고 비난했습니다. 2022년 민주당 대선 후보로 확정된 이재명 후보는 과거 2017년 대선 경선 후보 시절 대선 공약 1호로 '윤석열 검사 검찰총장 임명'을 제시했습니다. 지금은 180도 달라졌습니다. 정권에 칼을 겨눈 배신자이기 때문입니다. 상황이 변했기 때문에 생각도 달라질 수 있다구요? 윤석열의 검찰 수사 스타일은 한결 같았습니다. 달라진 것은 진정한 적폐이면서 적폐 청산을 외친 그분들입니다. 그때그때 다른 정치인들의 입장에 국민은 실소를 금치 못하고 있습니다.

그런데도 불구하고 추미애는 법무부 장관이라는 감투로 윤석열 찍어 내기에 임기 1년을 허비합니다. 마침내 윤석열을 직무에서 배제시키고 징계까지 내립니다. 그렇게 칭찬했던 사람을 자기네 편을 수사한다는 이유로 쫓아내기에 급급했습니다. 마침내 이런 내로남불은 윤석열을 대선주자 반열에 올리고 지지율 1등이라는 보너스까지 안겨 줬습니다.

이제 대선이 얼마 남지 않았습니다. 여당에서는 준비되지 않은 철부지 대통령이 될 수도 있다며 윤 총장을 깎아내리지만, 국민의 삶을 책임진다는 명목으로 대출을 금지해 집값 폭등시키고, 세금 퍼 주기 포퓰리즘으로 국민을 '노예의 길'로 내모는 사람들보다는 낫다고 생각합니다. 여러분의 선택은 우리 삶과 직결됩니다. 우리 아이들의 미래와도 직결됩니다. 빚을 물려줄 것인가, 미래 먹거리를 물려줄 것인가. 생각해 봅시다. 거짓 선동으로 나라를 망가뜨리는 테러리스트들, 법치를 문란케 하고 독재 정치로 가려는 저들에게 표를 주시겠습니까?

법에 따라 감사하고 수사하면 반정부 인사

윤석열 전 검찰총장의 수난사를 앞서 살펴보았습니다. 윤 전 총장처럼 야권의 핍박을 받았던 최재형 전 감사원장에 대한 핍박을 살펴보겠습니다.

2020년 4·15총선에서 여권은 예상과는 달리 180석에 육박하는 국민의 지지를 받으며, 그 힘을 바탕으로 공수처법, 기업 규제 3법 등 여야 간 쟁점 법안들을 국회에서 통과시켰습니다. 여권이 추진하는 법안 대부분을 통과시킨 겁니다.

그런데 180석을 얻은 무소불위의 여권도 뜻대로 못 한 것이 있습니다. 윤석열 검찰총장 징계로 솎아내기, 월성 1호기 경제성 조작 감사 방해, 조국 전 법무부 장관 부인 정경심 무죄판결이었습니다.

이 중 문재인 정부의 에너지 전환 정책 일환이었던 월성 원전 1호기 조기폐쇄에 대한 감사는 문재인 정부 정책 집행에 법적 제동을 걸었다는 평가를 받고 있습니다. 감사원은 산업통상자원부와 한국수력원자력이 월성 1호기의 경제성을 조작해 조기 폐쇄를 결정했다는 감사 결과를 발표했습니다.

이 감사 결과는 에너지 전환 정책의 허점을 드러내는 동시에 검찰 수사로 이어졌습니다. 수세에 몰린 정부는 '삼중수소' 검출이라는 뉴스를 이슈화해서 월성 1호기 조기 폐쇄를 '경제성 조작'에서 '원전의 안전성' 문제로 프레임 전환을 시도했습니다. 하지만 '삼중수소' 이슈가 '경제성 조작'이라는 벽을 넘지 못하고 탈원전 정책 추진은 치명타를 입게 됩니다. 이 과정에서 최재형 전 감사원장은 여권과 정부의 외압에 맞서 소신 있는 감사를 추진했다는 평가를 받게 되고 윤석열 전 검찰총장과 함께 차기 대선후보군에 이름을 올리게 됩니다.

이후 최재형 전 감사원장에 대한 미담 사례가 쏟아집니다. 대표적으로 경기고 재학 시절 다리가 불편한 친구를 업고 매일 등하교 시킨 일화는 친구에 대한 우정과 의리, 그의 순수한 마음을 잘 볼 수 있는 사건으로 알려졌습니다. 이와 함께 최재형 전 감사원장이 감사원 내부 회의에서 "외부의 압력이나 회유에 순치된 감사원은 맛을 잃은 소금과 같다. 검은 것은 검다고, 흰 것은 희다고 말할 수 있어야 한다."[108]라고 말한 것에서 법과 원칙에 따른 진실과 정의를 추구하는 그의 열정이 담겨져 있는 것으로 알려져 국민들에게 좋은 인상을 심어 줬습니다.

대선 후보 반열에 오른 최재형 전 감사원장은 문재인 정부가 임명할 당시 "법관의 소신에 따라 사회적 약자와 소수자의 권익 보호, 국민의 기본권 보장을 위해 노력하는 법조인", 인사청문회 당시 여당 백혜련 최고위원은 "자료를 준비하다 보니 칭찬해드릴 부분이 많은 것 같다. 병역 명문가 집안."이라고 했고, 문 대통령은 임명장을 수여하며 "스스로 자신을 엄격히 관리해 오셨기 때문에 감사원장으로 아주 적격인 분"[109]이라고 했습니다. 여기서 잠깐. 백혜련 의원님은 앞의 윤 전 총장 인사청문회 때도 폭풍 칭찬으로 후보자들을 옹호

---

108) 최재훈, 「감사원장 "외부압력에 순치된 감사원은 맛 잃은 소금"」, 조선일보, 2020. 5. 8., https://www.chosun.com/site/data/html_dir/2020/05/08/2020050800060.html

109) 오대근, 「靑에서 '미담 제조기'라던 감사원장, 어쩌다 '제2의 윤석열' 됐나」, 한국일보, 2020. 7. 30., https://hankookilbo.com/News/Read/A2020073009180002128

하시더니 최재형 전 감사원장 때도 폭풍 칭찬을 하셨습니다. 어쩝니까? 이 두 분 모두 여당에서 키워 주신 분인데 다들 국민의힘으로 입당했습니다. 사람 볼 줄 모르시는 분입니다. 백혜련 의원에게 칭찬받으면 성공합니다. 저도 백혜련 의원 만나고 싶습니다.

자, 이랬던 인간들이 최재형 감사원장이 청와대에 사의를 표명하자 '탐욕', '배신', '친일파', '태극기 부대'라는 비난을 쏟아 냅니다.

먼저 안민석 더불어민주당 의원의 발언을 살펴보겠습니다. "어리석은 측근들에게 둘러싸여 망신당하는 탐욕의 벌거벗은 임금님이 생각난다."[110]라고 페이스북에서 최재형 전 감사원장을 비난했습니다. 그런데 이상합니다. 저는 안민석 의원의 비난이 왜 문재인 대통령에게 하는 말처럼 들릴까요. 어리석은 측근들은 이슬람 원리주의자들처럼 잘못된 정책에 귀 닫고 눈감은 간신들을 뜻하고, 그 간신들에게 둘러싸여 국민들을 삶을 '아작 내는' 정책만 만들어 내다가 국민들에게 욕만 먹는 벌거벗은 임금님은 문재인 대통령이라 생각합니다. 가짜 뉴스 대량 생산자 안민석 의원님, 대깨문들에게 문자 폭탄 안 맞았는지 궁금합니다.

더불어민주당 정청래 의원은 "바야흐로 배신의 계절인가?", "독립운동하다가 독립운동 노선이 맞지 않는다고 곧바로 친일파가 되면 되겠는가?"라며 "세상에서 제일 멍청한 사람이 평생 독립운동하다가 8월 14일 친일파로 돌아선 사람"[111]이라고 말했습니다. 정청래 의원에게 이 말 전해 주고 싶습니다. "독립

---

110) 장근욱, 「"연성 쿠데타" "배신의 계절" "기회주의자" 여권, 최재형 맹폭」, 조선일보, 2021. 6. 28., https://www.chosun.com/politics/assembly/2021/06/28/U2SCY3GQAVHZNPJDBNPP77LXQY/

111) 조현호, 「정청래, 최재형 감사원장 사퇴에 "꼴뚜기 뛰니 망둥이도"」, 미디어오늘, 2021. 6. 28., http://www.mediatoday.co.kr/news/articleView.html?idxno=214107

운동하신 분들은 모여서 조작질은 하지 않았습니다. 독립운동가들을 욕보이는 언행은 자제해 주십시오.", "국민들의 삶을 피폐하게 만들고 비과학적인 논리로 백년대계 에너지 정책을 급조하는 인간들과 독립운동가들을 같은 선상에서 비교하지 마십시오.", "지금은 2021년. 쇳덩이가 하늘을 날고, 우주여행이 눈앞의 현실이 됐습니다. 언제까지 반일反日 팔이 하실 건가요", "정청래 의원님은 대한민국보다는 조선 시대가 더 잘 어울립니다. 그 시절로 보내 드리고 싶습니다."라고요.

더불어민주당 송영길 대표는 윤석열 전 검찰총장과 최재형 전 감사원장의 대선 출마 행보에 "배신"이라며 비판했습니다. 송 대표는 "윤 전 총장은 파격적으로 승진해 서울중앙지검장·검찰총장으로 문재인 대통령에게 발탁돼 은혜를 입었다. 그런데 이를 배신하고 야당 대선 후보가 된다는 것은 도의상 맞지 않는 일"[112]이라고 했습니다. 그동안 더불어민주당에서는 '검찰 개혁'의 필요성을 말할 때 전 정권에서 검찰이 '정치 검찰(정권의 충견)'로 전락했기 때문이라고 했습니다. 송 대표의 말은 '윤 전 총장이 문 대통령의 은혜를 입었으니 정권의 충견 역할을 해야 하는데 안 했고, 오히려 정권을 배신하고 대선에까지 출마하려는 나쁜 사람'이라는 뜻 같습니다. 정권과 실세의 말을 잘 들으면 충신, 부정부패·비리 정권 실세들을 수사하면 역적이 되는 세상이 되어 버렸습니다.

송 대표는 최재형 전 원장에 대해서도 궤변을 늘어놓습니다. "최 원장은 사법연수원 13기로 1981년도에 사법시험에 합격한 분이다. 1980년 광주 시민을

---

112) 김승재, 「윤석열 파격 승진 시켰던 여당이… "尹, 가장 불공정하게 출세한 사람"」, 조선일보, 2021. 7 5., https://www.chosun.com/politics/2021/07/05/RYRZS3OUVBHTPEPOC63BDR5VFI/

학살하고 등장한 전두환 정부에서 사시에 합격해 판사가 된 분. 그때부터 지금까지 수많은 군사 독재에 저항하던 민주화 인사에 대해 판사로서 단 한 번의 양심적 판결이나 발언을 했는지 찾아볼 수 없다."[113]라고 비판했습니다. 전두환 정권에서 관료를 한 사람들은 1980년 광주에서 일어났던 일에 대해 광주 시민들을 옹호하는 말을 해야 하는지 궁금합니다. 만사광통萬事光通인가요. 민주화 인사에 대해 무죄를 선고해야 대통령 선거에 나올 수 있는 자격이 주어지고, 민주화 운동을 해야 대한민국 정치를 할 자격이 생기는지 궁금합니다. 저희 아버지가 1980년 광주에 사업차 들렀다가 주유소에서 "김대중 선생 만세"를 두 번 외쳐야 기름을 넣어 줄 수 있다는 말에 실제로 그렇게 외쳤다고 하셨던 일화가 생각납니다. 송 대표는 우리가 잘 알고 있는 학생운동을 했던 586의 대표적 인물입니다. 민주화·학생운동을 안 하면 마치 이 시대를 위한 변화에 참여하면 안 되는 것처럼 이야기합니다.

송영길 대표, 김민석, 장성민, 김성호, 이종걸, 우상호, 시인 박노해 등 10여 명은 광주민주화운동 20주년 기념식 전날 광주시 그랜드호텔 '새년천 NHK 룸 가라오케'에서 여종업원을 끼고 술자리를 가졌습니다. 이날은 광주민주화운동으로 돌아가신 분들과 가족의 고통을 함께한다는 뜻에서 광주 시민들도 음주가무를 삼가는 날입니다. 낮에는 망월동 묘지에서 슬픈 척, 밤에는 룸살롱 아가씨들을 끼고 술에 취해 흥겨운 음악에 흐느적흐느적. 송 대표가 자신의 민주화 운동 이력을 무기 삼아 최재형 전 감사원장에게 하는 비난이 궤변으로

---

113) 김영주, 「송영길의 내로남불?…"최재형? 전두환정부서 판사된 분"」, 글로벌E, 2021. 6. 28., http://www.globale.co.kr/news/articleView.html?idxno=13614

들리는 이유입니다.

정권에서 임명될 당시에는 적폐 수사와 검찰 개혁의 최고 적임자, 방산 비리와 4대강 비리를 캐낼 최고 적임자로 발탁됐던 윤석열과 최재형. 하지만 이 두 사람은 법과 원칙에 따라 맡은 본분에 최선을 다하는 과정에서 자기를 임명해 준 정권과 대립각을 세우게 됩니다. 자기가 맡은 일에 최선을 다했을 뿐인데 반정부 인사가 되어 버린 것이죠. 반정부 인사들이 이제는 대권후보가 되어 정권에 맞서는 투사가 되었습니다. 탈법치 정권의 자업자득입니다. 과거 지향, 탈과학의 감성적인 정책 추진, 포퓰리즘 정책에 맞서 싸우는 투사의 모습을 기대해 봅니다.

윤석열 출마 금지법
(최강 내로남불 최강욱)

　윤석열 전 검찰총장이 추미애 전 법무부 장관의 인민재판식 징계 추진과 '공수처 1호 수사 대상'이라는 사퇴 압박으로 대선후보 지지율 1위에 등극하고, 최재형 원장도 대선 출마를 고려하고 있다는 소식이 알려지자 여권에서는 이 두 사람의 대선 출마를 저지하기 위해 꼼수를 부리기 시작합니다.

　최강욱 열린민주당 의원이 유치원생 수준의 유치한 법을 발의합니다. 2020년 12월 11일 검사·판사가 사직 후 1년간 출마할 수 없도록 하는 검찰청법·법원조직법 개정안을 대표 발의했습니다. 현행 공직선거법에 따르면 공무원은 선거 90일 전에만 사직하면 선거에 출마할 수 있습니다. 그런데 딱 이 시점에 1년간 출마를 금지하는 건 누가 봐도 딱 윤석열, 최재형을 겨냥한 것이라는 걸 알 수 있습니다. 이 법이 통과되면 임기가 2021년 7월까지인 윤석열, 2022년 1월인 최재형은 대통령 선거에 출마할 수가 없습니다.
　제가 예전에 자주 듣던 라디오 프로그램이 있었는데 다소 정권에 호의적이고, 야당에 편파적으로 불리한 방송을 한다는 느낌을 받은 적이 있습니다. KBS 아침 라디오 '최강욱의 최강시사'였습니다. 저는 최강욱이 뭐 하는 사람인지 몰랐습니다. 그런데 어느 날 진행자가 교체되고 그 진행자가 청와대로 옮겨 갔다고 했습니다. 알고 보니 조국과 절친이며 변호사 출신이더군요. 정권에 쓴 소리는 안 하고 야당 관련자들 나오면 불편한 질문 던지고, 여당 관계자 나오면 정권 치적 홍보하는 질문 주고받던 느낌이 아직도 남아 있습니다. 2017년 조국 아들에게 최강욱의 법무법인 ○○에서 인턴 활동을 한 것처럼 허위 인턴 증명서를 발급해 주기도 했습니다. 이 허위 인턴 증명서로 조국 아들은 고려대 및 연세대 대학원 정치외교학과 입시에 합격합니다. 청와대 공직기강비서관으로 간 이유가 있었군요. 당시 조국은 문 정권의 최고 실세 민정 수석이었습니다.

이렇게 최강욱은 법조인 출신, 라디오 방송 진행자, 청와대 고위공직자 출신 국회의원입니다. 최강욱은 "고위공직자(검사·판사)들의 수사·기소·재판의 중립성을 확보하기 위해"이 법을 발의했다고 설명했습니다. 그런데 왜 하필 검사·판사만 이 법의 적용을 받아야 하는지 이해할 수 없습니다. 법을 공부했다는 사람이 헌법의 기본 가치인 '직업 선택의 자유'를 침해하고, '평등권'마저 비례 원칙을 위반하는 그런 법안을 발의했다는 게 의아할 따름입니다.

본인은 정작 청와대의 고위공직자였습니다. 청와대는 엄연히 행정부, 국회의원은 입법부 소속입니다. 행정부(청와대) 소속 공무원이 업무처리 할 때 입법부(국회)의 눈치를 보면 안 됩니다. 삼권분립 정신에 따라 서로를 감시하고 견제해야 합니다. 최강욱의 논리라면, 행정 업무의 공정성과 중립을 위해 청와대 행정 업무를 맡는 고위 공직자도 선거 출마를 제한해야 합니다. 그런 본인이 청와대 고위 공직자였으면서 선출직 국회의원에 입후보해 당선한 것은 어불성

설입니다. 그것도 비리 혐의를 받고 재판 중이었고, 동시에 청와대를 사직한 지 한 달 만에 출마해서 당선됐습니다. 국회의원보다는 코미디언이 더 어울리는데 아직 국회의원하고 계시는지 궁금합니다. 이런 학급회의 보다 못한 규칙(법)을 만들자는 데 동의한 의원들도 있습니다. 더불어민주당 김종민, 신동근, 김용민, 김남국 의원입니다. 정말 끼리끼리 노는군요.

공직자의 공정성과 중립성이 확보되어야 한다는 최강욱 의원의 논리를 빌리자면 본인이 했던 라디오 방송의 진행자도 공직선거 출마에 제한을 두어야 합니다. 라디오 진행자가 여야 정치인들을 인터뷰하면서 선출직 선거에 나가기 위해 여권에 유리하고 야권에 불리한 질문을 의도적으로 한다든지, 정권의 정책 효과를 과장해서 홍보하는 발언을 할 수 있는 여지가 있지 않겠습니까. 최강욱 의원의 논리라면 라디오 방송 진행자 출신인 본인도 선거에 나와서는 안됐습니다.

최강욱 의원의 법안 발의가 국민들로부터 설득력을 얻으려면 다음 대선이 아니라 차기 2024년 4월 총선에서부터 적용해야 한다고 했었어야 했습니다. 요렇게 하면 '찌질하게 윤석열 전 총장 겁나서 이런 졸렬한 법을 만들었다'는 오해를 피할 수 있습니다. 또 검사·판사에 국한된 법이 아니라 고위공직자 출신들은 모두 적용 대상이 되어야 했습니다. 총선(국회의원 선거) 때만 되면 청와대를 사직하는 행정 관료들 얼마나 많습니까? 청와대가 국회의원·자치단체장 사관학교가 아니잖습니까?

최강욱과 상부상조(?)한 조국이 이 상황에서 가만히 있진 않았습니다. 조국은 '윤석열 출마 방지법'이라는 오해를 불러일으킨 이 법안 발의에 '최재형 전 감사원장'까지 1 + 1으로 소환합니다.

그는 SNS에서 "조만간 최재형 감사원장도 출마한다는 보도가 나온다. 현행법에 따르면 대법원장, 대법관, 헌법재판소장, 헌법재판관, 감사원장, 공수처장, 검찰총장, 경찰청장, 국가수사본부장 등도 퇴직 90일이면 출마 가능하다. 이래도 되는 것일까. 출마가 이렇게 쉽게 허용되면, 재판 시 판단에 영향을 줄 수밖에 없다. 어느 당으로 출마할 것인지, 어느 정치 세력과 손잡을 것인지 궁리하며 업무를 결정할 것이 분명하기 때문. 이미 생생한 악례惡例를 보고 있지 않은가?"라고 썼습니다.

내로남불의 DNA를 타고난 조국입니다. 가장 생생한 악례惡例는 조국의 절친 최강욱 의원 아닌가요? 최재형과 윤석열은 대선 출마하려고 문재인 정권과 대립각을 세운 게 아니라 조국과 탈원전을 법과 원리 원칙에 따라 처리하다 보니 정권과 각을 세운 것이고, 정권의 민낯이 드러나자 두 사람을 억압했기 때문에 국민들이 윤석열, 최재형을 대한민국의 희망으로 선택한 것입니다. 두 사람을 정치적 거물로 키운 것은 정권을 잡은 실세들입니다. 그중 1등 공신은 조국이라고 확신합니다. 조국 씨는 SNS에 이런 말도 안 되는 잡소리를 쓸 것이 아니라 반성부터 하는 게 우선이라 생각됩니다.

최강욱, 조국 씨는 이런 사실을 알고 있나요? 황운하는 울산지방경찰청장 재직시절에 울산시장 선거에 개입해 유력한 후보자였던 김기현 전 울산시장(현 국민의힘 의원)을 표적 수사한 혐의로 재판에 넘겨졌습니다. 전 울산시장 표적 수사로 문재인 대통령의 30년지기 친구인 송철호 씨는 울산시장에 당선됐고, 김기현 전 울산시장은 낙선했습니다.

이후 황운하 씨는 대전지방경찰청장으로 영전하고 2020년 더불어민주당의 공천을 받아 국회의원에 출마해 당선됐습니다. '황운하는 김기현을 수사해서

울산시장선거에 부정적인 영향을 미쳐 김기현을 선거에서 떨어뜨리고, 이 반사이익으로 문재인의 30년 친구 송철호는 울산시장에 당선된다. 그리고 그 수사를 지휘했던 황운하는 국회의원 공천을 받아 당선된다?' 냄새는 많이 나지만 제가 입증할 방법이 없으니 더 이상 말하지 않겠습니다. 붙잡혀 갈 수도 있으니까요. 법원을 믿습니다. 원하지 않는 판결이 나와도 대깨문들처럼 '사법 개혁'을 짖어 대지 않겠습니다. 사법부를 믿으니까요.

2019년 황운하는 총선에 출마하기 위해 명예퇴직을 신청했지만 위 사건으로 재판을 받고 있었기에 받아들여지지 않았습니다. 이듬해 다시 의원면직 신청을 했지만, 공무원비위사건 처리 규정에 따라 수사 및 기소는 퇴직 제한 사유에 해당해 거부됐습니다.

결국 황운하는 경찰공무원 신분으로 국회의원에 출마해서 당선된 것[114]입니다. 이렇게 법을 어겨가며 총선에 출마하는 사람을 더불어민주당에서 받아주는 것이 희한한 일이네요. 공정과 정의를 부르짖던 사람들이 공무원 신분의 고위공직자를 선거에 출마시키는 것은 앞뒤가 맞지 않는 이야기입니다.

윤석열도 검찰총장 하면서, 최재형도 감사원장 하면서 출마해도 될 뻔했습니다.

더불어민주당(동작을) 이수진 의원은 2020년 4.15 총선 출마해 당선된 사람입니다. 이분은 2020년 1월까지 수원지방법원 부장판사를 맡은 이력이 있습니다. 최강욱 의원의 이 법이 만약 4.15 총선에 적용됐다면 이수진 의원은 금배

---

114) 대법원 당선 무효 소송에서 의원직은 유지하나, 차후 울산시장 선거 개입 혐의가 징역 또는 금고형 이상이 확정되면 의원직을 상실함.

지를 못 달았겠죠.

황운하, 이수진 이 두 분부터 설명하고 넘어가야 이 법안 발의가 설득력을 얻을 수 있겠습니다. 설명을 못 하시겠다면 저는 최강욱 의원의 이 법안을 '민주당 후보 대통령 당선법안'이라 명명하겠습니다.

러시아, 북한과 같은 공산당에서는 장기 집권과 정적 탄압을 위해 독침을 사용하기도 합니다. 때로는 고사포로 공개처형도 합니다. 이 법안이 통과되지 않더라도 머지않아 우리 대한민국도 이런 광경이 벌어질 수도 있습니다. 문득 이런 생각이 듭니다. 이 책을 쓰고 무사할 수 있을지 걱정됩니다. 정권에 반기를 들면 법치를 가장해 정적政敵을 억누른다.

제8장

방역

똑같이 방역 수칙의 위법 경계에 있지만
정권 비판 집회는 '살인마'
정권 만들어 준 민폐노총엔 '제발 자제해 달라'고 애원

방역도 '내로남불'

2020년 8월 광화문. 사랑제일교회 신도 및 보수 세력들이 참가한 광복절 기념집회가 열렸습니다. 광복절 기념집회이긴 했으나 주목적은 '문재인 정권 규탄'의 성격이 짙었습니다. 당시 서울시장이었던 박원순은 집회 금지명령을 발동했으나 법원은 집행정지 결정을 내림으로써 집회가 일부 장소에서 개최될 수 있었습니다. 코로나 대유행 우려에도 불구하고 법원의 집회 허가로 진행된 집회에 대해 문재인 대통령은 다음 날 아침 "일부 교회가 국가 방역을 무너뜨리려 하고 있으며 이는 용서할 수 없는 행위. 필요하다면 강제적 수단을 사용해서라도 이를 엄단하겠다."[115]라고 했습니다. 대구 및 신천지에서 집단 발병했던 코로나가 봄을 지나 여름쯤 소강상태에 접어들어 있었던 터라 문 대통령이 이런 발언을 한 것이 잘못된 것은 아닙니다. 그런데 문 대통령과 방역 당국의 위와 같은 강경하고 단호한 조치는 사안마다 달라지는 양상을 보였습니다.

---

115) 정혜정, 「文 "일부 교회, 국가방역에 명백한 도전… 용서할 수 없다"」, 중앙일보, 2020. 8. 16., https://www.joongang.co.kr/article/23849815#home

1. 2020년 8월 15일 광복절 집회

집회 다음 날, 보건복지부는 사랑제일교회 담임목사 전광훈을 감염병예방법 위반 혐의로 고발했습니다. 문재인 대통령의 "국가 방역 시스템에 대한 명백한 도전, 국민 생명을 위협하는 용서할 수 없는 행위"라는 비판이 있은 지 세 시간 만이었습니다. 집회 사흘 뒤 2020년 8월 18일 첫 확진자가 발생했습니다. 경찰은 CCTV를 통해 참가자 색출에 나섰고, 통신사에 협조를 요청해 인근 기지국에 30분 이상 머문 사람들의 정보를 조회해 집회 참가자들의 동선을 추적했습니다. 심지어 개인 정보인 신용 카드 사용 내역을 동원하기도 했습니다. 8월 21일에는 집회 주최자인 전광훈 목사의 사랑제일교회를 압수 수색하기도 했습니다. 9월 2일에는 전광훈 목사의 사택 외 4곳을 추가 압수 수색 하기도 했습니다. 정부는 집회 참가자 전원에게 전수 검사를 받으라 했고, 650여 명이 확진됐습니다. 대규모 확진자가 발생하자 노영민 청와대 비서실장은 국정감사장에서 집회 참가자들을 "살인자"라고 고함질렀습니다.

코로나 확산 방지를 위해 정부는 당시 집회에 관련된 인물들을 법적 테두리 안에서 탈탈 털었습니다. 통신 정보 조회, 신용 카드 사용 내역, CCTV 등을 동원해 참가자들의 동선 추적에 최선을 다하는 모습을 보여 줬습니다. 모든 방역 조시기 일시천리로 진행되는 모습에서 정부의 치밀함과 방역 의지를 볼 수 있었습니다. 일부 참가자들의 비협조적인 행동 때문에 청와대 비서실장은 그들을 "살인마"라고까지 했습니다. 그런데 정부의 이런 모습은 이때뿐이었습니다.

2. 좌파 집회에서는 맥 빠지는 코로나바이러스?

2020년 7월 故 박원순 서울시장의 장례식이 서울시장葬으로 진행됐습니다. 시청 앞 광장에는 분향소가 설치됐고 수많은 시민들이 다녀갔습니다. 서울시와 방역 당국은 수많은 인파가 조문했지만 제지하거나 방역법 위반으로 고발한 사실이 없습니다. 국민의힘 하태경 의원이 "서울시청 분향소 설치는 감염병 예방법을 위반했다."라고 서울시에 해명을 요구하자, 서울시는 "제례(장례나 예배)는 집시법상 집회가 아니라 적법하다."라고 답했습니다. 이와 비슷하게 2021년 2월 故 백기완 선생의 영결식이 서울 광장에서 진행될 때 약 1,000여 명이 운집했습니다. 그때 경찰은 "관혼상제는 집회 시위법에 해당되지 않는다. 운구 행렬은 집회에 해당하지 않는다."라며 아무런 조치를 취하지 않았습니다. 관혼상제인 결혼식 참가 인원을 제한하며 예비 신혼부부들의 발을 동동 구르게 했던 정책은 어떻게 설명하시렵니까?

김명일, 「보수단체 집회는 원천봉쇄, 백기완 영결식엔 '차량통제'」, 한국경제, 2021. 2. 19.

3. 2020년 10월 3일
개천절 집회에 등장한 '재인산성'

2020년 10월 3일 개천절. 문재인 정권 규탄 집회 당시 경찰은 경찰버스로 4㎞에 달하는 차벽을 세워 시위를 원천 봉쇄했습니다. 이명박 정권이 예전 광우병 선동 집회를 차단하기 위해 세웠던 차벽을 '명박산성'이라고 조롱하고 비판하더니 이제는 그들이 그 모습을 그대로 답습했습니다. 독재와 탄압, 반민주의 상징이었던 차벽이 쩐 민주 정부라고 자처하는 분들이 사용할 줄을 몰랐습니다. 국민들은 이들 두고 '재인산성'이라고 칭했습니다. 이것뿐만이 아닙니다. 지하철을 이른 아침부터 폐쇄했습니다. 지하철이 역에 서지 않고 지나치는 조치로 많은 시민들이 불편을 겪기도 했습니다.

4. 민주노총 집회에는 총리가 직접 가서
자제 부탁, 그러나 퇴짜

2020년 8월 15일 광복절 집회 후 약 1년 후 민주노총이 2021년 7월 3일 노동법 전면 개정을 요구하며 서울 종로에서 '전국노동자대회'를 개최했습니다. 앞서 보았던 'CCTV 동원', '신용 카드 사용 내역 조회', '기지국 통신 기록 조회' 등이 있었을까요. 없었습니다. 불법 집회에 대한 공권력 행사를 책임지는 경찰과 경찰을 관리하는 행정부는 무기력하기 짝이 없었습니다. 집회를 신청한 여의대로가 차벽으로 막히자 장소를 바꿔 집회를 열었습니다. 불법시위도 서슴지 않는 민주노총의 습성을 알고 있는 경찰은 장소가 바뀔 수 있다는 것을 충분히 예상할 수 있었는데도 소극적이었습니다.

민주노총의 시위를 막아 보고자 김부겸 국무총리가 민주노총 위원장을 방문해 '시위 자제'를 부탁했으나 민주노총 위원장 면전에서 거절당하기도 했습니다. 국가 공권력 위에 군림하는 민주노총의 위세가 대단합니다. 불법시위 주최자에게 엄포는 놓지 못할망정 부탁이라니 한숨만 나옵니다. "불법 저지르지 말고 한 번만 도와달라."라고 사정하는 지도자가 어찌 국무총리까지 됐을까요. 정부는 이 시위 이후에 민주노총 시위 참가자에 대한 코로나 전수 검사 대응은 전혀 하지 않았습니다. 현 정권을 비판하는 집회와는 대응 차원이 확연히 달랐습니다.

2020년 8월 광복절 집회 당시 전국 확진자 수는 75명, 2021년 7월 민주노총 집회 당시 전국 확진자 759명. 이 집회를 강행한 민주노총에 대해 노영민 전 청와대 비서실장은 무엇이라 답할 것인지 궁금합니다. 보수세력에 대해 '살인마'라고 했으니 민폐노총의 이번 집회는 '희대의 광적 살인마 집단'이 어울릴 것 같습니다.

5. 이낙연 대표의 노무현 대통령 묘 참배
(너희는 추석때 집콕, 나는 노무현 묘소로)

2020년 10월 1일 추석, 더불어민주당 이낙연 대표는 김해 봉하마을을 찾아 노무현 전 대통령의 묘소를 참배하고 권양숙 여사를 만났습니다. 권 여사를 만난 자리에서 이낙연 대표는 "코로나19로 어려운 민생을 챙기느라 오늘에야 인사드린다."라고 말했습니다. 이때는 50일 전에 있었던 광화문 집회에서 강력한 법적 조치를 운운하며 방역의 고삐를 조이던 시국이었습니다.

이낙연 더불어민주당 대표는 2020년 9월 6일 코로나19 재확산에 따른 2차 긴급재난지원금 시급 관련 고위 당정협의회에서 코로나19 재확산 우려를 제기하면서 "여러 사정이 있겠지만 이동을 자제하는 추석이 됐으면 싶다."[116]라고 말했습니다.

이낙연 대표가 노무현 전 대통령의 묘역을 참배한 시기는 온 국민이 코로나 방역에 하나가 되어 동참하던 시기였습니다. 정부는 코로나 재확산을 막기 위해 인구 이동을 최소화하는 방침을 세웠습니다. 국립현충원을 비롯한 전국 국립묘지는 아예 문을 닫도록 했습니다. 그런데 이낙연 대표는 이런 정부의 방침을 비웃기라도 하듯 김해 봉하마을로 내려갔습니다. 법을 위반한 것은 아닙니다만, 두 달 전까지 만인지상 일인지하의 위치에 있었던 국무총리였고, 여당의 당 대표라는 사람이 '국민들은 방콕으로 명절을 보내라'고 메시지를 보내놓고선 본인은 정치적 입지를 공고히 하기 위해 '정치 성묘'를 다녀왔습니다. 정부의 방역 지침을 준수하기 위해 이동을 자제했던 국민들의 처지는 생각하고 이런 행동을 했는지 묻고 싶습니다.

180석이라는 숫자가 이리도 무섭습니다. 앞으로는 이러지 맙시다. 국민들을 뭘로 아는 건지….

---

116) 김유진, 「정세균·이낙연 "추석 고향 방문 자제해달라"」, 경향신문, 2020. 9. 6., https://m.khan.co.kr/national/health-welfare/article/202009062100015#c2b

6. 윤미향 와인파티
(주인공 없는 생일파티에서 축배를)

앞서 '위안부 할머니들의 등골브레이커 윤미향'이라는 글에서 길원옥 할머니가 등장합니다. 윤미향은 치매를 앓고 있는 길원옥 할머니의 재산 7920만 원을 정의연에 기부·증여하게 한 의혹도 받고 있습니다.

2020년 12월 11일 윤미향은 지인들과 와인잔을 들고 있는 사진을 자신의 SNS에 올렸다 삭제했습니다. 윤미향 의원의 이 행동은 두 가지 의혹을 불러일으켰습니다. 첫째, 코로나 일일 확진자가 천명을 넘는 초유의 상황이라 누구보다 솔선수범해야 할 국회의원이 지인들과 와인 파티를 열었던 점. 둘째, 위안부 성금 유용 혐의로 불구속기소 된 상황에서 주인공(길원옥 할머니)도 없는 생일 파티를 열었던 점.

"길 할머니 생신을 할머니 빈자리 가슴에 새기며 우리끼리 만나 축하하고 건강기원. 꿈 이야기들 나누며 식사."[117]

길원옥 할머니는 엄연히 생존해 있습니다. 그런데 망자의 제삿날처럼 할머니를 기억하기 위해 생일잔치를 벌였다고 합니다. 길원옥 할머니 가족들은 생일 관련 윤미향 의원의 어떠한 연락도 받은 적이 없다고 언론에 알려왔습니다. 이러니 인터넷에서는 "위안부 소녀상은 윤미향 비즈니스 소품"이라는 말이 나오는 겁니다. 국민들은 정부가 국민들에게 모임을 자제해 달라고 해서 집에서 배달 음식 시켜 먹고, 연말 모임 다 취소하고 가족들과 보내고 있는데 이게 뭔 해괴망측한 일인지 모르겠습니다.

---

117) 최연진, 「생신축하 모임? 길할머니 측 "전화도 안 왔다"」, 조선일보, 2020. 12. 15., https://www.chosun.com/politics/politics_general/2020/12/15/NGN5WHJ2PNGQJDYAQ6BOWLJTBQ/

그 모임에서 먹었던 와인 값은 어디에서 나온 돈일까요? 혹시 할머니들 주머니? 윤미향이 구속되면 위안부 소녀상 옆에 위안부 소녀들의 주머니에 손을 넣는 윤미향 동상을 건립하자는 웃지 못할 주장도 나오고 있습니다.

김지은, 「""잠시 멈춰달라" 윤미향이 와인파티 참석한 날 올린 글」, 국민일보, 2020. 12. 14.

7. 최재성 정무 수석
(동네 조기 축구 회원보다 가치 없는 국회의원)

2020년 11월 추미애 법무부 장관과 윤석열 검찰총장의 갈등이 깊던 시기에 국민의힘 초선 의원들은 이 문제에 대한 문재인 대통령의 답을 듣기 위해 청와대 앞에서 릴레이 1인 시위를 했습니다. 1인 시위에 참여했던 국민의힘 초선 의원들은 최재성 정무 수석에게 면담을 요청했으나 '코로나 방역 수칙'을 이유로 거절당했습니다.

그런데 최재성 정무 수석은 과거 지역구였던 송파구의 조기 축구 모임에 참석해 경기까지 뛰었습니다. 며칠 전 청와대는 수도권 거리두기 2단계 방침에 따라 전 직원을 대상으로 모임과 행사를 취소하도록 했다고 밝혔습니다. 하지만 최 수석은 지역구 관리를 위해 조기 축구 회원들과는 소통하면서, 영하의 날씨에 사시나무 떨듯 떨고 있는 국회의원들은 코로나바이러스 취급하며 면담을 거절했습니다. 정무 수석이란 자리는 지역구에 가서 조기 축구회원들과 소통하라고 있는 자리가 아닙니다. 행정부와 입법부(국회)의 업무 소통, 특히 대對 국회 관계를 원만히 만드는 역할을 합니다. 최 수석의 이런 행동은 공직자의 본분을 망각한 처사입니다.

최 수석이 국민의힘 초선 의원들의 면담을 거절할 만한 상당한 이유가 있었습니다. 초선 의원들은 추미애 법무부 장관이 윤석열 검찰총장을 해임하는 이유, 월성 1호기 경제성 조작 의혹, 청와대의 울산시장 선거 개입 의혹에 대한 문 대통령의 답변을 요구했습니다. 위 세 가지 질문에 대한 답을 제대로 할 수 없었기 때문입니다. 의혹이 사실로 드러나고 있었기 때문에 만만한 코로나를 핑계로 활용할 수밖에 없었을 겁니다. 홍준표 국민의힘 대선 경선 후보의 명언이 생각납니다. "핑계로 성공한 사람은 '김건모'밖에 없다." 핑계 대면 망합니다. 권력이 오만해지면 민심은 떠납니다.

제9장

교육 입시·인사 행정·일자리

반미反美를 외쳤던 운동권 세력은
권력을 쥐더니 자기 새끼들은 미국 유학보내고,

자사고, 특목고 폐지하자고 핏대 세우던 좌파 교육감들은
자기 새끼는 졸업시키고, 남의 집 자식들은
일반고에만 가도록 자사고 특목고 폐지
내 자식은 되고, 네 자식은 안 돼

내가 하면 정식 낙하산
남이 하면 불법 낙하산

내가 하면 체크리스트
남이 하면 블랙리스트

'자율형 사립고, 외국어고, 과학고'라는 말을 들으면 어떤 생각이 드시나요. 누구나 가고 싶고, 희망하지만 들어가기 힘든 곳. 성적으로 뽑기 때문입니다. 성적순으로 줄을 세워 학생들을 선발합니다. '자율형 사립고(이하 자사고)'와 '특수목적고(이하 특목고)'에 학부모들이 열광하고 학생들이 줄을 서는 이유는 무엇일까요? 명문 대학에 들어갈 확률이 높아지기 때문입니다.

자사고와 특목고는 귀족 학교라는 비판이 있습니다. 비싼 수업료 때문이죠. 부모의 재력이 뒷받침돼야 한다는 의미입니다. 부모의 재력이 자녀에게 좋은 학벌을 물려주는 통로가 될 수 있다는 비판이 나올법합니다. 이에 문재인 대통령은 대선 공약으로 2025년까지 특목고, 자사고 폐지를 약속했습니다.

문 대통령의 당선과 함께 지방 교육을 함께 이끌어 가는 진보 교육감들도 자사고 특목고 폐지에 한 목소리를 냈습니다. 그들은 부모의 재력이 학생들의 학교를 결정짓는 일, 즉 학벌 대물림이 심화된다는 부작용을 이유로 특목고와 자사고 폐지를 주장해 왔습니다. 또 다른 이유는 특목고가 학교 설립 목적에 맞지 않는 교육을 한다는 것입니다. 과학고를 졸업하고 법대를 진학하는 경우, 외고를 졸업하고 의대에 진학하는 경우가 그렇습니다. 그런데 여기서 교육 '내로남불' 논란이 발생합니다. 자사고와 특목고의 폐지를 주장하고 추진하는 사람들의 자녀들이 자사고와 특목고를 졸업한 것입니다.

사례를 살펴보겠습니다.

문재인 정부가 임명한 것은 아니지만, 문재인 정부와 코드가 비슷한 좌파 교육감 자녀들의 특목고, 자사고 진학 행태를 보여 드리겠습니다. 조희연 서울시 교육감 자녀는 두 아들이 외고를 졸업했습니다. 장휘국 광주 교육감의 아들은 과학고를 졸업하고 법대에 진학했습니다. 장만채 전 전남 교육감의 아들은 외고를 졸업하고 의대에 진학했습니다.

문재인 대통령의 딸은 부산 외고를 졸업했습니다. 조국의 딸은 한영외고를 졸업하고 부산대학교 의학전문대학원에 진학했습니다. 이낙연 전 국무총리의 자녀는 강남 8학군에 속한 서울고를 졸업했습니다. 김상조 전 청와대 정책실장의 아들은 강남 8학군 중대 사대부고를 졸업했습니다. 문재인 정부의 장관 18명 중 12명의 자녀가 자사고, 특목고, 강남 8학군을 졸업했습니다(2019년 7월 기준). 얼마 전에 알게 된 사실입니다. 김부겸 국무총리는 과거 2010년 1월 18일 외고 폐지 내용을 담은 초·중등교육법 일부개정법률안 공동발의에 이름을 올렸는데, 그해 김 총리의 셋째딸이 경기 외고에 입학했습니다. 이미 졸업했겠지요. 임대료 상한제 법률안을 발의하면서 자기 집 월세 올렸던 박주민 의원이 떠오릅니다. 정말 하숨만 나오는 행태를 보이는 이런 내로남불들 어찌하면 좋을까요.

김승환 전북 교육감의 자녀는 한 학기에 수천만 원을 지불하는 영국 사립교육기관에 다니며 입시 준비를 거쳐 케임브리지대에 입학했습니다. 자기 자녀는 좋은 대학에 보내기 위해 고액 해외 유학까지 보내면서 남의 자녀들이 가고 싶어 하는 자사고는 폐지하려 한다는 비난을 받았습니다. 그런데 김 교육감의 변명이 기가 찹니다. "자식이 케임브리지 간다는데 말리냐."라고 말했습니다. 자기 자식은 학교 선택의 자유를 주면서 왜 남의 자식에게는 학교 선택의 자유를 박탈하는지 묻고 싶습니다. 남의 자식 가는 건 왜 말립니까. 김 교육감은 전북의 상산고를 폐지하려고 했습니다. 남의 자식들이 가고 싶어 하는 상산고는 못 가게 하려고 합니다. 자기 자식이 가고 싶은 학교에 진학하는 것은 문제 될 것이 없는 저 사람의 뇌 구조가 정말 궁금합니다. 북쪽의 돼지가 생각납니다. 평등한 세상을 외치며, 인민들에게는 배급 실시하고 본인들은 호의호식하는 사람들.

강준만 전북대학교 신문방송학과 교수는 그의 저서 『입시전쟁 잔혹사』(인물과사상사, 2009)에서 "한국 사회에서 가장 치열한 계급투쟁은 노동운동이 아니라 대학입시 전쟁"[118]이라고 했습니다. 이 계급투쟁에서 승리하느냐 실패하느냐에 따라 인생의 성공이 좌우되기도 합니다. 가난하고 힘들게 살지만 성실한 자세로 열심히 공부한 학생들에게 특목고와 자사고는 계급투쟁을 통해 신분을 상승시킬 수 있는 희망의 사다리였습니다. 그 희망의 사다리를 타고 계급투쟁에서 승리의 깃발을 꽂은 내로남불들은 아무도 그 사다리에 오르지 못하게 사다리에 박힌 못을 하나씩 뽑고 있습니다. 머지 않아 사다리는 해체될 겁니다.

조선 시대 지식을 독점하며 그들만의 권력 유지를 당연시했던 성리학자들과 왕들은 백성들이 그들의 학문적 아성에 도전하지 못하도록 했습니다. 천민을 제외한 양인부터 과거에 응시할 수 있는 기회를 부여했지만, 그들은 비싼 책을

---

118) 강준만, 『입시전쟁 잔혹사』(인물과 사상사, 2009), 294.

살 돈이 없었고, 공부할 교육기관이 없어 과거에 응시할 수 없었습니다. 허울 뿐인 평등이었죠. 신분제의 최정점에 서 있는 자들이 신분 상승을 꾀하려는 서민들의 간절한 희망마저 꺾어 버린 것입니다. 지금은 책도 마음껏 살 수 있고, 공부할 교육기관도 넘쳐납니다. 그런데 많은 학생들이 가고 싶어 하는 학교는 문을 닫고 있습니다.

모든 부모들의 공통적인 생각이 있습니다. '내 자식은 나보다 더 잘 살아야 한다.' 이렇게 생각하지 않는 부모는 없을 겁니다. 내 자식이 나보다 못한 삶을 살기 바라는 부모는 이 세상에 존재하지 않습니다. 이런 인간의 기본 심리를 규제로 막으려 하니 문제가 생기는 겁니다. 자사고, 특목고의 폐지를 외치며, 본인들은 인간 본연의 심리에 충실하며 살아왔습니다. 그런 좋은 혜택을 자기 자녀들에게는 실컷 맛보게 해 놓고, 이제는 규제를 통해 다른 사람들은 구경조차 할 수 없도록 만들고 있습니다. 어떤 사람이 볼일이 급해서 화장실에 가서 볼일 다 보고 화장실에 남아 있는 화장지를 모두 풀어헤쳐 변기통에 집어넣고 물을 내렸습니다. 당신은 그 화장실을 이용하기 위해 줄을 서 있습니다. 앞 사람이 저지른 그 악행을 알게 된 당신의 심정은? GSGG.

소수를 때려서 다수의 지지를 얻는 전략이 아직까지는 잘 먹혀들어 가고 있습니다. 이런 예는 멀리 있지 않습니다. 사업가(기업)를 때려잡아서, 노동자들의 인기를 얻는 전략을 쉽게 볼 수 있습니다. 좌파들은 이런 점을 노리는 겁니다. 인류의 역사와 인간의 삶을 퇴보시키더라도 권력을 잡고 유지할 수만 있다면 못 할 짓이 없는 사람들입니다. 특목고와 자사고를 가는 소수의 학생들과 부모들을 때려잡아서 못가거나 안 가는 학생과 학부모의 인기 또는 표를 얻을 수 있는 전략이 아주 유효하게 쓰이고 있습니다. 아마 이 '내로남불'들은 자동차가 비싸서 소수들만 탈 수 있고, 다수는 살 수 없는 상황이며, 자동차로 인해 몇 사람이 다치는 사례가 나온다면, 자동차 공장을 없애자고 주장할 사람들입니다.

경제적 여유가 있어서 더 좋은 교육을 받을 수 있도록 해야 돈이 돌아 경제도 활성화되고, 그 교육을 받은 아이들이 미래 인류에 기여할 수 있는 환경을 마련해 주는 것이 국가가 할 일입니다. 전체주의에서나 볼 수 있는 하향 평준화를 국가에서 장려하는 일은 국가 교육을 망치는 일입니다. 좋은 학교 나와서 자녀들도 좋은 학교 보내려고 표창장, 스펙 위조하는 인간들을 보면 자사고, 특목고 폐지가 정답이지만 우리 사회가 전체가 그렇게 비양심적이지는 않습니다.

과거 한때는 꽤나 양심적이었던 분의 발언을 소개해드리겠습니다.

'내로남불'의 백미. 조국입니다. 조국은 2010년 펴낸 저서 『진보집권플랜』에서 "외고는 외국어 특화 고교 또는 해외 대학 진학 준비 고교로 개편되어야 한다고 생각한다. 그렇지 않은 대학 입시용 외고는 폐지돼야 한다."라고 말했습니다. 또 "외고생들이 대학에 갈 때 자신이 택한 전공 어문 계열로 진학할 수 있도록 정부와 대학이 강한 정책을 추진해야 한다."[119]라고도 했습니다. 한마디로 요약하면 '본래 목적에 맞지 않게 운영되는 외고는 폐지해야 한다'입니다. 그러나 정작 조 씨의 딸은 외고 졸업 후 외국어 전공과는 거리가 먼 고려대 환

---

119) 조국, 『진보집권플랜』(오마이북, 2010), 151.

경생태공학부를 거쳐 부산대 의학전문대학원에 진학했습니다. 의학전문대학원을 졸업하고 서울의 한일병원에서 인턴 생활을 하고 있습니다.

　얼마 전 부산대 의학전문대학원에서 조민의 입학을 취소한다는 결정을 내렸습니다. 조민은 의사 자격 논란에 휩싸였습니다. 고등학교 입학이 부정되면 대학교 입학은 자동으로 무효가 되듯이 대학 입학이 무효가 되면 의학전문대학원 진학도 무효가 됩니다. 따라서 자동으로 의사 자격도 무효가 되는 것이죠. 그런데 자기들의 잘못을 인정하고 사과하기는커녕 당당하게 의사 인턴 생활을 하고 있습니다.

　특목고 폐지의 이유는 바로 이 '내로남불'들입니다.

입시 비리도 내로남불

2018년 여름 숙명여자고등학교의 교무부장의 쌍둥이 자매가 각각 문과 이과 전교 1등을 차지하면서 사회적 이슈가 되었던 적이 있습니다. 교무부장이던 아버지가 답안지를 유출했다는 의혹이 제기되어 검찰에 기소됐고, 2021년 10월 아버지는 대법원에서 징역 3년이 확정됐습니다. 쌍둥이 자매는 어떻게 됐을까요? 아버지가 빼돌린 답안을 보고 시험을 치러 학교 성적 평가 업무를 방해한 혐의로 기소됐고, 현재 항소심이 진행 중입니다.

쌍둥이 자매처럼 입시 비리로 처벌받은 사람이 또 있습니다. 2017 국정농단 사태의 최순실 딸 정유라 씨입니다. 정유라 씨는 당시 우리 사회 청년들에게 가장 민감한 이슈였던 수저 갈등을 일으키며 비난의 대상이 됐습니다. 이화여대 체육특기생으로 입학한 정 씨는 이대 입시 및 학사 비리, 업무방해 혐의로 2017년 6월 1차 구속영장이 청구됐습니다. 1차 구속영장이 기각되자 검찰은 정 씨를 수갑을 채운 상태로 포토라인에 세우며 2차 구속영장을 청구하기도 했습니다.

숙명여고 쌍둥이와 정유라 씨는 닮은 점이 있습니다. 숙명여고 쌍둥이는 아버지인 같은 학교 교무부장이 법적 판결이 확정되기도 전에 퇴학 처분을 받았습니다. 재판이 끝나기도 전에 아버지는 파면, 자녀는 퇴학당했습니다. 정유라 씨도 마찬가지입니다. 엄마 최순실의 입학 비리 혐의만으로 청담고는 졸업 취소, 이화여대는 정 씨를 퇴학시켜 버렸습니다. 세 사람 모두 혐의만으로 순식간에 중졸 학력이 되었습니다.

쌍둥이 자매 사건이 발생한 지 1여 년 뒤 비슷한 사건이 발생합니다. 하지만 결과는 극과 극이었습니다. 조국 부부가 딸 조민의 대학과 의학전문대학원 입시 비리에 깊숙이 관여해 조국의 부인 정경심이 2심에서 유죄가 선고되었음에도, 조민에 대한 어떠한 법적 처분이 없습니다. 쌍둥이 자매는 재판 중에, 정유라 혐의를 받는 중에 퇴학 처분이 내려진 것과는 너무도 다른 모습입니다.

다수의 국민들은 정유라와 쌍둥이 자매에게 들이댄 법과 정의의 잣대를 조국의 딸 조민에게도 적용할 것을 지속적으로 요구했습니다. 그러나 교육부와 부산대학교는 꿈쩍도 하지 않았습니다. 2021년 3월은 서울·부산시장 재보선 정국이었습니다. 당시 'LH 사태'와 박주민·김상호·김의겸의 부동산 '내로남불'이 겹쳐 더불어민주당의 지지율이 급락했습니다. 불리해진 판세를 뒤집기 위해 안간힘을 쓰던 정부와 여당의 고민이 깊어지던 시점이었습니다. 이에 교육부는 부산대에 조민의 의전원 입학 관련 조치 계획을 보고하라고 요구했습니다. 부산대는 기존의 무죄추정 원칙을 앞세워 법원의 최종 판결이 나온 이후 결정하겠다는 입장을 바꾸고 조사공정위를 꾸려 조사를 진행했습니다.

2021년 8월 11일, 드디어 정경심의 2심 재판 결과가 나왔습니다. 조민의 어머니 정경심 동양대 교수는 ① 동양대 총장 표창장, ② 동양대 보조 연구원, ③ 단국대 의과학연구소 인턴 및 논문 1 저자, ④ 공주대 생명공학연구소 인턴, ⑤ KIST 인턴, ⑥ 서울대 공익인권법센터 인턴, ⑦ 부산 아쿠아펠리스호 텔 인턴 등 7대 스펙을 조작하거나 허위 제출한 혐의로 실형을 선고받았습니 다. 정경심이 대법원 상고를 하더라도 재판 결과를 뒤집기는 쉽지 않을 거란 전망이 우세합니다. 대법원은 증거의 진위 다툼보다는 법리 적용을 판단하기 때문입니다. 확정판결이나 다름없는 2심 결과가 나왔기 때문에 부산대 의전원 도 가만히 있을 수 없었겠지요.

순	주요 허위 스펙 의혹	재판부 판단	판단 이유
1	동양대 총장 표창장	유죄	정 교수가 동양대 휴게실 PC로 위조
2	동양대 보조연구원	유죄	실제 근무 안해
3	단국대 의과학연구소 인턴 및 논문 1저자	유죄	실제 논문 작성 기여 안해
4	공주대 생명공학연구소 인턴	유죄	관련 연구나 실험 참여 안해
5	KIST 인턴	유죄	이모 전 KIST 소장이 정 교수와 친분으로 허위 작성
6	서울대 공익인권법센터 인턴	유죄	조씨 실제 인턴 안해, 조국 전 장관이 허위 발급에 공모
7	부산 아쿠아펠리스 호텔 인턴	유죄	실제 인턴 활동 없었지만 조 전 장관이 허위 작성

<표4. 조민 '7대 허위스펙 1심 판단'>

정경심의 2심 재판 결과가 나오고 보름 뒤 부산대학교는 조민의 의학전문대 학원 입학을 취소한다는 결정을 내렸습니다. 이 같은 결정이 내려졌다고 해서 즉시 입학 취소되는 것이 아니라 조민의 청문절차를 거쳐 2~3개월 안에 확정 될 예정입니다. 조민의 입학 취소 결정이 발표되자 국민들은 또 갈라지기 시작 했습니다. 이 조씨 집안을 '국민 편가르기 명문가'로 상을 줘야겠습니다.

부산대의 이러한 조민 입학 취소 결정이 나오기 전 고려대가 조민의 입학 취소를 검토하고 있다는 소식이 알려지자 정청래 더불어민주당 의원은 "교육부에서는 강력하게 제동을 걸어 달라."라고 했습니다. 하지만 이는 그의 과거 정유라 씨 사건 때 발언과 서로 충돌합니다. 정유라 입시 비리 혐의에 대해서 당시 정 의원은 "최순실·정유라 모녀의 중대범죄. 허리띠 졸라매고 성실하게 살아가는 대한민국 학부모들에게 삶의 박탈감을 불러일으킨 죄. 새벽부터 눈 비비고 등교해 밤늦게까지 공부해 온 입시생들에게 한없는 상처를 준 죄. 권력과 돈이면 불법을 저질러도 좋다는 안하무인죄."[120]라고 했습니다. 안중근 의사가 주인공으로 나오는 뮤지컬 〈영웅〉의 삽입곡 「누가 죄인인가」를 패러디해 정유라와 최순실을 악마화하는 발언을 했습니다.

정유라는 아시안 게임에서 금메달을 땄습니다. 승마 실력이 출중했습니다. 조민은 어떤가요? 부산대 의학전문대학원에 제출한 스펙자료 일곱 개가 모두 조작, 허위가 드러나지 않았습니까. 그 불법 과정에 조민이 주도적으로 참여했음에도 조민은 당당하게 병원 의사로 근무하는 행태에는 입을 다물고 있는 정청래 의원에게 공정과 정의의 기준은 무엇인지 묻고 싶습니다. 정의와 공정도 자기네 멋대로 규정짓고 적용하는 행태는 전형적인 '내로남불'입니다. 동화에 나오는 마귀할멈 같은 모습입니다. 키 재는 잣대를 갖고 다니면서 키 큰 놈은 갖고 있는 잣대보다 크다고 잡아먹고, 키 작은 놈은 갖고 있는 잣대보다 작다고 잡아먹는 마귀할멈의 모습과 다를 게 없습니다.

---

120) 김민혁, 「'조민 두둔' 정청래에 뿔난 고대생…"정유라 입학 취소땐 칭찬하더니"」, 서울경제, 2021. 8. 20., https://www.sedaily.com/NewsVIew/22Q9H0AW1L

조국 일가는 참 인복이 많은 가정입니다. 그동안 조국과 조민은 가족들의 재판에 나와서는 입도 뻥긋 안 하고 묵비권을 행사해 왔습니다. 재판정에서는 벙어리였습니다. 시인도 부인도 하지 않았습니다. 그런데 주변 친구들이 그 범죄를 엄호해 주니 얼마나 행복할까요.

인터넷 우군들도 등장합니다. 무식하면 용감하다는 말이 딱 어울리는 친구네요. 정유라는 자퇴 신청을 했지만 거부되고 입시 비리 혐의로만 즉시 퇴학 처분, 조민은 위법 사실이 결론 났음에도 아무런 조치가 없다가 2년이 지나서야 겨우 입학 취소 처분이 결정됩니다. 확정이 아닙니다. 그럼에도 인터넷 공간에서는 "정유라 때는 명백히 밝혀진 것, 조민은 사실 관계를 다투는 중…"이란 '우격다짐'글이 떠돕니다. 사실관계 파악은 뒷전이고 진영논리에 매몰되어 참과 거짓을 구분할 수 없는 무아지경의 경지에 이르렀습니다. 사상적 편향이 이리 무섭습니다. 들깨시민이 되지 않도록 팩트 체크를 확실하게 하고 자신의 주장을 펼칩시다.

정유라에 대한 조국의 발언을 살펴보겠습니다. 2017년 1월 1일 박근혜·최순실 국정농단 사태에 정유라 입시 비리가 겹쳐 국민의 분노가 극에 달했을 때 트위터를 통해 "정유라, '능력 없으면 니네 부모를 원망해. 있는 우리 부모 가지고 감 놔라 배 놔라 하지 말고 돈도 실력이야.' 바로 이것이 박근혜 정권의 철학이었다."라고 말합니다. 돈이면 뭐든지 다 할 수 있다는 것을 어느 미친 지도자가 국정 철학으로 삼습니까. 박근혜 전 대통령과 정유라를 악마화하면서 자신들은 절대 선善이라고 홍보하는 듯합니다.

조국은 부인 정경심의 여러 가지 위법 행위와 입시 비리가 2심에서 확정된 이 상황에 대해 뭐라고 항변하고 있을까요. 사과와 반성은 찾아볼 수 없고 앵무새처럼 "아비로서 고통스럽다."라는 피해자 코스프레만 일삼고 있습니다. 부의 대물림을 위해 돈과 권력, 그리고 인맥으로 자녀의 인생을 위조했던 사람들의 반성을 듣고 싶습니다. 밤잠 못 자며 공부와 싸움했던 대한민국의 수많은 학생들에게 "미안하다."라는 말 한마디가 그렇게 어려운가요. 어렵겠지요. 그들은 절대적絕對的 선善이니 인정하기 쉽지 않을 겁니다. 세 살 때 아버지를 잃고 얼마 전에 엄마를 잃은 저는 제 부모가 원망스럽습니다. 왜 저들처럼 나에게 힘이 돼 주지 못했냐고요.

조국의 어머니는 조국 일가의 범죄행위에 대해 "아드님이 십자가에 못 박혀 돌아가시는 모습을 지켜보며 괴로워하시던 성모님의 마음, 지금 2년 넘도록 그 마음을 체험하며 주님의 은총과 자비를 기도드리며 견디고 있다."라고 한 편지에 공개했습니다. 아드님(예수님)을 조국, 성모는 조국 엄마(편지 쓴 본인)에 비유한 신성하고 거룩한 편지글이었습니다. 대체 어떤 인생을 살아왔길래 범죄 집단의 가장이 예수가 되고, 범죄 집단 가장의 엄마가 성모가 됩니까. 스스로를 예수님과 성모에 비유한 자아도취는 보기 역겹습니다.

신의 영역에서 살고 있는 집단은 부채 이행 약속, 국민과의 약속은 인간 세상의 일이라 무시해도 되는 건가요. 조국이 법무부 장관 청문회 당시 웅동학원 부채 130억 원 면탈[121]이 문제가 되자 조국의 어머니는 웅동학원을 사회에 환원하고 학교 법인 이사장에서 물러나겠다고 공언했습니다. 그러나 2년이 지난 지금 아무런 조치가 없습니다. 2년 동안 조국이 예수로 고통받는 장면을 지켜보느라 정신이 없었겠지만, 이제는 약속을 이행해야 합니다. 2년 동안 웅동학원과 조씨 일가의 약속 이행을 바라보는 국민들은 지쳐 갑니다.

한국자산관리공사(캠코)가 웅동학원 이사장 조국 어머니 박 씨에게 부채상환 요구 차원에서 재산 명시 신청을 했습니다. 이에 조 씨 어머니 웅동학원 박 이사장은 재산을 '9만 원'이라고 법원에 제출했습니다. 참 할 말이 없습니다. 전두환보다 한 수 위군요.

조국(@patriamea):
"전두환 채권 73억 불추징한 검찰 책임자, 징계해야 한다. 이번 검찰팀은 제대로 해야 한다. 채동욱 총장, 후배 검사와 법학도에게 모범을 보여 주시압!"
2013년 5월 24일 오전 9:03

---

121) 웅동학원은 1996~1998년 공사대금 명목으로 동남은행에서 빌린 35억 원을 공사대금으로 사용하지 않았고, 1998년 동남은행은 파산했음. 이 중 20억 원은 웅동학원 부지 경매를 통해 회수됐고, 남은 15억은 아직도 회수하지 못함. 15억 원은 현재 86억 원까지 불어난 상태. 동남은행이 웅동학원에 받지 못한 금액을 관리했던 동남은행 파산 관재변호인은 문재인 변호사였음.

가족은 그렇다 치더라도 조국 주변 사람들은 더 가관입니다. 조국 일가의 범죄행위를 옹호하기 위해 조국 똘마니들이 만든 책 『검찰개혁과 촛불시민: 조국 사태로 본 정치검찰과 언론』, 일명 '조국 백서'를 아십니까? 이 책에서 "조민의 입시 비리는 조국 일가 개인이 도덕성 문제가 아닌 사회적 시스템과 구조적 불평등 때문에 일어난 일"[122]이라고 말합니다. 예를 들면, 조민이 논문 제1저자가 되는 과정에서 사회적 네트워크가 학생의 '스펙'에 작용하는 방식을 보여 줬는데, 핵심은 학부모와 학생의 도덕성이 아니라 특수목적고를 매개로 맺어지는 연줄 탓이라고 했습니다. 칼로 사람을 찌르면 찌른 놈이 잘못이 아니고 칼을 판매한 사람이 있기 때문에 일어난 일이라고 말하는 것과 똑같습니다. 합리적 사고를 할 수 있는 사람들인지 의심스럽습니다. 이 책을 집필한 사람 중에는 법을 공부한 변호사도 있습니다. 참 기가 막히고 어이없는 일입니다. 법을 잘못 공부하면 이리 위험합니다.

정유라의 입시 비리는 공정하지 못한 입시구조의 문제이고, 좋은 대학에 입학하려 하는 사회 시스템의 문제입니다. 쌍둥이 자매와 그 아버지의 시험지 유출은 과도한 경쟁을 부추기는 입시 위주의 국가 정책 때문이었습니다. 이게 무슨 개 짖는 소리인지…. 똑같이 짖어 주세요. 똑같이.

정유라와 쌍둥이 자매에게도 조민에게 들이밀었던 잣대를 똑같이 적용해서 한마디라도 한다면 위에 썼던 '개소리'라는 말은 취소하겠습니다.

---

122) 조국백서추진위원회, 『검찰개혁과 촛불시민』(오마이북, 2020)

내가 하면 특별채용, 남이 하면 낙하산

　자신의 측근 특채 채용을 부하 직원에게 종용하다 자기 뜻대로 되지 않자 부하 직원에게 욕설을 한 사람이 있습니다. 그는 과거 낙하산 인사 사례를 모아 근절 방안을 주장했던 인물입니다. 욕설 한 번 들어 보시죠.

> 내로남불: 내가 너만 한 새끼한테 이렇게 기만당하면서 이 자식아. 뭐? 부정적 의견이
> 　　　　어디 있어 새끼야. 천하의 나쁜 놈의 새끼야. 아주 회장을 기만하고 말이야!
>
> 직원: 제가 노력하겠습니다. 회장님

　이 점잖은 욕설(?)의 주인공은 더불어민주당 소속 17, 18, 19대 국회의원을 지낸 김우남 한국마사회장입니다. 김 회장은 더불어민주당 제주도당 위원장, 더불어민주당 최고위원을 지낸 거물급 정치인입니다. 2021년 2월 한국마사회장으로 취임한 김 회장은 국회의원 시절 자신의 보좌관을 비서실장으로 특채할 것을 부하 직원에게 명령했습니다. 마사회 내규상 회장이 비서실 직원을 뽑을 수 있었습니다. 그러나 국민권익위가 '채용 비리'가 우려된다며 내규 개선 권고를 내렸습니다.

　마사회 직원들이 김 회장의 보좌관을 비서실장으로 채용하라는 종용을 받

앉으나 국민권익위의 권고 사항을 이유로 부정적인 견해를 밝히자 김 회장이 부하 직원에게 욕설을 퍼붓게 된 것입니다. 국민권익위의 권고 사항에 따라 김 회장의 지시를 거부했던 직원들의 용기 있는 저항으로 김 회장의 시도는 좌절됐습니다. 그러나 김 회장은 비서실장으로 채용하려 했던 그 사람을 월 700만 원의 자문료를 받는 자문위원으로 위촉했습니다. 엎치나 메치나 상황은 똑같았습니다.

김 회장은 과거 2011년 국회의원 시절 그 당시 마사회장(김광원)에게 측근을 고문으로 임용한 것에 대해 다음과 같이 질책했습니다. "마사회 정년은 얼마입니까? 이 사람이 임원입니까, 뭡니까? (그냥 고문으로 되어 있습니다.) 고문인데 상근하잖아요. 지금? 상근하고 있고, 고문도 아니고, 경영 자문이지요. 분명히. (상근입니다.) 이 사람이 천하의 김광원 회장이 자문을 얻을 게 있습니까? 월 500만 원씩 주고, 4대 보험 가입시켜 주고 말이야. 도대체 이거…. 위촉은 할 수 있지만, 근거 규정도 없어요. 월급 주라고 하는 규정도 없습니다. 이거 뭡니까? 이런 거를 바로 잡으셔야지요."

10년 전 당시 마사회장을 국감장에 앉혀 놓고 채용 관련해서 질타하던 장면입니다. '근거 규정 없이 자신의 측근에게 월급을 주기 위해 앉힌 것이 아니냐? 잘못된 관행을 고치자'는 것이 당시 김우남 국회의원이 주장했던 것입니다. 어디서 많이 본 듯한 모습입니다. 현재의 김 회장의 모습과 판박이군요. 미래의 김우남 마사회장에게 과거의 김우남 국회의원이 질타하는 모습입니다. 내로남불의 전형입니다. 과거 자신의 모습은 잊고 현재 자신의 모습만 생각하는 행동 양식이 어찌 조로남불과 똑같을 수 있을까요. 내로남불은 피타고라스 정리처럼 정해진 공식이 있나 봅니다.

김 회장은 국회의원 시절 2013년 공공기관장의 채용 비리 사건을 분석해『공공기관 채용시스템 문제와 대안 연구; 2013』라는 정책 자료집을 출간하기도 했습니다. 채용 비리를 꼬집어 근절하겠다는 의지가 담겨져 있었습니다. 이렇게 채용 비리 근절에 앞장섰던 분이었는데 욕심이 지나쳤습니다. 안타깝습니다. 정책 자료집에 나와 있는 내용은 "기관장이 관여한 채용비리 사건을 기관 자체에서 막거나 감시한다는 건 상상할 수 없는 일이다. 기관장이나 고위임원의 지시에 따라야 하는 상명하복의 공공기관에서는 부정한 지시도 아무 문제없이 이뤄지고 이에 따르지 않는 직원이 오히려 피해를 입기 쉽다."라고 서술되어 있습니다. 본인이 했던 말이 현실이 되었습니다. 부당한 지시에 따르지 않았던 직원은 결국 문책성 인사로 좌천되었습니다. 부당한 지시를 내린 '그분'은 6월 '강요 미수와 업무방해 혐의'로 검찰에 송치됐고 2021년 10월 1일 해임됐습니다.

내가 하면 체크리스트,
네가 하면 블랙리스트

이명박·박근혜 정부는 정권에 비판적인 문화 예술계 인사들의 명단을 작성하고 관리했습니다. 문화 예술 관련 정부 지원을 끊고 불이익을 주기 위해 비밀리에 작성한 문건. 이른바 문화 예술계 블랙리스트 사건입니다. 이 사건으로 김기춘 전 청와대 비서실장과 조윤선 전 문화체육부 장관은 유죄가 인정돼 구속 수감됐습니다.

2017년 대통령 선거에서 당시 민주당 후보 문재인 대통령은 "박근혜 정부 블랙리스트 사건은 민주주의의 근간을 유린하는 국가 폭력"[123]이라고 했습니다. 그 국가 폭력 사태가 문재인 촛불 정부에서 판박이처럼 재현됐습니다. 김은경 환경부 장관과 신미숙 청와대 균형인사 비서관이 그 주인공입니다. 이들은 박근혜 정부에서 임명된 환경부 산하 기관의 임원 15명에게 사표 제출을 강요했습니다. 그중 13명에게 사표를 받아 냈고, 13명이 떠난 빈자리에 청와대와 코드가 맞는 인사를 앉히려 했습니다. 사표 제출을 거부하는 임원에 대해서는 표적 감사를 시행했고, 결국에는 사표를 받아 냈습니다. 또 청와대에서 낙점

---

123) 최연진, 「前정부 블랙리스트엔 "대역죄"라며 줄줄이 처벌했는데…」, 조선일보, 2018. 12. 27., https://www.chosun.com/site/data/html_dir/2018/12/27/2018122700308.html

한 내정자의 직무계획서를 환경부 공무원이 대필하도록 했고, 내정자가 서류 심사에서 떨어지자 합격한 7명을 모두 불합격 처리했습니다. 촛불 정권에는 해병대 시그니처 "안 되면 되게 하라."라는 모토가 있나 봅니다. 내정자가 합격 할 때까지 꼼수를 부립니다.

이러한 공공기관 인사에 불법적으로 개입한 위 두 사람에게 법원은 실형을 선고했습니다. 재판부는 "지위와 권력을 이용해 부정한 사익을 추구하고 목적을 관철하기 위해 불법 수단을 서슴지 않았다. 공공기관 임원들의 직위와 공무원 조직을 피고인들의 사유물로 전락시켰다."라고 판결문에 적시했습니다.

이 사건에 대해 처음으로 의혹이 제기되자 김의겸 전 청와대 대변인은 "통상의 업무 일환으로 진행해 온 체크리스트다. 문재인 정부에는 민간인 사찰 DNA가 없다. 있을 수 없는 일"이라 말했습니다. 조국 전 민정 수석도 여기에 편승해 "문재인 정부는 민간인을 사찰하거나 블랙리스트를 만들지 않는다"라고 했습니다. 최근 법원의 판결이 명확하게 나왔음에도 이들은 사과와 반성이 없습니다. 오히려 블랙리스트가 아니라 항변하기도 했습니다. 박근혜 정부의 문화 예술계 블랙리스트와 문재인 정부의 환경부 블랙리스트가 다르다고 항변하지만 두 사건의 본질은 똑같습니다. 정권의 입맛에 맞지 않는 사람을 배제시키려 했다는 점입니다.

기관명	직위	성명	임기	현재 상황
한국 환경공단	이사장	전◻◻	'19. 7	사표제출예정
	상임감사	김◻◻	'18. 9	반발(새누리당 출신)
	경영기획본부장	강◻◻	'18. 4	반발(KEI 출신)
	물환경본부장	최◻◻	'18.12	사표제출
	자원순환본부장	박◻◻	'17. 5	〃
	환경시설본부장	권◻◻	'17. 4	〃
	기후대기본부장	신◻◻	'18. 2	〃
국립공원	이사장	권◻◻	'20.11	환경부 임명
	상임감사	이◻◻	'18. 1	후임 임명시까지는 근무

<환경부에서 작성한 '환경부 산하 기관 임원들의 사퇴 등 관련 동향' 문건>

'환경부 산하기관 임원들의 사퇴 등 관련 동향'이라는 문건이 명백함에도 사찰은 없었다고 우깁니다. 술 마시고 운전은 했지만 음주운전은 하지 않았다는 궤변과 다를 게 없습니다. 촛불 정신으로 탄생한 절대 선善 정권이라 자랑하던 DNA 타령은 그들만의 허세였음이 드러났습니다. 그들의 깨끗한 DNA에 유전자 돌연변이로 사찰 DNA가 생겼나 봅니다. 유전자 변형은 치료 약이 딱히 없습니다. 버려서 폐기하는 것이 최선의 방책입니다. 그들이 스스로 버리지 못한다면 우리 손으로 용도폐기시킵시다.

'민주노총' 간판 떼고
'세습 노총', '민폐 노총'

커피는 우리 생활의 일부분이 됐습니다. 어떤 이는 커피 없는 미팅이 어색하고, 커피를 마시지 않으면 일의 능률이 오르지 않는 사람도 있습니다. 우리의 일상이 되어 버린 커피 문화에서 특정 브랜드는 나의 위치를 알려 주는 신호로 작용하기도 합니다. 큰돈은 아니지만 그래도 커피 하나 정도는 고급 브랜드를 마시려는 사람들의 심리를 잘 이용한 곳이 있습니다. 바로 스타벅스 커피입니다.

스타벅스는 다양한 연령층으로부터 사랑받고 있습니다. 시의적절한 마케팅 전략으로 사람들의 구매 욕구를 자극하기 때문입니다. 저도 새벽에 일찍 일어나 스타벅스 이벤트에 참여한 적이 있습니다. 수만 명의 사람들이 이벤트에 참여하기 위해 꼭두새벽부터 스타벅스 앱에 접속 대기하는 모습을 여러 번 목격하기도 했습니다. 하지만 이런 과도한 마케팅 행사와 이벤트로 스타벅스 직원들의 볼멘소리가 나오기도 했습니다.

2021년 9월, 스타벅스는 '리유저블(다회용) 컵 증정'행사를 진행했습니다. 일부 매장에서는 대기 커피 수가 650잔에 달하는 등 밀리는 주문으로 높아진 업무강도에 도망치고 싶다는 직원의 하소연이 알려졌습니다. 이에 일부 스타벅스 직원들은 10월 7일과 8일 과도한 마케팅과 이로 인한 고강도 노동을 비판하는 현수막을 제작해 트럭에 싣고 운행했습니다.

　이 시위에 힘을 실어 주겠다고 등장한 단체가 있었습니다. 노동자들이 자본가들의 횡포 때문에 괴로움을 당하는 일이 생기면 나타나는 사람들이 있습니다. 바로 민주노총입니다. 민주노총은 이 시위에 참여한 스타벅스 직원들에게 노조 결성을 제안했습니다. "민주노총은 스타벅스 노동자들의 트럭 시위 예고를 환영한다. 노조를 결성하면 단체교섭을 통해 노동자의 근로조건을 노사가 함께 결정할 수 있다. 트럭 시위로는 교섭할 수 없지만 노조는 조직적으로 교섭할 수 있다. 스타벅스 노동자들이 노조를 만들겠다면 언제든지 달려가 지원하겠다." 민주노총(이하 민노총)과 함께 노조를 결성하면 당신들의 근로조건이 좋아진다는 제안이었습니다. 하지만 스타벅스 직원들은 민노총의 제안을 단칼에 거절했습니다. 직원들은 블라인드 앱을 통해 "이번 시위를 정치적으로 이용하지 말아 달라. 트럭 시위를 통해 설득하려는 대상은 스타벅스 코리아뿐. 스타벅스 코리아는 노조 없이도 22년 동안 식음료 업계를 이끌며 파트너에게 애사심과 자긍심을 심어 준 기업. 트럭 시위를 당신들의 이익 추구를 위해 이용하지 말라."라는 의견을 냈습니다.

김채현, 「"스타벅스 노동자에겐 우리가 필요해"… 숟가락 얹으려던 민주노총 '굴욕'」, 서울신문, 2021. 10. 9.

이 뉴스를 접하고 저는 통쾌함을 느꼈습니다. 국가 권력 위에 군림하려 했던 광화문 집회 사건을 앞에서 읽어 보셨을 겁니다. 노동조합 자체는 나쁜 것이 아닙니다. 노동자들이 인간다운 노동환경에서 근무할 수 있도록 감시하는 역할을 통해 노동이 존중받을 수 있는 사회를 만들어 가는 선한 역할을 맡고 있습니다. 열악한 노동환경을 타파하기 위해 때로는 단체를 결성할 수도, 노사 합의를 통해 노동자의 인권을 보호할 수 있습니다. 그런데 우리나라의 민노총은 노동자 권익 보호라는 본질보다는 자기들의 세勢를 부풀려 힘을 과시하고 정치에 영향력을 행사하기 위한 모습을 보여 왔습니다. 법 위에 군림하기도 합니다. 전근대적인 노동 세습을 관행으로 치부하며 젊은 청년들의 일자리를 뺏기도 했습니다. 복잡한 도심 한복판에 시위를 개최해 시민들의 퇴근길 발을 묶는 민폐를 끼치기도 합니다.

민노총의 여러 가지 문제 중에 이 글에서는 일자리 '세습世襲'에 관해 이야기하겠습니다. 공공기관에서만 일자리 약탈이 일어나는 것이 아닙니다. 민노총에서도 일자리 약탈이 있습니다. 민노총이 장악한 노동조합을 끼고 있는 회사들은 단체협약을 통해 노동조합 노조원들의 일자리 세습을 약속했습니다. 단체협약에서 조합원(노조원)들의 자녀 우선 채용이 명기된 사례를 살펴보겠습니다.

금호타이어는 "정년 조합원의 요청이 있을 시에는 입사 결격사유가 없는 한 그 직계가족에 대해 우선적으로 채용한다."

S&T 대우는 "회사는 종업원의 신규 채용 소요가 있을 시 정년 퇴직자 및 장기근속자, 불가피하게 퇴직한 자의 직계가족 중 1명을 우선 채용함을 원칙으로 한다."

현대자동차는 "신규 채용 시 정년 퇴직자 및 25년 이상 장기 근속자의 직계 자녀 1인에 한해 인사원칙에 따른 동일 조건에서 우선 채용함을 원칙으로 한다."

이게 어느 시대 사람들이 노동하고 있는 곳입니까. 혹시 고려·조선 시대 이야기인가요. 음서제도가 떠오릅니다. 음서제는 고려와 조선 시대 5품 이상 관리의 자녀, 친척 및 인척에게 시험 없이 하급 관직을 주는 제도였습니다. 마치 이를 그대로 따라 한 듯한 모습에서 권력을 잡으면 뇌가 이상해진다는 어느 학자의 말이 생각납니다. 그토록 비합리적이라던 세습을 그들이 그대로 따라 하고 있습니다. 재벌이 자식에게 회사를 물려주고 모든 계열사를 가족들이 운영하는 모습을 비판해 오던 노동 운동가들의 모습은 어디로 사라졌나요.

노동계에서 이런 고용세습은 아주 오래전부터 내려오던 관행이었고 공공연히 존재했었다고 합니다. 남이야 어찌 됐건 반칙으로 다른 집 자식들의 일자리를 빼앗아 간 이들의 행태는 비판받아 마땅합니다. 이 사람들은 평등과 공정을 외치지만, 그것은 내가 아닌 타인에게 강요하는 허울뿐인 착한 말에 불과합니다. 본인들은 지킬 생각이 없습니다.

민주노총에서 '민주'란 말은 백성(국민)이 주인이라는 뜻입니다. 네이밍이 필요합니다. 국민이 아닌 세습이 먼저인 노동조합. '세습 노총'이라 칭합니다. 귀족 노조에 의해 자행된 불법 행위로 인해 청년들의 취업 기회가 사라진 것을 알아야 합니다. 젊은 청년들의 일자리를 약탈해간 민주노총을 혁파해야 진정한 기회의 균등이 보장되는 민주주의 사회가 만들어질 수 있습니다. 민주노총을 비롯한 노동조합의 불법 취업 사례를 전수 조사해서 우리의 아들, 딸들에게 공정한 취업 기회를 보장해 줘야 합니다. 민주노총은 반드시 혁신해서 진정한 노동 운동의 전도사가 되길 바랍니다.

민주노총의 협박으로 일을 하고 싶어도 못하는 노동자들이 없는 세상이 되었으면 좋겠습니다. 얼마 전 민노총의 '불법 태업과 업무방해'를 견디다 못해 세상을 등진 택배대리점주님의 명복을 빕니다. 예전에는 사업주가 노동자를 괴롭히는 일이 있었습니다. 이제는 노동자가 사업주를 못 살게 하는 세상이 됐습니다. 노동 운동은 잠시 접고 사업자들의 사업할 권리를 보장해야 하는 운동이 필요해 보입니다.

노동하기 싫어하며 노동 운동을 하고, 공정하지 않으면서 공정을 외친다. 내 자식 일자리는 소중하지만, 남의 자식 일자리는 관심 없다. 일자리를 약탈하면서 일자리를 늘리라 요구한다. 사업자의 이익 추구는 절대 악惡 취급하며, 자신들의 이익 추구는 절대 선善이라 여긴다. 본업인 노동운동 외에도 미군 철수, 사드 배치 철회, 보안법 철폐 등과 같은 정치, 외교에도 개입한다. 이상한 나라의 이상한 노동자들.

제10장

선택적 함묵증

'향정신성 언어'
우리를 기분 좋게 하는 말입니다

향정신성 언어로 사람들의 환심을 사고
뒤로는 인간의 욕망 표출에 인생을 걸었던 사람들
인생을 걸었던 사람들에게
비판의 목소리 한 번 내지 못하는 내로남불들

선택적 함묵증 1
(Sex Scandal)

선택적 함묵증selective mutism은 어떤 상황에서는 말을 잘하는데도 특정한 장소 또는 상황, 인물의 변화에 따라 말을 하지 않는 경우를 말합니다. 내 앞에서는 말을 하지 않다가 다른 친구들을 만나면 화기애애하게 말하는 친구들을 가끔 볼 수 있습니다. '나'의 입장에서 만약 이런 경험을 한다면 상대편에 대해 굉장히 기분이 언짢을 수 있습니다. 다른 사람에게는 말을 잘하면서 유독 내가 있을 때는 말을 안 하는 친구. 여러분은 어떻게 생각하십니까?

2021년 5월 공군 모 부대 여 부사관이 남성 상관에게 지속적인 성추행을 당해 여러 차례 군 당국에 신고했으나 전부 묵살되고 결국 2차 가해까지 당하는 상황에 시름 하다 자살합니다. 이 사건으로 군이 발칵 뒤집혔습니다. 몇 달 뒤 이번에는 해군에서 여 부사관이 상사로부터 성추행을 당했다고 신고하고 극단적인 선택을 하는 사건이 발생했습니다. 문재인 대통령은 5월에 발생한 여 부사관 성추행 사건 때 '엄정 조치', '병영 개혁'을 지시했습니다. 비슷한 사건이 또 발생하자 격노하며 "철저하고 엄정하게 수사하라."라고 지시했습니다.

상관이 부하를 성폭행·성추행하는 사건은 이전에도 여러 차례 있었습니다.

안희정 충남지사, 오거돈 부산시장, 박원순 서울시장은 비서실 또는 부하 직원을 성폭행·성추행을 한 혐의로 한 사람은 실형, 한 사람은 재판 중, 한 사람은 공소권 없음이 되었습니다. 권력 성범죄는 진보와 탈권위를 외치는 사람들에게는 악마와 같은 존재입니다.

이런 권력형 성범죄는 국가 수장이 엄격한 잣대로 꾸짖어야 합니다. 문재인 대통령은 어땠을까요? 위 세 사람의 성범죄(또는 혐의자)에 대해 여부사관 성추행 사건처럼 강력한 지시를 내린 적은 없습니다. 올해 신년 기자회견에서 문재인 대통령의 사법연수원 동기인 박원순 서울시장에 대해 "피해자의 피해 사실에 대해서도 대단히 안타깝다. 박 전 시장이 왜 그런 행동을 했으며, 왜 그런 극단적인 선택을 했는지 하는 부분도 대단히 안타깝게 생각한다."[124]라고 했습니다. 하지만 지난해 4월 발생한 오거돈 부산시장 성범죄 사건에 대해서는 입을 다물고 있습니다.

일각에서는 군 통수권자인 대통령이 군에서 발생한 성범죄에 대해 '엄정 조치'를 주문한 것과 시·도지사들의 정치적 문제는 다르지 않으냐고 항변합니다. 그러나 두 사건은 공통점은 힘을 가진 자가 힘이 없는 자들을 성적으로 착취했다는 것입니다. 다른 점은 '내 편, 네 편'이 갈라지느냐 그렇지 않으냐가 다른 점이죠. 편이 갈라지는 곳에는 침묵하고, 특히 내 편이 연루된 일에는 모호한 태도를 취합니다. 그런데 편이 갈라지지 않는 곳에서는 격분을 토하며 '일벌백계'를 주문합니다.

---

124) 정지혜, 「'박원순 사건'에 "안타깝다"만 4번… 文 대통령, 피해자 사과 없었다」, 세계일보, 2021. 1. 18., https://m.segye.com/view/20210118511286

이런 문 대통령의 침묵에 대해 인터넷에서 이런 댓글이 달립니다. "침묵과 지시는 한 끗 차이. 내 편이냐 아니냐.", "전직 인권변호사인 문 대통령은 왜 저 놈들에 대해서는 아무런 말이 없었냐." 아시는 것처럼 위의 성범죄 내지는 성 범죄 혐의자들은 더불어민주당 소속이었습니다. 누가 봐도 이중 잣대입니다. 대통령은 권력형 성범죄에는 단호하게 말할 수 있어야 합니다. 인지상정인가 요. 김유신 장군이 그립습니다. 읍참마속泣斬馬謖.[125]

평소 여성 인권 신장과 성 평등에 관해 아름답고, 예쁘고, 교과서적인 말만 늘어놓던 사람들이 이런 악마의 범죄를 저지르리라곤 생각지도 못했습니다. 이분들의 과거 발언 재조명해 보겠습니다.

1. 오거돈 시장

2019년 9월 16일 부산시 주간업무 보고 회의에서 산하기관과 위탁기관에서 성희롱 사건이 자주 발생하자 "성희롱 문제 강력 처벌"을 경고했습니다. "사회 적 약자를 지원하는 센터나 기관에서 지위가 낮은 직원이나 민원인을 대상으 로 성희롱이나 성추행을 저지르는 것은 있을 수 없다. 향후 성희롱 문제가 일 어날 경우, 문제를 일으킨 당사자를 업무서 즉시 배제하고 가능한 모든 수단 과 방법을 동원해 최대한 엄벌할 것"이라고 했습니다.

2019년 9월에 배포한 부산시 보도자료를 살펴보면, "성희롱은 민선 7기에서

---

125) '눈물을 흘리며 마속의 목을 베다', 아무리 친하고 아끼는 사람일지라도 규칙을 어겼을 때는 법에 따라 공정하게 심판해야 함을 뜻함. 공정한 업무 처리와 법 적용을 위해 사사로운 정을 포기하라는 의미로, 권 력의 공정성을 요구할 때 주로 사용함.

뿌리 뽑아야 할 구태. 성희롱 문제에 대한 부산시 처벌이 가볍다는 말이 절대 나오지 않도록 하겠다.”라고 했습니다. 한편, 오 시장에 대한 성추행 의혹이 생기자 “소가 웃을 가짜 뉴스. 형사 고발하겠다.”라고도 했습니다.

이랬던 분이 진짜 소가 웃을 만한 일을 만들었습니다. 사건 즉시 업무에서 배제시킨다고 해 놓고 본인은 늑장을 부렸습니다. 총선 끝나고 사퇴한다는 공중까지 피해자에게 써줬습니다. 총선 기간 중에 이런 사실이 알려지면 민주당이 선거에서 참패할 큰 사건이었기 때문에 여당에 유리하게끔 2020년 4·15 총선이 끝나고 난 다음 4월 23일 사퇴를 선언합니다. 의리 하나는 끝내주는군요. 시민들과 국민에 대한 의리는 참새 오줌만큼도 없네요.

2. 안희정

안희정 충남도지사는 자신의 정무 비서를 성폭행했습니다. 정무 비서는 2018년 3월 5일 JTBC 〈뉴스룸〉에 출연해 안 지사의 성폭행을 폭로했습니다. 의도적이었다고 확언할 수는 없으나 공교롭게도 이날은 안희정 지사가 ‘미투 운동’에 대해 발언한 날이었습니다. 남성 중심의 권력 질서 속에서 행해지는 모든 폭력은 없어져야 한다는 취지의 발언을 했는데요. 자세한 발언 내용 살펴보겠습니다.

“미투 운동은 남성 중심적 성차별 문화를 극복하는 과정. 우리는 오랜 기간 힘의 크기에 따라 계급을 결정짓는 남성 중심의 권력 질서 속에서 살아왔다. 이런 것들에 의해 행해지는 모든 폭력이 다 희롱이고 차별이다. 이를 극복해 나가는 과정을 통해 대한민국을 발전시킨다는 점에서 미투 운동은 긍정적이며, 이를 통해 성 평등 관점에서 유린을 막아 내는 새로운 문화를 만들어 내자."라고 연설했습니다. 이 연설이 있은 지 몇 시간 뒤 안 지사의 비서는 "안 지사로부터 8개월간 4차례 성폭행 및 성추행을 당했다."라고 폭로했습니다. 젠더 평등을 이야기하면서 본인은 정작 젠더 불평등 문제를 만든 사람이 되었습니다. 피해자는 안 지사를 "꾸며진 이미지로 정치하는 괴물"이라고 평가하기도 했습니다.

머리 빡빡 깎고 대중들 앞에 서서 사람들의 머릿속은 온통 꽃밭으로 만들어 놓고 사람들의 마음을 푸근하게 만드는 사람들이 있습니다. '향정신성 언어'로 정신 승리를 유도합니다. 기분을 좋게 만듭니다. 그 대가로 그들은 강연료를 받습니다. 그 강연료로 그들은 멋진 차를 소유하고 으리으리한 고급 주거시설에 삽니다. '무소유'를 설파하면서 뉴욕에 멋진 아파트를 소유하고 있습니다. 뭐라고 설명해야 하나요. 들통나면 모습을 안 보이면 그만입니다. '먹튀'죠. 걸릴 때까지 위선을 떨어 보다가 발각되면 그동안 벌어들인 수입으로 잘 먹고 잘 살면 그만입니다. 대중들에게 잊혀져도 눈 하나 깜짝 안 합니다.

어떤 이는 "당신들 자체가 꽃이라며 꽃은 경쟁하지 않아도, 가만히 있기만 해도 예쁜 꽃과 같은 존재다."라고 정신 승리하게 만듭니다. 국회의장 망치와 목수 망치의 가치가 왜 다른지 분노하며 노동 가치의 평준화를 말합니다. 돌잔치에서 마이크 잡는 사람들과 본인이 방송국에서 잡는 마이크의 가치는 같아야 함에도 그들은 돌잔치 마이커들의 수백 배 강연료를 받았습니다. 그가 말하는 비합리적인 노동의 가치를 받았습니다.

취업난에 힘들어하는 대학생들에게 "사람이 아무 쓸모가 없는 사람이 있습니까? 병원에 실려가서 아픈 사람들은 다 아무 쓸모가 없는 사람들입니까? 아니 저렇게 있으면 되지. 그렇게 있으면 돼. 제발 좀. 젊은 친구들한테 취직 안 하냐고 묻지마 좀. 아니 그럴려면 자기들이 재깍재깍 스무살에 (취직원서) 넣으면 취직이 잘되는 사회를 만들어 놓든가."라는 말을 합니다. 달콤합니다. 배고파 우는 갓난 아이에게 젖과 같은 말입니다. 환자와 취업준비생은 엄연히 다름에도 등치해 버리면서 취준생을 아무것도 안 하고 쉬어야만 하는 존재로 만들어 버립니다. 취직이 안되는 원인을 기성층의 잘못으로 치환해 버립니다. 결국 '너희는 아무것도 안 해도 멋진 존재인데, 사회 구조를 엉망으로 만들어 놓은 어른들이 너희들에게 취직을 강요한다. 그러니 기죽지 말고 아무것도 하지 않고 있어도 된다.'라는 말입니다. 치열한 현실에서 살아갈 수 있는 방법을 알려 줘야지 인기를 얻기 위해 "인생을 즐겨라."이런 비현실적인 말을 남발합니다. 이렇게 남듣기 좋은 예쁜 말을 하는 사람들은 그 사람들의 인생을 책임져 주지 않습니다. 무책임한 사람들입니다. 아무렇게나 떠들고 사라지면 그만입니다. 정치도 마찬가지 입니다. 요즘 무책임한 정치인들이 활개치는 사회가 됐습니다. 즐기면서 자기가 이루고 싶은 것을 이루고 성공하는 사람은 없습니다. 조심하십시오.

그런데 요즘 보이지 않는 그분들은 그렇게 많은 돈을 벌고도 사회에 환원한다는 기사 한 줄 보지 못했습니다. 사회 초년생들을 모아 놓고 식사 한 번 샀다는 기사 못 봤습니다. 도전에 실패한 청년들을 위한 기부 관련 기사 한 줄 보지 못했습니다. 이게 선동가들의 민낯입니다. 행동과 별개인 입으로만 하는 기분 좋은 말. '향정신성 언어'. 끊어야 합니다. 끊으면, 비로소 보이는 것'들이 있을 겁니다. 얼마나 당했는지.

인터넷에는 이런 댓글이 보입니다. '더불어만진당', '더불어추행당'. 너나 할 것 없이 아무나 막 만지는 국회의원들이 모인 정당이라고 비꼬는 말도 있습니다. "'더듬이'들의 활개로 나라가 망해 가는구나."라는 말도 있습니다. '더듬이', 웃기네요.

'적폐 청산'의 기치를 걸고 출범한 이 정권이었기에 사회 여러 분야에서 개혁이 일어나고, 부조리가 사라질 줄 알았는데 예전보다 더 심합니다. 특히나 성 평등을 지상 최고의 가치로 여기는 페미니스트들의 지지를 얻었던 그들이었습니다. 단순히 그들의 표를 얻기 위한 걸 다르고 속 다른 놈들의 위선이었습니다. 인간의 마음을 중심으로 인간과 세상의 이치를 탐구하고, 절대 선을 추구하는 성리학 신봉자들은 천한 신분의 여자들을 사유물로 여기며 성적 욕구를 채웠습니다. 저 사람들의 모습에서 조선 시대 양반들의 모습이 떠오릅니다. 이분들의 성 인식은 아직도 조선 시대에 머물러 있나 봅니다.

3. 박원순

박원순 서울시장은 우리나라 최초로 제기된 성희롱 소송, 일명 '서울대 우 조교 성희롱'사건을 맡으며 이름을 알렸습니다. 이 사건은 해당 교수가 우 조교에게 500만 원을 지급하라는 판결로 종결됐습니다. 1980년대에는 부천 경찰서 성고문 사건을 맡아 변론했습니다. 여성들이 우리나라 페미니즘 담론에 관심을 갖게 하는 계기를 마련한 사건이기도 했습니다. 이전까지 우리나라는 성희롱과 같은 성 평등에 관한 인지가 상당히 부족했습니다. 그런 시대적 인식을 바꾸는 계기를 마련한 분이 박원순 시장입니다.

2017년 박 시장은 서울시 여성 리더 신년회에 참석해 "여성들과 함께 성 평등 정책을 제대로 펼쳐 나가겠다. 여성다움이 원순다움이다. 세상을 바꾸는 힘이 되겠다."[126]라고 했습니다. 2018년 언론사와의 인터뷰에서는 "성추행, 성희롱 사건은 모든 것을 피해자 관점에서 봐야 한다. 피해자 본인이 됐다고 한 것 이상으로 진상조사와 사후처벌이 이뤄져야 한다."라고 말했습니다. 안희정 전 충남도지사 성폭행 의혹과 관련해 해당 사건의 피해자 보호를 강조하면서 "다시 이런 일이 발생하지 않도록 해야 한다."라고 말했습니다.

이후 박 시장은 서울 시청 여직원을 성희롱한 혐의로 경찰 조사를 받을 예정이었지만 극단적 선택을 하며 이 사건은 '공소권 없음'으로 종결됐습니다.

박 시장의 극단적 선택 이후 많은 논란이 일었습니다. 박 시장의 열성 지지자들은 '고소 여성을 색출하자'는 신상 털기를 했습니다. 어떤 친여 성향 인물은 난중일기의 이순신이 관노와 수차례 잠자리를 들었던 일을 예로 들며 "이순신이 관노와 잤으니 존경받지 못할 인물인가요?"라는 궤변을 늘어놓기도 했습니다. 이순신 장군이 지금 존재하는 인물이었다면 그렇지 않았겠죠. 고소인을 관노로 박 시장을 이순신으로 비유하며 성추행을 정당화하는 이들의 행태는 많은 비난을 받았습니다. 민주주의를 외치는 이들의 국민에 대하 인식을 여과 없이 보여 주는 대목입니다.

---

126) 박길자, 「박원순, 여성친화형 리더 부각 "여성다움이 곧 원순다움"」, 여성신문, 2017. 1. 23., https://www.womennews.co.kr/news/articleView.html?idxno=111329

한 사람의 개인적인 발언을 왜 이렇게 비난하느냐는 비판이 있을 수도 있으나, 개인의 발언을 다수의 민주당 지지자들과 지도자들이 옹호했기에 함께 비난받는 것은 마땅합니다. 국민을 노비로 보고 관료를 상전이라는 그들의 인식은 400여 년 전 악습을 악습으로 보지 않고 계승하자는 의미인지 묻고 싶습니다. 청와대에서도 혹시 이런 인식을 가진 사람이 있다면 어쩌죠. 청와대에서 근무하시는 여성분들은 조심하시기 바랍니다.

인터넷 신문 기사에 달린 댓글을 살펴보겠습니다.

"조선 시대를 거슬러 올라 구석기로 가고 있는 진보 세력."

'생각은 21세기, 행동은 구석기시대'라는 제 생각을 정확히 표현해 주는 글이라 적어 봤습니다.

"서울 시청 여성 공무원은 그럼 전부 관노란 거? 관노 남편이랑 그 자식들은 그럼 뭐?"

뭐긴 뭡니까. 자식들도 관노지요. 노비종모법에 따르면 어미가 노비면 자식도 노비가 됩니다. 바늘구멍 통과하기보다 힘들다는 9급 공무원에 합격하기 위해 열심히 공부한 결과가 관노라니 할 말을 잃게 만듭니다.

논란은 여기서 그치지 않았습니다. 박 시장의 죽음에 서울시의 예산을 투입해 장례식을 치렀습니다. 이 장례식을 막아 달라는 국민 청원이 50만을 돌파하기도 했습니다.

우리나라는 어떤 잘못을 해도 스스로 목숨을 끊으면 모든 죄가 사라지고 성인의 반열에 오르는 희한한 문화가 존재합니다. 임진왜란 당시 왜군이 한양으로 가는 중요한 관문이었던 문경새재를 버리고 탄금대에서 투신한 신립 장군은 그를 기리는 기념탑이 있을 정도로 후대에서 추앙받고 있습니다. 그로 인해 죽어 갔던 1만 명의 병사와 총과 칼로 도륙당했던 백성들을 생각하면 있을 수 없는 일입니다.

진정한 죗값은 살아서 치르는 겁니다.

선택적 함묵증 2
(대선 댓글 조작—부정선거)

요즘 대선 경선에 가장 큰 이슈는 '대장동'입니다. 대장동 사건의 큰 쟁점은 유동규 전 성남 도시개발공사 기획본부장이 이재명 전 성남시장의 측근이었냐 하는 것입니다. 유동규는 개발이익 배당을 정하는 핵심적인 지위에 있었습니다. 공공(성남시)에게는 배당을 제한하고, 민간개발업자에게는 배당 제한을 두지 않음으로써 민간에게 엄청난 이익을 몰아줬습니다. 이재명 지사 쪽은 "유동규를 임명한 것 맞지만 최측근은 아니다."라고 주장하고, 반대쪽은 "유동규가 대장동 개발과정에서 민간사업자 선정에서부터 이익 배분까지 관여했다."라며 이 전 시장의 최측근이라 주장합니다. 엮으려는 쪽과 엮이지 않으려는 사람들 간의 팽팽한 대립이 어떤 결과를 가져다줄지 많은 국민들의 관심을 받고 있습니다. 엮이는 쪽은 대선에서 패배를 준비해야 할 겁니다.

'최측근' 논란은 몇 달 전에도 있었습니다. '드루킹 사건' 들어 보셨을 겁니다. 드루킹은 2017년 대선에서 인터넷 댓글을 조작해서 당시 더불어민주당 후보였던 문재인 대통령이 당선되는 데 도움을 준 사건입니다. 드루킹 사건에 문재인 대통령의 최측근 김경수 경남도지사가 등장하자 사람들은 드루킹·김경수·문재인의 고리가 있는 거 아니냐는 의혹을 제기했습니다. 여기에 여권은 아무런 대답을 하지 않고 있습니다. 사과도 없고, 유감 표시도 없고, 정말 아무것도 없었습니다. 박근혜 대통령 시절이었다면 양초공장에 대박을 안겨 줄 사건임에도 들깨시민들과 여권 지도자들은 침묵으로 일관하고 있습니다.

이 사건이 세간에 알려진 과정이 참 웃깁니다. 당시 민주당 대표였던 추미애가 2018년(문재인 대통령 당선 이후) 평창동계올림픽 관련 기사에 여당에 불리한 댓글이 부자연스럽게 올라오는 것을 수상히 여기고 경찰에 수사를 의뢰했습니다. 여기에 한 네티즌이 댓글에 '추천', '공감'이 비정상적으로 올라가는 동영상을 캡처해서 유튜브에 올렸습니다. 조작이란 주장에 힘이 실리는 상황이었습니다.

여기에 사이비 언론인 김어준도 거들었습니다. "지령 내리는 특정 프로그램으로 알바하는 댓글 부대가 있다. 매크로로 댓글 조작, 누가 시켰는지 수사해야 한다."라고 강력히 주장했습니다. 이후에 경찰이 수사에 들어갔고 압수 수색해 관계자를 체포했습니다. 알고 보니 용의자는 민주당 권리당원인 김동원(드루킹)이었습니다.

'매크로'에 대해 잠시 설명드리겠습니다. 매크로는 컴퓨터 프로그램언어로 작성된 하나의 명령 프로그램입니다. 내가 작업하고자 하는 내용을 프로그래밍해 놓고 버튼 히니민 클릭하먼 컴퓨터가 알아서 일을 해 줍니다. 사이트, 작성 내용(상대 비방 or 우리 편 옹호), 클릭 위치(좌표), 클릭 횟수, 시간대별 등의 내용을 다르게 할 수도 있습니다.

이 프로그램으로 선량한 사람 하나 바보로 만드는 건 시간문제입니다. 예를 들면 "홍길동은 세종대왕 아바타", "조국의 적은 조국"이라는 작성 내용을 자동으로 입력하게 한 후, 그 글에 자동으로 '공감'을 클릭하도록 설정해 놓으면 클릭 수가 많아지므로 댓글 상단에 위치하게 됩니다. 댓글 상단에 위치하게 된 내용은 네티즌들에게 여론의 방향을 알려 주는 역할을 합니다. '아, 이게 여론이구나!'라는 생각을 갖게 하는 겁니다. 그래서 이들은 고의적으로 '공감'에 대한 클릭 수를 조작했던 것입니다.

여기서 재미있는 일이 일어납니다. 드루킹 일당을 잡고 보니 김경수 경남지사(당시는 국회의원)와의 연결 고리가 발견됐습니다. 서로 왕래하며 매크로프로그램(킹크랩)을 시연하고 김 지사의 호응을 얻어 내려는 정황이 포착됐습니다. 이에 자유한국당은 특검을 요구했고, 김 지사는 드루킹과 함께 대선에 개입해 여론을 조작한 혐의로 재판에 넘겨졌습니다.

실제로 2017년 5월 대선에서 문재인 후보는 41.5%를 얻어 대통령에 당선됐습니다. 이제 드루킹은 본전 생각이 슬슬 나기 시작합니다. 드루킹은 김경수 경남지사(당시 국회의원)에게 댓글 작업의 대가로 지인을 일본 대사, 오사카 총영사 등으로 추천했습니다. 그러나 김 지사는 일본 센다이 총영사 자리를 역제안했습니다. 드루킹의 제안을 김 지사가 거절한 것이지요. 한 마디로 은혜를 배신으로 갚았다고 생각한 드루킹은 반대로 행동하기 시작합니다. 문재인 정권 '옹호'에서 '비난'으로 깜빡이를 켰습니다.

2018년 평창동계올림픽 관련 기사에 여당과 문재인 대통령이 불리하게 악성 댓글을 달고 클릭 질을 시작한 것입니다. 이것을 추미애가 의혹을 제기하고, 김어준이 교통방송에서 지적하자 경찰이 수사하다가 걸려든 겁니다. 역시 정의의 사도들입니다. 내 편 공격은 항상 음모가 있다고 생각하는 저들의 생각이 딱 들어맞았습니다. 그리고 그 음모는 저들이 더 잘 꾸민다는 것도 드러났습니다. 그런데 이들은 또 말이 없습니다. 선택적 함묵증. 셀렉티브 뮤티즘 selective mutism.

깨시민들이 만든 촛불 정권은 어디로 가고 댓글 정권이 우리를 들깨시민으로 추락시켰습니다. "춘향인 줄 알았더니 향단이더라."라는 홍준표 의원님의 말씀이 생각납니다. '촛불 정권'인줄 알았더니 촛불 꺼지고 나니 '댓글 정권'이더라. '댓글 정권'을 '촛불 정권'으로 바꿔 주실 찐시민 어디 없나요.

술 마시고 난 다음 날 먹으면 안 되는 음식 뭔지 아시나요? 들깨칼국수. 왜냐. 술이 들(덜) 깨니까. 들깨시민의 뜻, 아시겠죠.

인터넷 댓글에 이런 글이 보입니다.

"킹크랩은 누구껍뇨?", "지금의 적폐 세력은 누굽뇨?", "만사 내로남불", "도둑질한 놈을 잡았는데 훔친 돈을 다 써 버렸네. 그렇다고 그냥 놔둘 순 없잖아. 죄는 물어야지."

주옥같은 댓글들입니다. 더 웃기면서 심한 말도 있지만 잡혀 갈까 봐 그만하겠습니다. 그만하려 했는데 댓글 살펴보다 보니 재미난 게 보입니다. "박근혜·최순실은 경제 공동체, 드루킹·문재인은 댓글 공동체." 법전에도 없는 '경제 공동체'로 처벌하더니, 이번에는 '댓글 공동체'라는 말로 처벌되는 사례가 생길 수도 있겠네요.

'댓글 공동체'라는 말이 너무 재미있어서 인터넷에서 검색해 봤습니다. 이미 정치인들이 애용하고 있더군요.

김경수 경남지사가 드루킹 일당과 공모해 지난 대선에서 댓글을 조작해 선거에 개입한 혐의로 대법원에서 확정판결을 받자 야권인사들의 맹폭이 이어졌습니다. 원희룡 제주지사는 "최측근이 대법원 확정 판결을 받고 재수감되었는데 왜 문 대통령은 말이 없느냐. 문 대통령이 댓글 공동체에 대해 알고 있는 대로 국민 앞에 나와 밝혀야 한다."[127]라고 했습니다. 윤석열 전 검찰총장은 "이번 여론 조작의 유일한 수혜자인 문 대통령이 '억울하다'는 변명조차 못하면서 남의 일처럼 행동하고 있는데 이는 '비서 김경수'가 책임질 일이 아니다. 문 대통령이 답하고 책임져야 할 일"[128]이라고 했습니다.

그러자 이재명 경기지사는 분기탱천하며 "비상식적인 대통령 끌어들이기, 대선 불복 정치 선동을 중단하라."라고 했습니다. 선동은 거짓을 사실이라고 우기며, 진실을 거짓이라고 우기는 것입니다. 야권 인사들의 지적은 사실에 바탕을 둔 주장입니다. 댓글 조작 사건을 대통령 후보 최측근 비서의 개인 일탈로 보기엔 무리가 있습니다. 당과 이들의 정치 명운이 걸린 문제라 비서 개인이 독단적으로 진행할 수 없는 덩어리가 엄청나게 커다란 일이었기에 더욱더 그렇습니다.

2017년 1월 7일, 이재명 더불어민주당 대선 후보(당시 성남시장)는 페이스북 글을 통해 "지난 대선 대선은 3·15 부정선거를 능가하는 부정선거"라며 "국가 기관의 대대적 선거개입에 개표 부정까지…."라고 말했습니다. 이어 "강동원 의원과 장하나 의원, 횃불시민연대 그리고 개표 부정을 밝히고 투표소 수개표를

127) 김승현, 「원희룡, "文 대통령은 댓글 공동체 밝혀라"」, 조선일보, 2021. 7. 27., https://www.chosun.com/politics/assembly/2021/07/27/QS2MGU5ZXJBJHBV6BQ2HFOV7MY/

128) 성상훈, 「윤석열 "여론조작 수혜자는 문재인 대통령」, 한국경제, 2021. 7. 25., https://www.hankyung.com/politics/article/2021072566351

위해 투쟁하는 많은 분을 응원한다."라고도 했습니다. 고작 근거라 제시한 것은 일부 진보단체들의 억측뿐이었습니다. 베베꼬인 사람들의 베베꼬인 사고로 만들어 낸 허상을 국민들에게 논리적 근거인 양 설파하고 자신의 정치적 입지를 다지기 위해 아무말 대잔치를 벌였습니다. 드루킹과 김경수의 범죄행위는 대법원의 판결을 받았습니다. 확실한 근거가 있습니다. 이재명 지사에게 묻습니다. 지난 대선은 부정선거인지 대답해 봅시다.

2021년 7월 28일 오후 8시 〈MBN 종합뉴스〉의 'MBN 특별대담—이낙연 후보에게 듣는다'에 출연한 이낙연 전 총리는 김경수 지사 판결에 대한 의견을 묻는 질문에 "김경수 지사에 대한 대법원의 판단도 존중한다. 개인의 소회로서 김경수 진 지사의 진실을 믿는다. 판단이 잘못된 것은 아니다."라고 답합니다. 이 말은 읽은 여러분은 이낙연 전 총리의 말이 무슨 뜻인지 이해하십니까? "죄가 있단 말이야? 없단 말이야?" 답답합니다. 죄가 있다고 말하면 대깨문들이 싫어할 것이고, 죄가 없다고 말하면 내로남불이라 일반 국민들에게 욕먹을 것 같은 진퇴양난에 빠진 모습이었습니다. 이어 김주하 앵커가 혼란스러운 듯 재차 묻습니다. "대법원의 판단은 믿지만, 김경수 전 지사의 무죄도 믿는다?"라고 의아해합니다.

정치인은 메시지 전달이 명확해야 합니다. 두루뭉술하게 모호한 표현으로 자신의 생각을 말하면 함께 정책을 추진하는 사람들이 혼란스러워합니다. 제대로 정책이 세워질 수 없으니 집행될 때도 문제가 발생합니다. 국민에게 피해가 돌아가는 것이죠.

송영길 민주당 대표도 "국가기관이 대대적이고 조직적으로 댓글 작업을 해 선거에 개입한 것과 드루킹이 김 지사를 이용해 벌인 사기극을 어떻게 비교할 수 있느냐"[129]라고 했습니다. 송영길 대표는 누가 누구에게 버림받아서 이 사 달이 났는지 이해를 못 하시는 분인 것 같습니다. 다시 알려 드리죠. 이 사건 은 김 지사에게 이용당한 김동원(드루킹)이 김 지사 측에 복수극을 펼치면서 세상에 드러난 사건입니다. 이득을 본 사람과 대가를 못 받았다고 주장하는 사람이 있다고 가정해 봅시다. 대가를 못 받은 쪽이 피해자입니다.

그리고 이 사건에서 국가가 개입했느냐, 개인이 개입했느냐는 본질이 아닙 니다. 본질은 선거에 어떤 영향을 미쳤느냐입니다. 불가항력적인 조작으로 선 거에 개입하고 선거 제도의 취지를 훼손했다는 점에서 본질이 같습니다. 2012 국정원 댓글 사건 당시 민주당은 "도저히 용납할 수 없는 국기 문란 행위"라고 했습니다. 그럼 드루킹 사건은 개인이 한 것이니 국기 문란 행위가 아닌가요. 문재인 후보의 최측근 김경수라는 사람이 끈끈하게 연관이 되어 있는데도 부 정하는 모습이 애처롭습니다.

한 가지 알려 드릴 게 있습니다. 2012 대선에서 국정원 댓글 사건을 수행한 것은 이명박 정부입니다. 박근혜 캠프가 아닌 이명박 정권이 한 일입니다. 드 루킹은 문재인 캠프에서 저지른 일입니다. 댓글 조작 횟수는 100배나 차이 납 니다. 드루킹은 4,133만 회, 국정원은 41만 회.

마지막으로 묻겠습니다. '킹크랩'은 누구 건가요? 침묵하지 말고 답해 주십시오.

---

129) 송오미, 「'감히 대통령을?'…與, 댓글 조작 '文 책임론' 제기 윤석열에 '십자포화'」, 데일리안, 2021. 7. 27.,
https://m.dailian.co.kr/news/view/1015755

당헌까지 바꿔 가며 재보선 후보 차출

2021년 4·7 재보궐선거는 제7회 전국동시지방선거에서 당선된 광역단체장(광역시장 및 도지사), 기초단체장(시장·군수·구청장), 광역의원, 기초의원, 교육감 등의 선출직 공직 가운데 2021년 2월 28일까지 궐위 된 곳에서 실시됐습니다. 쉽게 말해 선거로 뽑혔으나 그 직을 수행할 수 없는 사유가 발생한 곳에서 선거를 다시 치르는 것입니다. 직을 수행할 수 없는 사유에는 여러 가지가 있습니다만 그중에 가장 많은 사유가 법원으로부터 형을 확정받는 경우가 대부분입니다.

4·7 재보궐선거에서는 서울시장, 부산시장 선거가 가장 국민의 주목을 받았습니다. 박원순 시장은 비서실의 젊은 여성 직원을 성희롱한 의혹으로 경찰 수사가 시작되자 스스로 목숨을 끊었고, 오거돈 부산시장은 시청 비서실의 젊은 여자 직원을 집무실로 불러 강제 추행한 사실이 밝혀지면서 부산시장직에서 사퇴했습니다.

지금으로부터 6년 전인 2015년 4·29 재보궐선거에서 새천년민주당이 참패한 후 고조된 계파 갈등을 추스르고 당을 혁신한다는 취지로 혁신위원회를 출범시킵니다. 혁신위원회가 발표한 1호 혁신안은 '당 소속 선출직 공직자가 부정부패 등 중대한 잘못으로 그 직위를 상실해 재보선을 실시하게 될 경우 해당 선거구에 후보자를 추천하지 아니한다.'였습니다. 이 내용은 새천년민주당 당헌 96조에 반영되었습니다.

이를 근거로 2015년 문재인 대통령은 당시 새정치민주연합(지금은 더불어서 민주당, 이하 새천년민주당) 대표로서 고성군수 재보궐선거(10·28) 지원 유세에서 새누리당(지금은 국민의힘, 이하 한나라당)이 후보를 낸 것에 대해 다음과 같이 비판합니다. "이번 선거는 새누리당 후보가 선거법 위반으로 당선 무효가 되는 바람에 재선거를 하게 되는 것이거든요. 이 재선거 치르는 예산만 수십억 듭니다. 고성 군민들이 다 부담하는 겁니다. 새누리당이 책임져야 하는 거 아닙니까?"라고 했습니다. 어찌 이렇게 옳은 말씀만 하시는지 존경스럽습니다. 수십억 원의 세금이 낭비되는 죄를 지었으니 후보를 내지 않는 것이 맞습니다.

선정민, 「文, "새누리당이 책임져야죠, 후보 내지 말아야죠" 5년 전 영상 화제」, 조선일보, 2020. 10. 31.

2017년 추미애 더불어민주당 대표는 그해 3월 치러지는 경북 상주·군위·의성·청송 국회의원 재선거와 관련해 자유한국당(새누리당 → 자유한국당 → 미래통합당 → 국민의힘)의 책임지지 않는 정치 행태를 비판하며 다음과 같이 말했습니다. "자유한국당에서는 후보를 내지 않아야 마땅합니다. 유감스럽게도 자유한국당은 애초 무공천 방침을 바꿔서 다시 공천하기로 어제 결정했다고 합니다. 참으로 후안무치한 행태가 아닐 수가 없습니다."[130] 그런데 2018 선거에서 당선된 더불어민주당 소속 천안 시장이 법원 판결로 시장직을 잃게 돼 실시된 2020년 4·15 재보궐선거에 민주당은 후보를 냈습니다. 결과는 어떻게 됐을까요? 더불어민주당이 졌습니다. 약속을 손바닥 뒤집 듯하고, 이중 잣대로 자신들은 선, 상대편은 악으로 규정하는 행태에 국민들이 준엄한 심판을 한 것입니다. 이후 이들은 변명을 합니다.

"정치자금법 위반은 중대한 잘못이 아니다."

이후 2020년 4월 오거돈 부산시장이 성추행으로 시장직을 스스로 사퇴했고, 2020년 7월 박원순 서울시장이 성희롱 사건으로 사과 한마디 없이 목숨을 끊습니다. 이 두 시장의 중대한 잘못으로 치러지는 재보궐선거에 더불어민주당은 당헌·당규에 따라 후보를 내지 않는 것이 마땅합니다. 그런데 이낙연 더불어민주당 대표는 당헌 개정을 통해 후보를 내려고 시도합니다. 결국 당원 투표에 상정됐고 당원 26.35% 참여, 86.64% 찬성으로 당헌에 "단, 전 당원 투표로 달리 정할 수 있다"가 추가됩니다. "중대한 잘못으로 직위를 상실하면 후보자를 안내지만 당원들이 원하면 낼 수도 있다."가 된 것이죠. 더불어민주당은 이 투표를 통해 2021년 4·7 서울과 부산시장 재보궐선거에 후보를 내게 됩니다.

이에 대한 비판이 거세게 일자 더불어민주당은 "박근혜 전 대통령 탄핵으로 치러진 2017년 조기 대선에서 홍준표 후보가 출마했습니다. 오세훈 서울시장이 무상 급식 투표 결과로 중도사퇴하고 치러진 2011년 서울시장 보궐선거에

130) 선상원, 「추미애 "자유당 재보선 무공천 방침 바꿔, 후안무치한 행태"」, 이데일리, 2017. 3. 22., https://www.edaily.co.kr/news/read?newsId=02984806615865944&mediaCodeNo=257

나경원 후보가 출마했습니다. 도의만 따졌다면 홍준표, 나경원 후보는 출마하지 말았어야 합니다."라고 맞받아칩니다. 얼핏 들으면 맞는 말이라 생각할 수도 있습니다. 더불어민주당의 당헌을 다른 당에도 적용해야 한다는 말 같습니다. 보수정당에는 "중대한 잘못이 있을 경우 재보궐선거에 후보자를 내지 않는다."라는 당헌이 없습니다. 이런 물귀신 작전은 내로남불 벗어나기의 전형적인 방법입니다. 전두환 대통령의 어록이 생각납니다. "왜 나만 갖고 그래."

정치의 자기 책임성을 강화하기 위해 만들었던 무공천 당헌을 전 당원 투표라는 비겁한 방식으로 무력화시킨 사건입니다. 전 당원 투표로 결정된 공천 결정은 문제점이 있습니다. 절차상의 정당성이 결여됐습니다. 더불어민주당의 당헌 및 당비 규정 제38조 3항을 살펴보면 "전 당원 투표는 전 당원 투표권자 총수의 3분의 1 이상의 투표와 유효 투표수 총수 과반수의 찬성으로 확정한다."라고 규정돼 있습니다. 그런데 앞서 살펴보았듯이 전 당원 투표권자의 26.35%가 참여했으므로 투표 자체가 성립될 수 없는 것입니다. 국민에게 스스로 한 약속을 뒤집기 위해 실시한 투표마저도 절차상의 문제를 일으켰습니다. 이에 또 더불어민주당은 황당한 변명을 내놓습니다. "이번 전 당원 투표는 당규에 규정된 의결 절차가 아니라 당원들의 의지를 물은 것이다."라고 했습니다. 궤변을 비판하면 또다시 궤변을 늘어놓는 이 모습. 두 번 다시 국민들의 지지를 받기 어려워 보입니다. 내로남불호는 이제 침몰해서 사라져야 합니다.

2021년 4·7 재보궐선거에서 서울시장, 부산시장 후보를 내기로 결정한 것에 대해 국민의힘 측은 당헌을 만든 당시 문재인 새천년민주당 대표가 답해야 할 시간이라 압박했습니다. 청와대는 말을 아끼면서도 "대통령이 지방선거나 여야 간 정쟁 사안에 대해서는 입장 표명을 해 온 적 없다는 것이 주지의 사실"이라며 별도의 입장을 밝히지 않았습니다. 2015년 혁신위 혁신안 통과에 당대표직을 걸겠다던 문재인 대통령의 결기는 어디로 갔는지 궁금합니다.

2021년 4·7 재보궐선거가 시작되고 더불어민주당은 재보궐선거 원인제공, 당헌·당규 재개정과 관련된 후폭풍으로 부산시장 선거가 열세에 놓이게 되자 '가덕도 신공항 특별법' 카드를 내밀었습니다. 이에 문재인 대통령은 더불어민주당의 '가덕도 특별법' 추진에 화답이라도 하듯 직접 가덕도를 방문해 "오늘 신공항 예정지를 눈으로 보고 메가시티 구상을 들으니 가슴이 뛴다. 반드시 실현시키도록 하자."라고 말하며 선거 개입 논란을 빚었습니다. 선거를 코앞에 두고 부산시장 선거의 뜨거운 쟁점이었던 가덕도를 방문해 간접적으로 선거에 영향을 미치려 한 행동은 '선거와 관련된 입장 표명을 하지 않는다'는 청와대의 입장과 분명히 배치되는 것입니다.

더불어민주당은 지키지도 못할 약속을 스스로 정하고 불리해지니 약속을 뒤집고, 약속을 지키지 않은 것에 대해 비판하자 자기네 당헌·당규를 남에 당에 적용하며 지키라고 물귀신 작전을 펼치고, 절차상의 오류를 지적하자 절차가 아닌 당심 파악이었다는 궤변을 늘어놓습니다. 정상적이고 이성적인 사고를 할 수 있는 집단인지 의심스럽습니다. 범죄를 저지르고 자살한 사람들이 영웅으로 신격화됐습니다. 이제 그들이 지지른 잘못보다 성미하면 잘못도 아니고 죄도 아닌 게 됐나 봅니다. 도덕 불감증. 도덕의 경계를 무너뜨리고 범죄에 대해 책임지지 않는 비겁한 풍토를 확산시키고 있습니다. 우리는 그 집단들에게 깊은 절망을 느낍니다.

2021년 4·7 서울시장, 부산시장 재보궐선거에서 더불어민주당은 후보를 내서는 안 됐습니다. 국민에게 이번 보궐선거가 치러지는 것에 대해 사과하고 후보를 내지 않는 것이 옳았습니다. 그런데 더불어민주당은 사과는커녕 오히려 선거에 후보를 내보냅니다.

중앙선거관리위원회가 국회에 제출한 자료에 따르면 4·7 재보궐선거에 필요한 예산은 932억 900만 원으로 1,000억에 육박하는 것으로 나타났습니다.[131] 이 중 더불어민주당의 귀책 사유로 선거가 벌어진 곳은 8곳으로 858억 7300만 원인 것으로 확인됐습니다. 재보궐선거 전체 비용의 92%를 차지합니다. 반면에 국민의힘 관계자들의 귀책 사유로 치러지는 곳은 네 곳으로 비용은 26억 8300만 원으로 나타났습니다. 재보궐선거 비용은 모두 국민이 낸 혈세에서 나옵니다. 세금 루팡 더불어민주당입니다.

소위 진보·좌파 세력은 '우리는 최고의 선'이고 그 기준에 맞지 않는 '상대편은 절대 악'이란 프레임을 만들었습니다. 그런데 그 프레임에 더불어민주당은 스스로 갇히게 됩니다. 그 프레임을 합법적인 절차를 거쳐 스스로 깨려고 애썼지만, 절차의 정당성조차 얻지 못하고 비난만 받게 됩니다. 책임 정치의 기치를 스스로 내 팽개치고 권력 쟁취를 위해 꼼수를 부렸습니다. 정치에 개입하지 않는다던 청와대의 입장이 무색하게 대통령은 선거 직전 가덕도를 방문해 부산시민들의 표심에 호소합니다. 참 공정하고 정의로운 세상입니다.

---

131) 국회에 제출한 예산이 자료이며, 실제 지출한 비용과는 차이가 있을 수 있음.

제11장

부동산

서민들의 인생 목표 '내 집 마련'
내 집 마련을 위해 '영끌 대출', '투잡'
폭등하는 아파트값을 잡겠다던 26번의 정책은 모두 헛스윙

새로운 정책이 나올 때마다 집값은 폭등
이유 있는 폭등
정책과 법을 만드는 인간들이 꼼수를 부리고
부동산 폭등에 편승했다

나는 1,000평,
너희는 400평까지

　여권 대선주자 이낙연 전 총리가 2021년 7월 15일 자산 불평등 해소를 위해 '토지독점규제 3법'을 발의했습니다. 토지독점규제 3법은 '택지소유상한법', '개발이익환수법', '종합부동산세법'을 말합니다. 그중 '택지소유상한법'은 서울 및 광역시 택지 소유를 1인당 400평(약 1,320㎡)까지 규제하는 내용입니다. 이는 1999년 헌법재판소에서 위헌 결정으로 폐지된 택지소유상한법을 부활하겠다는 의지가 담긴 것으로 해석되고 있습니다. 당시 헌재는 택지 소유 상한(660㎡)이 지나치게 낮고, 택지 소유 경위·목적에 관계없이 일률적으로 소유 상한을 적용한 것을 위헌이라고 판단했습니다. 그런데 이런 취약점을 보완해 법안을 제출했다고 합니다.

　토지독점규제 3법의 핵심은 '1. 택지 소유를 제한해 택지를 매물로 나오게 한다. 2. 개발이익 부담률을 현재 20~25%에서 최대 50%까지 늘려 매물로 나오게 한다. 3. 유휴토지에 가산세를 부과해 매물로 나오게 한다.'입니다. 이 3법을 통해 매물로 나온 토지를 토지은행이 매입·비축해 공공임대주택을 확충하겠다고 합니다.

　참 예쁘고 아름다운 말입니다. 주택난에 걱정이 많은 국민의 가려운 곳을 읽어 주는 효자손 같은 말입니다. 하지만 여러분, 더불어민주당 대선 주자인 이낙연 전 총리는 정작 1,000평이 넘는 토지를 소유하고 있습니다. 살펴보겠습니다.

국회의원 재산공개에 따르면 이낙연 전 총리는 서울 평창동과 전남 영광 등에 답·대지·임야를 합해 토지 1,000평(3,614㎡) 이상을 보유한 것으로 나타났습니다. 평창동 대지 약 136평(450㎡)과 전남 영광 대지 약 92평(304㎡), 답 564평(1,868㎡) 임야 301평(992㎡)을 소유하고 있습니다. 토지에 포함되지 않지만, 배우자와 공동명의로 신고한 종로의 아파트는 17억 원 상당으로 53평(174.55㎡)입니다.

이 전 총리가 보유한 토지에는 택지가 아닌 답, 임야가 포함돼 있으나 자신이 1,000평 이상의 토지를 보유한 상태에서 토지독점규제에 나선 것은 내로남불의 전형이라고 생각됩니다.

이에 이 전 총리는 "취득 경위에 불법적 요소는 전혀 없다.", "부모에게서 물려받은 땅을 소유하고 있다는 사실만으로 부동산 관계법 발의가 비난받을 수 없다."라고 했습니다. 맞습니다. 땅 부자라고 비난받을 이유가 전혀 없습니다. 그런데 나는 토지를 소유할 수 있고, 다른 사람들의 토지 소유에 상한선을 두려 하는지 이해할 수 없습니다. '나는 토지를 갖고 있지만 다른 사람들은 더이상 사면 안 됩니다'라는 생각인가요? 이런 규제들은 시장을 왜곡하고 공급을 감소시켜 결국 가격 폭등으로 이어집니다. 부동산 정책을 26번 헛스윙을 하고도 아직 못 느끼셨나요?

만약 이 법이 통과된다면 개인 택지 소유가 400평으로 제한됩니다. 그다음은 200평, 그다음은 100평, 그다음은 토지는 모두 국가 소유가 될지도 모릅니다. 이제 개인의 사유재산 소유를 제한하는 사회주의 체제 열차에 올라탄 겁니까?

개인의 부동산을 높은 세금을 책정해 매물로 나오게 하고 그걸 국가가 헐값에 사들인다는 발상은 자유시장경제 체제에서는 상상도 할 수 없는 일입니다. 높은 세금으로 부동산 소유자들을 압박한 결과 지금 부동산 가격이 내렸나요? 아닙니다. 오히려 올랐습니다. 높은 세금 내고 팔 바에 증여하거나 정권 바뀌고 규제 풀리면 팔겠다는 사람들이 더 많아졌습니다. 매도하지 않고 쥐고 있으니 매물이 부족해지고 부족한 매물은 가격 상승을 부추기는 요인이 됐습니다. 이 정권에서 다주택자는 죄인이 됐습니다.

개인의 자유가 사라지고 국가의 통제가 당연시되는 시대가 올지도 모른다는 불안감이 돕니다. 우리 주위에는 가난이 싫어 자식들에게 가난은 물려주지 않겠다는 생각으로 새벽에 일어나 밤늦게까지 열심히 일하는 사람들이 많습니다. 열심히 일해서 자식들을 공부시키고 집도 사고 땅도 사고, 좋은 차도 사고 싶은 욕구가 있기 때문입니다. 서민들의 희망의 사다리를 걷어차지 마십시오. 국민이 분노할 겁니다. 높은 세금으로 땅을 국가가 매입하고 그 땅에 싼 공공주택을 공급해 주겠다는데 무슨 잔소리가 많냐구요? 대한민국 국민이 우습습니까? 그런 사회주의적 발상들에 이제 국민들은 속지 않습니다.

이 법이 통과되면 앞으로 택지가 전부 밭으로 변할지도 모릅니다. 택지가 되어 버리면 세금 폭탄을 맞으니 전·답으로 사용해야 세금을 절약할 수 있을 테니 말이죠. 집으로 지을 시기가 되면 지목 변경해서 집으로 지으면 되겠지요.

양산에 땅 사서 집 짓고 있는 누구처럼 말이죠.

이낙연 전 총리가 드디어 본색을 드러냈습니다. 2021년 7월 15일 '토지독점 규제 3법'을 발의한 후 오늘 2021년 7월 27일 이 법안 발의의 속내를 드러냈습니다. "내 삶을 지켜 주는 주거 정책"공약을 발표했습니다. '토지독점규제 3법'을 시행해 매물로 나오는 택지와 유휴 토지에 공공주택을 짓겠다고 합니다. 이낙연 전 총리 측 관계자는 "대도시 토지 소유를 규제해 확보한 땅에 공공주택을 지으면, 분양가는 낮게 유지하면서도 주거 수요가 높은 지역에 민간 아파트와 비슷한 수준의 아파트를 공급할 수 있다."라고 했습니다. 앞에서 설명드린 것처럼 세금을 높이고 소유를 제한해 급매물을 유도하고 이것을 국가가 사들여 주택 원가를 낮추겠다는 발상입니다.

국민들이 가만히 있지 않을 겁니다. 실현 가능성이 없는 허상으로 가득찬 주택정책보다 국민들이 내 집을 마련할 수 있는 정책을 마련하는 것이 올바른 정치인의 자세라 생각합니다.

2021년 7월 28일 오후 8시 〈MBN 종합뉴스〉의 'MBN 특별대담—이낙연 후보에게 듣는다'에 출연한 이낙연 전 총리는 '토지독점규제 3법'에 대해 기존의 입장을 애매모호한 표현으로 포장합니다. 이날 방송에서 김주하 앵커는 "토지독점규제 3법이 헌법에 위배된다. 이 법안이 사회주의 논란이 있다(규제가 과한 것 아닌가?)"라고 질문하자 이낙연 전 총리는 "제한하는 것, 금지가 아니구요. 일정 면적 이상의 토지를 소유하면 세금을 많이 내도록 하는 것입니다."라고 답합니다. 세금을 많이 내는데 어느 정신 나간 사람이 토지를 소유하려고 하겠습니까. 국민들에게 진실을 말해야 올바른 정치인입니다. 국민을 속이고 있습니다. 세금을 높여 국민들이 소유한 토지를 매물로 내놓게 하고 높은 세금으로 토지를 못 사게 하는 것은 토지소유제한과 같은 말입니다. 다른 말인가요?

여러분 이런 사회주의 사상 기반의 부동산 정책에 우리가 대응할 수 있는 방안에는 어떤 것들이 있을까요? 만약 이런 식의 부동산 정책이 지지받고 이런 지도자가 선택받으면 우리가 가진 부동산들은 머지않아 국가의 소유가 될 것이 뻔합니다.

아래 글은 주식 투자계의 전설 '게임조아'라는 필명을 사용하는 핀업스탁의 신준경 이사의 의견입니다. 이분의 경제 전망 및 예측들은 혀를 내두를 정도로 잘 맞아 들어갑니다.

> 대응 방법. 첫째, 어차피 국가가 가져가는 거 대출을 영혼까지 팔아서 최대한으로 많이 받아야 합니다. 그래야 뺏겨도 억울하지 않겠죠. 둘째, 불변의 안전자산으로 금 또는 불안전 하지만 세계 사람들이 환호하는 비트코인으로 바꿔야 합니다. 금보다는 비트코인이 좋을 듯합니다. 금 대체재가 비트코인이고, 대체재가 나오면 기존의 것은 가치가 떨어집니다. 셋째, 해외로 이민을 떠나야 합니다. 부자를 죄인 취급하고 세금을 많이 부과하는 나라의 부자들은 그 나라를 뜨고 있습니다.

보유세를 엄청나게 높여서 결국 부동산을 헐값에 시장에 내놓게 되는 그런 시기가 올 수도 있습니다. 머릿속에 대응 방법을 꼭 기억하고 계십시오. 차기 대선후보 지지율을 보십시오. 포퓰리스트들의 인기가 하늘을 치솟고 있습니다. 영화가 아닙니다. 현실입니다.

누구에게 보여 주려고
주렁주렁 매달고 다니는가?

더불어민주당 박주민 의원이 지난 2020년 7월 임대차 3법 통과를 20여 일 앞두고 보유 중인 아파트의 임대료를 대폭 인상했습니다. 박주민 의원은 21대 국회 1호 법안으로 임대료를 5% 이상 올릴 수 없게 하는 전·월세 상한제와 계약갱신청구권 도입을 골자로 한 주택임대차보호법 개정안을 발의했습니다.

국토교통부 실거래가 공개시스템에 따르면 박 의원은 지난해 7월 보증금 1억 원, 월세 185만 원에 서울 중구 신당동 아파트(84.95㎡)의 임대계약을 체결했습니다. 기존 임대료 3억 원에 월세 100만 원이었습니다. 당시 전·월세 전환율 4%를 적용하면 임대료를 9.1%나 올려 받은 셈입니다.

박 의원의 임대계약은 신규 계약이라는 점에서 법적으로는 전·월세 상한제 적용을 받지 않습니다. 하지만 세입자 부담을 최소화하기 위해 임대료 인상 폭을 5% 묶어둔 '임대차 3법'의 취지를 감안하면 전형적인 내로남불에 해당하는 행위라는 지적이 나옵니다.

이에 대해 박 의원은 사회관계망서비스에 "신규 계약이어서 주택임대차보호법상 전·월세 전환율의 적용을 받지 않아 시세가 기준이 될 수밖에 없었다."라고 해명했습니다. 박 의원은 그러면서 "부동산중개업소 사장님이 시세보다 많이 싸게 계약한다고 해 지금까지 그렇게 알고 있었는데 최근 기자분들의 문의를 받고 살펴보니 시세보다 월 20만 원 정도만 낮게 계약된 것을 알게 됐다."라고 말했습니다. 박 의원은 "주거 안정을 주장하면서 보다 꼼꼼하게 챙기지 못해 시세보다 크게 낮은 가격으로 계약을 체결하지 못한 점 죄송스럽게 생각한다."라며 "앞으로는 살피고 또 살펴서 이런 일이 없도록 하겠다."라고 밝혔습니다.

이런 뉴스가 보도된 이후에 재계약을 통해 임대료를 낮추긴 했지만, 만약 이런 보도가 나가지 않았다면 어떻게 됐을까요?

박주민 의원은 직업이 변호사로 세월호 사건 당시 단원고 피해 학생 부모님들의 변호를 맡아 이름이 알려진 사람입니다. 당시 변호를 맡으면서 '거지 변호사'라는 별명을 얻기도 했습니다. 피해자 부모님들의 법률 대리인을 자청하며 제대로 씻지도, 먹지도 못하며 고군분투했던 모습의 사진이 아직도 머리에 남아 있습니다. 지금도 이분이 입고 다니는 양복에는 세월호 배지가 달려 있습니다. 아마도 죽을 때까지 달고 다닐 겁니다. 이렇게 박주민 의원은 약자의 편에서는 삶을 살아왔습니다.

문재인 정부에서 집값이 조금씩 오르기 시작하다가 2020년 초부터 집값이 서울을 시작으로 폭등하기 시작했습니다. 집값이 오르면 집 없는 서민들이 너무 오른 집값 때문에 집을 구매할 수도 없을뿐더러 집값이 폭등했으니 전세나 월세도 폭등하니 삶이 힘들어집니다. 이때 약자 도우미 코스프레로 등장하는 사람들이 있습니다. 바로 국회의원들이죠. 그중 하나가 박주민 의원이었습니다. 박주민 의원은 "어떻게 하면 주거환경이 안정될 수 있을까를 늘 고민했다. 그래서 이번 주택임대차보호법 개정안을 대표 발의하게 됐다."라고 발언한 바 있습니다. 정말 집 없는 서민 입장에서 대환영할 만한 입법 발의입니다. 서민을 이렇게 생각해 주시는 국회의원은 없을 듯합니다.

그런데 이 법안이 통과되기 한 달 전에 박주민 의원 본인은 세입자의 임대료를 대폭 인상했습니다. 이 법이 통과되기 전 셀프저격을 하기도 했습니다. 박 의원은 "주택임대차보호법이 시행되기 전에 미리 월세를 높이려는 시도가 있을 수 있다."라며 "혹은 새로 신규 계약을 할 때 (월세를) 올리려고 할 것이다." 라는 우려를 표명하기도 했습니다.

성동권, 「"미리 월세 올리려 할 것"···과거 박주민에게 셀프 저격(?)당한 박주민」, 인사이트, 2021. 4. 1.

주택을 보유한 국민은 재산권 행사를 제한하면서 주택들 갖지 못한 국민들의 환심을 사서는 국회의원 개인의 사익을 좇는 사악한 모습을 보여 주는군요. 가증스럽습니다. 국민들을 기만하고 사익을 취하는 수단으로 권력을 악용하고 있습니다. 주택들 가진 자와 갖지 못한 자를 갈라 치고, 본인 이익은 극대화 시키는 이런 모습 이제 보기 싫습니다. 행동과 머릿속은 자본주의에 가장 최적화되어 있으나 표출은 할 수 없고, 말로만 '친서민 정책'을 외칩니다. 박주민 의원이 국민들로부터 더욱더 사랑받을 수 있는 기회를 돈 때문에 놓쳤네요. '박주민 의원이 이 법을 통과 시키기 전에 기존 세입자와 계약을 갱신하면서 월세를 대폭 인하했습니다.' 이런 미담이 뉴스를 도배했다면 어땠을까요?

　박주민의 본모습을 보았습니다. 박주민이 세월호 희생자들의 법률 대리인을 자청해 활동한 의도가 상당히 의심스럽습니다. 당신은 정말 서민들의 편입니까? 가슴의 주렁주렁 매달고 다니는 배지는 위선의 양을 나타내는 것입니까? 세월호 희생자 학생들이 정말 안타까워서 그러는 게 아니라 그 희생된 어린 학생들을 발판삼아 권력을 잡으려고 했던 건 아닌가요? 갑자기 이 대목이 떠오릅니다. "얘들아 고맙다." 박주렁 의원님, 서민 코스프레 토나올거 같아요. 위선 그만 떨고 본성대로 사세요. 아님 그 주렁주렁 다 떼어 버리시든지요.

　정의와 공정을 쉴 새 없이 따발총 쏘듯 하더니 꼼수도 따발총 쏘듯 갈기고 있습니다. 인터넷 댓글에는 이런 말도 떠돕니다. "요즘 개그프로그램이 전부 사라졌는네 왜 사라진 줄 알겠다.", "매일 매일 우리에게 이런 웃음을 선사해 주는 인간들이 있어서 정말 다행이다."

　이해찬 의원이 이런 말을 했습니다. LH 사태 당시 LH 직원들의 비위를 국회의원들과는 관계없는 이야기라는 취지로 "윗물은 맑은데 아랫물이 문제다."라고 말입니다. 윗물 참 깨끗한 똥물이구먼요. 윗물이 맑긴 맑습니다. 똥은 가라앉고 오줌만 떠 있는 똥물 같습니다.

　어떤 놈은 나라 國, 어떤 놈은 市民, 어떤 놈은 住民이라고 이름 지었는데 이런 놈들은 왜 다 이름값 못하고 하나같이 위선자들입니까? 나라(國)를 생각하고 시민(市民)·백성(住民)을 하늘 같이 섬기는 사람 어디 없나요? 누가 대답 좀 해 주세요.

청와대 정책실장 김상조,
임대차 3법 시행 이틀 전
전셋값 14%나 올렸다

김상조 청와대 정책실장이 '임대차 3법(계약갱신청구권, 전월세상한제, 전·월세 신고제)'시행 이틀 전에 자신의 강남 아파트 전셋값을 14% 올려서 계약한 사실이 밝혀졌습니다. 2020년 7월 31일 시행된 '임대차 3법'은 세입자 보호 차원에서 기존 계약 갱신 시 전·월세를 5%까지만 올릴 수 있도록 한 법입니다. 하지만 김상조 정책실장은 법 시행 2일 전에 본인 소유 아파트 계약을 갱신하면서 전세 보증금을 이보다 큰 폭으로 올렸습니다.

법 시행 후 전세 계약을 갱신했다면 5% 이상 올려 받을 수 없는 상황이었지만 9% 이상 더 받고 계약했습니다. 법 시행 전이라 불법은 아닙니다. 하지만 청와대에서 정책을 총괄하는 직책을 맡고 있는 사람이 '세입자(서민들) 보호 차원'에서 시행되는 법의 취지를 무시하고 이런 행태를 보인다는 것은 이해할 수 없습니다. 부동산 정책에 관여하는 김상조 전 실장이 이 법안 시행을 피해 계약을 앞당긴 꼼수를 썼다는 의혹도 제기됩니다. 또 2020년 6월 취임 1주년 기자회견에서 "부동산 대책에서 가장 중요한 원칙은 실수요자 보호"라고 했었습니다. 그런데 이런 꼼수를 부리다니 정말 어처구니가 없습니다.

청와대는 김상조 실장이 전세로 살고 있는 전세금이 올라 어쩔 수 없었다는 해명을 했습니다. 본인도 임대인이자 임차인인데, 연쇄적으로 전셋값이 올라서 어쩔 수 없었다는 것이 김상조 실장 주장의 요지입니다. 일반 서민들은 김상조 실장과 같은 경우가 없을까요? 집안 사정에 따라 1가구 2주택인 사람들이 많습니다. 김상조 실장은 법안 통과를 미리 알고 전세값 올려 받아도 되고 일반 서민들은 올려 받지 못하도록 법으로 막은 건 도대체 무슨 경우입니까. 잽싸기는 정말 권투 선수 잽보다 빠릅니다. 또 대한민국에는 김상조 정책실장처럼 전세 형태로 주거하는 집 없는 서민들이 많습니다. 김상조 정책실장은 본인 집 전세금이라도 올려 받아서 임차하고 있는 전셋집 전세금이라도 마련했지만 대다수 집 없는 서민들은 어쩌란 말입니까? 김 전 실장은 2019년 말 기준 재산 신고에서 16억 8967만 원의 예금을 보유하고 있는 것으로 신고했습니다. 현금이 이렇게 많은데 전세금 충당을 위해서 임대료를 올렸다는 것은 선뜻 이해되지 않습니다.

2017년 6월 2일 김상조 공정거래위원장 후보자가 인사청문회에 출석하기 위해 국회 정무위원회로 들어가는 모습을 인터넷에서 검색해 보시기 바랍니다. 낡아 해진 가방을 보면 그가 살아온 모습을 볼 수 있는 짐작할 수 있습니다. 그 사진에는 청렴하고, 서민적인 이미지가 그대로 녹아 있습니다. 당시 김상조 씨는 한성대학교 교수로 재직하면서 오랫동안 참여연대 활동을 해 왔습니다. 경제민주화와 재벌 개혁감시단을 이끌며 소액주주운동을 펼쳤습니다.

2017년 6월 문재인 정부의 초대 공정거래위원장으로 취임한 후 2019년 6월 청와대 정책실장으로 자리를 옮겼습니다. 공정거래위원장 취임 당시 '을의 눈물'을 닦아 주기 위한 '갑질 근절'과 함께 재벌 그룹의 경쟁력 집중 억제 및 편법적 지배 구조 개선을 위한 재벌 개혁을 핵심 추진 과제로 내세웠던 인물입니다. 특히 삼성그룹의 지배 구조를 비판해 '재벌 저격수', '삼성 저격수', '삼성 저승사자'라는 별명이 붙기도 했습니다. 그런데 이제 우리는 그를 '서민 저격수', '세입자 저격수'로 이름 붙이고 싶습니다.

그런데 말입니다. 낡아 해진 거지 같은 가방을 들고 있는 모습이 김상조 청와대 정책실장의 본 모습이라는 생각이 전혀 들지 않습니다. 국민을 속이기 위한 위선적인 모습이라 생각됩니다. 예금을 16억 원가량 보유하신 분이 저런 모습으로 다니는 게 이상합니다. 물론 근검절약이 몸에 배어 있고 돈에 크게 욕심이 없는 사람일 수도 있습니다. 이번 전세금 14% 인상은 김상조 정책실장이 지금까지 보여 왔던 대국민 이미지와는 전혀 반대의 모습이어서 실망스럽습니다. 그 모습을 보고 김상조 실장이 물욕物慾이 없는 사람이라고 말할 수 있는 사람은 없을 겁니다.

이 사람들 행태를 보면 누가 누가 더 내로남불인지 경쟁하는 듯합니다. 서로 약속이나 한 듯 주기적으로 내로남불 사건을 터트려 국민들에게 헛웃음과 허탈감을 선사합니다. 이런 인간이 나쁜 놈인지 이런 인간을 천거하고 뽑은 놈이 나쁜 놈인지 누가 대답 좀 해 주십시오.

이 사건 관련 뉴스 기사의 댓글에 이런 말이 보입니다. "문정부 관료는 하나같이 국민 등쳐 먹는 기생충" 정치인들과 정책관련 고위 관료들은 새겨들으십시오. 당신들 보고 '국민 기생충'이라고 합니다.

청와대에 사는 흑석 선생의 재테크 방법

한겨레 신문사 기자 출신인 김의겸 청와대 대변인은 과거 칼럼을 통해 "난 전셋값 대느라 헉헉거리는데 누구는 아파트값이 몇 배로 뛰며 돈방석에 앉는다."라며 부동산 투기를 거세게 비판했습니다. 그런데 정작 자신은 흑석동에 있는 상가를 매입해 엄청난 시세 차익을 남깁니다. 당시 정부는 부동산 투기와의 전쟁을 선포해 부동산 가격 억제 정책을 펴고 있었습니다. 그는 흑석동 상가 매입 과정에 여러 가지 특혜 대출과 불법 논란을 일으켰습니다. 대출받은 은행의 당시 지점장이 김 전 대변인의 군산제일고 1년 후배라는 특혜 의혹, 존재하지 않는 유령점포 여섯 개를 만들어 임대 가능한 것으로 조작해 대출액을 부풀려 산정하기도 했습니다.

그는 이 사건과 관련해 "문제가 된 건물을 매입한 것은 아내가 내린 결정이어서 본인은 잘 몰랐고, 이 사실을 알았을 땐 상황을 되돌릴 수 없었다."라고 해명했으나 이것도 거짓으로 드러났습니다. 대출 은행 본부장 등이 국회를 찾아 "김의겸이 지난해 7월 말 은행으로 직접 찾아와 담보 제공 확인 절차를 이행하고 관련 서류에 자필 서명했다."라는 설명을 했습니다. 뻔한 거짓말을 너무나 쉽게 하는 청와대 직원들의 용기가 부럽습니다. 부동산 투기 비판-본인은 몰랐다고 발뺌-발각되어 비판받음-변명-거짓 들통. 참 창피한 이야기입니다.

하지만 논란은 여기서 끝나지 않았습니다. 2018년 공직자 재산 신고에 따르면 김의겸 청와대 대변인은 12억 1000만 원을 신고했습니다. 흑석동의 재개발 지역 상가 매입금액이 25억 7000만 원입니다. 무려 자산의 두 배에 달하는 상가를 구매했습니다. 당시 인근 부동산들의 제보에 따르면 개발 가치가 35억 원에 이를 거라 예상했습니다. 무리하게 대출받은 이유가 있었습니다. 이 건물을 매입하기 전 김의겸 대변인은 서울 옥인동에서 4억 8000만 원 전세로 살다가 전세금을 빼고 그 돈도 함께 흑석동 건물 매입에 투입했습니다. 만약 전세금을 빼지 않았다면 자본금이 부족해 대출한도가 적게 나와 건물 매입이 불가했을 수도 있었습니다. 전세금을 이 흑석동 건물 매입에 투입해서 줄인 이자가 약 1700만 원입니다.

그렇다면 전셋집을 나온 김의겸 대변인은 어디에서 살았을까요? 바로 청와대 관사입니다. 청와대에 대변인 관사가 있다는 이야기 들어 보셨습니까? 처음 들어 보셨을 겁니다. 국민의 혈세로 운영되는 관사 입주 혜택을 개인의 부를 축적하는 수단으로 악용했습니다. 그래서 세간에서는 '관사 테크', '청와대 테크'라는 말이 생겨났습니다.

청와대 김의겸 대변인은 결국 이 사건을 계기로 2019년 3월 청와대를 사직합니다. 대변인직 사퇴 5일이 지나도 청와대 관사에서 퇴거하지 않자 당시 자유한국당 민경욱 대변인이 25억 원짜리 건물을 두고도 오갈 데 없는 상황에 빠진 건 딱하지만, 곧 방 안 빼면 국민이 가만히 안 계실 터"라며 비난했습니다. 이어 민 대변인은 조국 청와대 민정 수석을 향해 "조국, '김의겸 씨', 반나절도 그 공간에 있으면 안 된다."라며 "고액 숙박료를 내더라도 안 된다. 그게 법이다."라고 지적했습니다.

조국 전 청와대 민정 수석은 박근혜 대통령 탄핵 당시 "박근혜 씨, 파면 후에도 '사저 난방 미비' 운운하며 청와대를 떠나지 않는다. 반나절도 그 공간에 있으면 안 된다."라며 "고액의 숙박비를 내더라도 안 된다. 그게 법이다. 사비를 써서 고급 호텔로 옮기고, 짐은 추후 포장이사 하라."라고 쓴 바 있습니다. 조국 씨 제발 이런 일에 입을 여십시오. 어두운 곳에 불을 밝혀 거짓된 자들의 민낯을 밝혀주는 게 사회 정의를 위한 지식인의 역할입니다. 조국 재판 때 구사하는 묵비권을 여기서도 쓰시면 안 됩니다.

채혜선, 「"김의겸 아직 관사에…조국, 박근혜 탄핵 땐 '반나절도 안된다'더니"」, 중앙일보, 2019. 4. 4.

부동산 생태계에 아메바가 나타났다

아메바라는 동물을 아십니까? 무성 생식을 하며 '이분법' 번식을 합니다. 하나의 개체가 둘로 분열되는 생식 방법으로 하나가 둘이 되고, 둘이 넷이 되고, 넷이 여덟이 되는 방식입니다. 부동산계에도 이렇게 하루 이틀 자고 일어나면 개체 수가 늘어나는 현상이 일어난 적이 있었습니다. 바로 손혜원 전 더불어민주당 의원의 목포 부동산 투기 이야기입니다.

손혜원 더불어민주당 전 의원은 국회 문화관광위원회 여당 간사였습니다. 2019년 1월 15일 SBS는 전남 목포의 '창성장' 및 그 주변 건물들을 손 의원이 조카와 남편, 보좌관 명의로 매입했다고 보도했습니다. '창성장'이 있는 목포 주변은 1890년대 개항한 흔적들이 남아 있어 문화재로서 가치가 있는 오래된 건물들이 많습니다. 정부가 이런 건물들을 보존하겠다면서 2018년 목포의 1.5 km 거리를 통째로 문화재로 지정했습니다. 개별 건물 하나하나가 아닌 거리 전체가 문화재가 된 것은 처음이었습니다. 또 건물 복원과 보존에 앞으로 500억이 투입되기로 결정되었습니다.

2017년 3월부터 2018년 9월까지 손혜원 전 의원은 가족 및 주변 인물들의 명의로 문화재로 지정된 이 거리의 건물들을 마구 사들였습니다. 이와 관련 최초의 보도에서는 창성장을 포함 9개의 부동산 매입이 드러났습니다. 그다음 보도에서는 10채, 그다음 날 보도에서는 15채, 20곳, 이렇게 자고 일어나면 부동산 개체가 불어나 있습니다. 가히 아메바의 생식 활동이라 해도 손색이 없겠습니다. 동아일보 보도에 따르면 손 의원이 사들인 건물과 땅은 20곳입니다. 문재화 지정 이전에 16곳, 지정된 뒤에 4곳, 모두 20곳을 사들였습니다.

순	시기	투기 의혹 및 발언
1	2017년 초	목포 적산가옥 물색
2	2017년 3월	부동산 매입 시작
3	2017년 3~4월	손혜원 조카 손모씨, 목포 문화재 거리 건물 3채 매입, 손혜원이 1억 증여
4	2017년 6월15일	창성장 매입
5	2017년 7월28일	목포 유달동 건물 3채 매입
6	2017년 9월12일	보좌관 배우자, 목포 문화재거리 2층짜리 건물 등 3곳 매입
7	2017년 11월	"멀쩡한 목포 집 지붕 뜯는 문화재청 ,할 일 제대로 안해"
8	2017년 12월	남편 재단 법인 활용하여 건물 및 땅 매입
9	2018년 1월	문화재청, 최초로 '면단위 문화재'공모
10	2018년 2월 27일	"문화재청 발빠른 움직임 칭찬하고 싶다"
11	2018년 8월	전남 목포시 문화재 등록
12	2018년 8월 28일	"목포에 미술관 짓자"
13	2018년 10월	"근대유산이 청년 돌아오게 할 것"
14	2018년 11월	"국대미술관 분원 목포가 더 적합"

<표5. 손혜원 의원 부동산 투기 의혹>

2019년 1월 16일 SBS는 손 의원이 매입한 건물은 가족들 명의로 매입되었는데, 정작 가족들은 목포에 가 본 적도 없고 창성장이라는 건물의 운영 및 수익 배분에 대해서 모른다고 보도하면서 차명재산 의혹을 제기했습니다. 또 손 의원이 1억 원을 보태 줘 건물을 샀다는 20대 초반 조카는 당시 군 복무 중이

었습니다. 심지어 남편 재단 명의로 9채를 사들인 손 의원의 남편조차 "나는 목포에 가 본 적도 없고 모두 아내가 직접 보고 구매했다. 아내가 재단에 7억 1000만 원을 기부한 뒤 그 돈으로 직접 샀다."라고 했습니다. 시세 차익을 노린 투기라는 합리적 의심이 드는 이유입니다.

손 의원은 문화체육관광위원회 소속으로, 문광위는 우리나라 문화재정책을 관할하는 국회 상임위입니다. 손 의원은 문화재 지정과 관련된 정보를 마음만 먹으면 누구보다 빨리 알 수 있는 위치에 있었습니다. 문화관광부의 문화재 지정에 막대한 영향력을 미칠 수도 있습니다. 목포 구도심 근대역사문화 공간이 문화재로 지정된 시점은 2018년 8월, 손 의원이 국회 문화체육관광위원회 간사였을 때 일입니다. 손 의원은 문화재청장에게 영향력을 행사한 적은 없다면서도 문화재청장을 만나 얘기한 사실은 인정하고 있습니다. 문화재로 지정되기 전에 주변 건물을 사들인 게 과연 적절한 행동이었을까요?

이 사건에 대해 손 의원은 다음과 같이 해명했습니다.

1. 문화재로 선정되면 그 지역의 건물값도 오르지 않고 개발도 되지 않기 때문에 부동산 투기라 볼 수 없다.

2. 문화재를 너무 사랑했기에 목포의 문화재를 지키고 보존하고 싶었다. 그래서 (국회의원) 임기가 끝나면 서울박물관을 정리하고 목포에 내려가려고 했다.

문화재를 사랑해서 보호하고 싶었다면 본인들 입으로 먼저 매입한 부동산을 밝히는 것이 그들의 주장에 당위성을 부여해 주는 것이라 생각됩니다. 그런데 본인들은 감추고 변명하기 급급했습니다. 손 의원은 말을 바꾸기도 했습니다. 애초 남편 문화재단 명의로 된 건물은 없다고 말했다가 나중에는 샀다는 사실을 시인했습니다. 들킬까 봐 조마조마하며 감추다가 다른 사람들에 의해 밝혀진 부동산 매입 행태는 매입 당시에 불법적인 요소가 있다는 것을 방증해 주는 근거입니다. 취재로 밝혀지는 진실이 아니라 그들의 입에서 나오는 진실이어야 국민을 납득시킬 수 있습니다.

목포를 그토록 사랑하는 손 의원의 지역구는 어딜까요? 전라남도 목포. 그렇게 생각하실 줄 알았습니다. 아닙니다. 손 의원의 지역구는 다름 아닌 서울특별시 마포구입니다. 지역구는 서울 마포이면서 마포 지역 발전이나 고민하시지 왜 아무 연고도 없는 목포를 그토록 챙기셨을까요?

이런 일이 생기고 나서 SNS에서 손혜원 전 의원은 '국민 고모'라는 별명을 얻게 됩니다. "손혜원 같은 고모 두고 싶다.", "1일 1채. 자고 일어나면 손혜원 고모 건물이 늘어나 있음. 역시 국민 고모. 손혜원 조카가 되고 싶다."라는 말들이 한동안 유행했었습니다.

손혜원 전 의원은 자신의 억울한 심정을 호소하며 "의혹이 사실이면 전 재산을 내놓겠다. 목숨도 내놓겠다."라고 말했습니다. 2020년 8월 12일 1심 판결이 나왔습니다. 목포의 도시재생사업 계획을 미리 파악하고 차명으로 부동산에 투기한 혐의로 재판에 넘겨진 손혜원 전 더불어민주당 의원은 실형 1년 6개월의 징역형을 선고받았습니다.

법원의 판단으로 손혜원 전 더불어민주당 국회의원의 객관적인 범죄 혐의가 증명되었습니다. 이제 약속대로 전 재산 사회에 기부하고 목숨을 내놓으셔야죠. 목숨은 차치하겠습니다. 무엇보다 소중한 가치인 생명을 갖고 이래라저래라할 순 없습니다. 전 재산 어떻게 처리하시는지 지켜보겠습니다. 그런데 벌써

1년이 났는데 아무 조치가 없습니다. 뻔뻔한 변명과 거짓말로 일관했던 행태로 보았을 때 실행 가능성은 없어 보입니다.

제4부

최후의 발악

—

침몰 위기에 처한 내로남불호를
구해 줄 민심이 바닥났다고 판단되자
악법을 만들기 시작

마지막 발악이 시작된다

제12장

그들을 위한
그들만의 개혁

그들 손으로 이룩했다고 말하는 민주주의
이제는 그들 손으로 이룩한 민주주의를 파괴한다

검찰 개혁을 외치지만 수혜자는
국민이 아닌 조국과 윤미향

생각이 다른 사람들의 입을 틀어막으려 한다
닭모가지를 비틀어도 새벽은 온다
대선 판은 이미 기울었다
모가지를 비틀었던 놈들은 어떻게 될지…

누구를 위한 언론 개혁인가?
(가짜 뉴스 생산자들)

　조선 시대 '연산군'을 연상하면 뭐가 생각납니까? 연산군은 어머니 폐비 윤씨의 억울한 죽음을 알고 폭정을 일삼다가 쫓겨난 왕입니다. 『연산군일기』 12년간의 기록에 따르면 왕의 말을 거역하거나 거슬리는 말을 하는 신하들을 옥에 가두고 고문하고 유배를 보냈다고 나와 있습니다. 손바닥 뚫기, 단근질하기, 가슴 빠개기, 뼈를 갈아 바람에 날리기 등 이름만 들어도 끔찍한 형벌로 신하들의 입을 막았습니다.

　조선조 최고 폭군이라 회자되는 연산군은 "임금이 두려워한 것은 사서뿐이다人君所畏者 史而已."라는 말을 했습니다. 폭군이긴 했지만, 역사를 두려워했다는 것을 짐작할 수 있습니다. 역대 임금들은 자신의 일거수일투족을 기록하는 사관을 매우 싫어했다고 합니다. 그러나 사관을 싫어하는 것과는 별개로 역사와 사관을 존중하는 태도를 보였습니다. 조선조 중종은 사관들에게 "이 붓과 먹으로 모든 나의 과실을 숨김없이 마음껏 쓰도록 하라."라고 이야기했습니다.

　시대를 뛰어넘어 오늘날은 권력을 감시하고 비판하는 기능을 언론사들이 맡고 있습니다. 이 언론이 때로는 권력에 유리하게 또는 불리하게 작용할 때도 있습니다. 언론이 정부와 여권의 실정과 관련된 팩트를 파헤치면 정권에 불리해지고, 권력은 이를 억압합니다.

최근 언론 개혁을 둘러싼 여야 간의 의견 충돌이 첨예합니다. 2021년 7월 27일 더불어민주당이 '언론중재 및 피해구제 등에 관한 법률'(언론중재법) 개정안을 국회 문화체육관광위원회 법안심사소위에서 강행 처리했습니다. '언론중재법'은 허위·조작 보도에 대해 최대 5배의 징벌적 손해배상을 부과하는 것으로 '신문법 개정', '미디어바우처법'과 함께 언론 개혁 3법으로 알려져 있습니다. 더불어민주당은 '언론중재법'을 비롯한 나머지 두 개 법안을 2021년 9월까지 국회에서 처리한다는 방침을 세웠습니다.

먼저 '미디어바우처법'과 '신문법 개정'에 대해 살펴보겠습니다. '미디어바우처법'은 일반 국민들이 '미디어바우처'를 통해 언론사와 기사를 직접 평가하고 그 결과를 다음 해 정부 기관의 광고비 집행에 반영한다는 내용입니다. '신문법 개정'은 알고리즘에 의해 뉴스를 추천하던 방식을 포털 이용자들이 '언론사 구독 서비스'로 바꾸겠다는 내용입니다.

여당이 이렇게 언론 개혁에 목숨을 거는 이유는 무엇일까요? 국민들이 언론에 의해 제공된 거짓 정보로 혼란을 겪기 때문일까요? 아닙니다. 오로지 자신들의 권력 유지를 위해서입니다. 더불어민주당은 온갖 '내로남불'로 국민들의 원성을 사는 짓을 했지만 탄탄한 강성지지층들의 충성도 때문에 정부를 비판하는 세력의 소리에 귀를 닫고 독선의 길을 고수했습니다. 그러나 2021년 4·7 재보궐선거에서 민심의 향배가 급격히 변화됐다는 것을 깨닫게 됐고, 이런 상태로 나가다간 2022년 대선에서 정권을 내줄 거라는 위기의식을 느낀 것입니다.

2021년 재보궐선거 참패 뒤에 더불어민주당의 김종민 의원은 불공정한 언론 보도가 이번 재보궐선거 결과에 영향을 미쳤다는 일부 친여권 세력의 주장과 관련해 "이번 선거에서 좀 더 심했다고 본다. 보궐선거에서 이런 정도였는데 대선에서까지 '편파적'이라는 느낌을 주게 되면 민주주의에 위험 요소가 될 것이다."[132]라고 말했습니다. 여권의 사이비 선동가 김어준은 '기울어진 운동장'을 운운하며 오세훈 시장 후보의 '내곡동 관련 뉴스'가 다음과 네이버 등 포털에서 제대로 노출되지 않았다고 불평했습니다. 그들이 말하는 불공정한 언론을 손봐야 내년 대선에서 이길 것이라 생각한 것입니다. 정책 실정과 권력자들의 위선이 정권의 위기를 만들었습니다. 그런데 원인을 엉뚱한 곳에서 찾고 있습니다.

가짜 뉴스 생산자이며 일반 서민 연봉의 수십 배를 받으며 편파방송을 하는 사람이 언론이 불공정하다고 말하니 참 어이가 없습니다. 도둑이 경찰보고 "도둑 잡아라."하는 격입니다. 앞서 언급한 김종민 의원은 아직도 국회의원하고 있네요. 이분은 '조국 사태' 청문회 당시 "야당 의원이 제기한 아홉 가지 의혹 중 1가지만 사실로 드러나면 조국을 사퇴시키겠다."고 했던 사람입니다. 이후 검찰의 압수 수색으로 범죄가 혐의가 드러났음에도 아무런 행동을 보여 주지 않았습니다. 조국이 스스로 사퇴할 때까지 사퇴를 종용하는 발언을 한 적이 없습니다. 전 국민이 시청했던 청문회에서 자기가 내뱉은 말을 지키지 않았습니다. 말로만 떠들고 책임지지 않으며 시간이 지나면 잊혀진다고 생각하는 정치인, 그들이 말하는 적폐 정치인이죠.

---

132) 최예빈·박제완, 「與 "편파보도 때문에 졌다"… 野 "그걸 누가 납득하겠나"」, 매일경제, 2021. 4. 8., https://www.mk.co.kr/news/politics/view/2021/04/339297/

이야기가 잠시 옆길로 샜습니다. 다시 본론으로 돌아와서….

앞서 야당이 '언론 개혁 3법' 처리를 강행하는 이유를 살펴보았습니다. 지금부터는 '언론 개혁 3법'이 처리될 경우 생겨날 문제점에 대해 살펴보겠습니다.

먼저 '미디어바우처법' 제정에 대해 살펴보겠습니다. 일반 국민들이 언론사와 언론 기사를 직접 평가하고, 좋은 평가를 받은 언론사는 정부로부터 광고를 수주할 수 있습니다. 정부기관(공공기관 포함)이 1년간 집행하는 정부 광고비는 1조 원에 달합니다. 1조 원에 달하는 정부 집행 광고비를 놓고 언론사는 정부에 호의적인 기사를 써야만 하는 입장에 놓일 것입니다. 정부에 비판적인 기사를 쓰면 어떻게 될까요? 언론사는 광고비로 먹고 삽니다. 정부로부터 광고 수주를 못 하니 매출에 큰 타격을 입게 됩니다. 문 닫는 겁니다. 정부의 뜻대로 기사를 쓰지 않으면 정부가 집행하는 광고를 수주하는 것은 하늘의 별을 따는 것처럼 어려운 일이 될 것입니다.

문제점은 이뿐만이 아닙니다. 얼마 전 드루킹과 김경수 전 경남도지사의 댓글 조작 사건이 대법원에서 유죄 판결을 받은 사실 기억하실 겁니다. '미디어바우처법'이 시행되면 드루킹과 김경수 처럼 특정 세력이 메크로를 악용해 광풍 클릭으로 자신들의 정치 성향이 다른 글에 '좌표'를 찍어 대응할 가능성이 농후합니다. 자신들의 입맛에 맞는 언론사에게는 플러스 바우처를, 자신들의 생각과 반대되는 언론사에는 마이너스 바우처를 줘서 특정 언론사가 정부 광고를 수주할 수 있도록 조작할 가능성이 매우 높습니다. 언론이 특정 지지층의 계획적이고 의도적인 개입에 언론의 공정성과 중립성이 위협받을 수 있는 것입니다.

'신문법 개정안'에 대해 살펴보겠습니다. '신문사의 편집위원회를 의무 설치'

와 '포털 사이트 뉴스 편집'이 주요 내용입니다. 여기서는 '포털 사이트의 뉴스 편집권'과 관련된 내용만 살펴보겠습니다.

우리가 스마트폰을 사용하면서 접할 수 있는 네이버, 다음, 카카오 등을 '포털 사이트'라고 합니다. '포털 사이트'에 접속하면 '검색'을 하거나 또는 '뉴스'를 보는 것이 대부분일 것입니다. 예전에는 '뉴스'를 따로 검색하지 않고도 포털 사이트의 인공지능(AI) 알고리즘에 의해 기사가 자동으로 사용자의 화면에 노출됐습니다. 여권에서는 이 부분을 문제 삼았습니다. 포털 사이트의 인공지능 알고리즘에 의해 노출되는 기사들이 편파적이고 선정적이라는 주장입니다. 즉, 여권과 정부에 부정적인 기사들이 국민들에게 많이 노출되는 것이 불공정하니 포털 사이트의 인공지능 알고리즘을 공개하든지 포털 사이트의 뉴스 편집권을 없애고 국민들이 원하는 언론사를 선택해 기사를 구독할 수 있도록 하자는 말입니다.

이러한 여권의 압박이 통했는지 네이버를 비롯한 포털 사이트들은 뉴스의 직접 편집권을 줄이는 방향으로 변하고 있습니다. 드루킹 사건이 세상에 드러나게 된 2018년 4월 네이버는 자사의 뉴스 편집권을 없앴습니다. 국민의힘 측에서는 이러한 변화를 두고 '포털 길들이기'라고 비판했습니다. 이렇게 되면 국민들로부터 구독 선택을 받지 못한 군소 언론사들의 입지는 점점 줄어들게 됩니다. 다양한 취재를 통해 생산되는 뉴스가 줄어들어 국민의 알 권리가 제대로 보장되지 않을 거란 우려도 있습니다.

여기서 잠깐, 독자 여러분께 퀴즈 하나 내겠습니다. '신문법 개정안'에서 "일

간신문사업자는 편집위원회를 둘 수 있다."라는 기존 권고 조항을 "편집위원회를 두어야 한다."라는 강제 조항으로 변경하려고 합니다. 이 개정안이 국회 본회의를 통과하면 어떤 일이 생길까요?

마지막으로 '언론중재법 개정안'에 대해 살펴보겠습니다. '언론중재법 개정안'은 총 일곱 개의 내용이 있습니다. 그중 가장 논란이 되는 것이 징벌적 손해배상제 도입을 주장한 정청래 의원의 법안 발의입니다. 정청래 의원은 2021년 2월 25일 열린 국회 문화 예술법안심사소위원에서 "언론의 악의적인 보도로 인격권이 침해된 경우에 법원은 손해액의 3배를 넘지 않는 범위에서 손해배상을 명할 수 있는 '징벌적 손해배상제도'를 도입해 실효성 있는 구제제도를 확립하자."라고 했습니다.

2021년 7월 27일 문화 예술법안심사소위에서 '언론중재법 개정안'이 표결 처리됐습니다. 그런데 '징벌적 손해배상' 금액이 3배에서 5배로 높아졌습니다. 이 법안에는 문제가 있습니다. '악의적'이라는 말이 추상적이어서 해석하는 사람들에 따라 의견이 달라질 수 있는 모호함을 내포하고 있습니다. 코에 걸면 코걸이, 귀에 걸면 귀걸이가 될 수 있습니다. 또 현행법상 부당한 언론 보도로 인해 피해를 본 당사자는 명예훼손과 관련해 형사 고소를 할 수 있습니다.

그런데 여기에 민사소송으로 손해배상까지 해 주는 것은 이중 처벌의 문제가 발생합니다. 하나의 사건으로 형사 처벌도 받고 민사소송으로 배상도 하는 것이 맞지 않다는 것입니다. 해외 여러 나라들에서는 우리나라처럼 언론에 대한 '징벌적 손해배상' 제도와 유사한 입법 사례를 찾기 힘듭니다. 또 언론 피해 구제는 법정 기구가 아닌 자율 기구인 언론평의회가 담당있기 때문에 별도의 법으로 오보에 대한 법적 규제를 가하는 것은 민주주의를 후퇴시킬 가능성이 있습니다. 한 번도 경험해 보지 못한 입법 사례입니다. 오영우 문화체육부 차관은 국회 문체위 소위에서 "징벌적 손해배상과 관련해서 지금과 같은 전례가 없다."라며 '징벌적 손해배상'에 대해 반대 입장을 내 놨습니다. 그런데 이런 의견조차 무시되고 소위원회에서 통과됐습니다. 180석이 무섭긴 무섭습니다. 의지만 있으면 무엇이든 됩니다.

'언론중재법 개정안'은 애초 유튜브와 SNS, 1인 미디어의 가짜 뉴스를 규제하겠다는 명분을 제시했으나 이것들은 모두 제외하고 언론에 대한 규제를 내놓은 것입니다. 사실 유튜브와 SNS 등은 가짜 뉴스의 온상으로 지적되어 왔습니다.

페이스북에 올라온 가짜 뉴스 사례를 살펴보겠습니다. '속보, 일본이 올림픽 망하자 자위대 군함 끌고 한국 서해 침략했다가, 열받은 한국이 일본을 초토화시켜 버렸다!' 공상만화 작가 수준입니다. 이것 말고도 '대한민국의 언론 자유지수'가 세계 1위라고 홍보하는 글. 세월호가 폭파됐는데 이걸 은폐한 사람이 '황교안, 윤석열, 김학의, 우병우'라는 황당무계한 동영상도 돌아다닙니다. 문재인 대통령을 맹목적으로 사랑하는 광신도들은 위와 같은 가짜 뉴스를 매일 매일 생산해 내고 있습니다. 이처럼 논리적 근거가 없는 영상들이 제작되어 유포·재생산되고 있습니다. 심지어 믿는 사람도 있습니다.

가짜 뉴스가 판치니 제대로 된 검증 없이 사이비 선동가들의 말도 안 되는 소리를 필터링 없이 그대로 받아들이는 사례가 생깁니다. 인터넷 모 카페에서 벌어졌던 댓글 설전의 일부를 소개드립니다. 우리나라 언론 자유도가 세계 1위인데 언론 신뢰도가 떨어진다는 내용이 올라오자 언론 자유도가 세계 1위라는 근거를 대라고 하는 댓글이 달립니다. 결론은 근거 없는 헛소리였습니다. 언론 자유도가 세계 1위라고 했던 분은 그 근거를 제시하지 못하고 이명박, 박근혜 정권에서 언론 자유도가 꼴지였다는 것만 강조했습니다. 참고로 우리나라 언론 자유화 지수는 2019년 기준 세계 42위입니다. 가짜 뉴스에 세뇌된 사람들이 많습니다. 거짓을 진실로 믿고 있고 진실을 거짓이라 우기는 사람들이 넘쳐납니다.

언론사 기자들은 '팩트'를 생명처럼 여깁니다. 진실 추구를 본인들의 존재 가치라 여기고 팩트만을 알리기 위해 최선을 다합니다. SNS, 유튜브의 가짜 뉴스 생산자들은 법적 제재 없이 활개치고 있습니다. 앞서 살펴본 악의적 가짜 뉴스 사례들은 사실을 왜곡해 국민을 분열시키고 있습니다. 법적 규제를 받아야 하는 쪽은 언론이 아니라 가짜 뉴스 생산자들입니다. 생각과 표현의 자유는 보장되어야 합니다. 그러나 굳이 제약을 해야 할 상황이 온다면 진실을 추구하는 언론보다는 국민을 분열시키는 가짜 뉴스 생산자가 우선이라 생각됩니다.

여러분 혹시 이런 말 들어 보셨습니까? "권력을 잡으면 뇌가 변한다."[133] 뇌신경심리학자 이안 로버트슨이 쓴 『승자의 뇌』에 나온 말입니다. 앙골라의 조제 에두아르두 두스산투스 정권, 짐바브웨의 로버트 무가베 정권, 모잠비크 해방전선, 나미비아 서아프리카 인민기구, 남아 연방의 아프리카 국민회의 등은 과거 권위주의와 독재에 항거하며 자유·민주·정의를 외치던 민주화 투사들 이

---

133) 이안 H. 로버트슨, 『승자의 뇌』(알에이치코리아, 2013).

었습니다. 그런데 권력을 잡은 후에는 철혈鐵血독재체제로 변했습니다. 합법적 경쟁자와 정치적 의견을 달리하는 사람들을 인정하지 않고, 대량 학살하기도 했습니다.[134]

지금 정권을 잡고 있는 세력도 마찬가지입니다. 언론을 바라보는 관점이 권력을 잡은 전과 후가 180도 달라졌습니다. 과거 좌파 세력이 정권을 잡기 전 언론에 대해 어떤 입장을 갖고 있었고, 권력을 잡은 지금은 언론을 어떻게 바라보는지 알아보겠습니다.

문재인 인터뷰:
"비판에 대해서 감시에 대해서 재갈을 물리려는 그런 시도는 결코 해서는 안 된다고 생각을 하고…"
2014년 8월 외신기자클럽 간담회

더불어민주당은 2015년 문재인 대표 시절 새누리당이 포털의 뉴스 편집권을 제한하려 하자 "포털 길들이기"라고 비난했습니다. 이후 문재인 대통령이 집권하자 더불어민주당은 '신문법 개정안'으로 포털 사이트의 뉴스 편집권을 제한하는 법을 발의했습니다. 김의겸 열린민주당(더불어민주당의 위성정당) 의원은 "정부 예산으로 관제 포털을 만들자."라는 의견도 제시했습니다. 또 윤영찬 전 국민소통수석은 국회의원에 당선된 후 야당 원내대표의 교섭단체 대표연설 기

---

134) 류근일, 「억압자로 바뀐 투쟁가들」, 조선일보, 2020.10.17., https://www.chosun.com/opinion/2020/10/17/FAQQTHO4ERBBVLI5GGW6M237VQ/?outputType=amp

사가 포털 사이트 메인에 반영되자 국회로 포털 사이트 관계자를 호출한 적도 있습니다. 관제 포털, 포털 관계자 호출. 이 두 단어만 봤을 때 이건 독재국가라고 해도 이상할 것이 없습니다.

2014년 박근혜 정부가 '정윤회 문건'관련 보도를 한 세계일보에 법적 대응에 나섰습니다. 이에 당시 새천년민주당(문재인이 당대표)은 '언론의 자유를 보장하라'며 '취재원 보호법'을 발의 했습니다. 또 당시 문재인 대표는 "권력을 비판하다가 기소·소송당한 시민·언론인을 지원하겠다."라며 당내 '표현의 자유 특위 및 피해 신고센터'를 만들었습니다. 이처럼 발언했던 문재인은 어디로 갔습니까. 한동안 침묵하던 문 대통령은 유엔의 "국제인권법에 맞게 수정하라."라는 국제적 망신을 받고서야 드디어 "문제제기 충분히 검토해야"라는 발언을 했습니다. '내로남불'로 국제 망신시키더니 이번엔 '언론중재법'으로 글로벌 스타가 됐습니다.

지금부터는 여권 인사들이 언론 탄압 문제가 불거질 때마다 어떤 발언을 했는지 살펴보겠습니다. 현재 '언론 개혁 3법'으로 '언론의 자유'에 관한 논쟁이 분분합니다. 이분들의 과거 잣대로 현재 상황을 평가해 보시기 바랍니다.

이해찬 더불어민주당 전 대표는 2012년 MBC 파업 사태 당시 "언론의 자유와 헌법수호를 위해 민주당이 단호하게 나설 수밖에 없다."라고 말했습니다.[135] 2008년 경찰이 MBC를 강제 진입[136]했을 당시 원혜영 민주당 의원은 "언론

---

135) 2010년 이명박 대통령 측근 김재철이 MBC 사장으로 취임하면서 정권에 비판적인 시사프로그램이 폐지되고, 반정권 기자들이 좌천성 인사 보복을 받는 일이 발생했음.

136) 2008년 이명박 대통령 집권기 대기업의 방송진출을 허용하는 언론관계법 개정을 시도함. 이에 언론노조는 관련법 개정 철회를 요구하며 파업에 돌입함.

의 자유는 민주주의의 근간 지키기 위해 끝까지 투쟁할 것"이라 말했습니다. 2013년 한국일보 사태[137]당시 문재인 대표는 "언론의 자유와 편집권 독립은 권력도 사주도 함부로 침해해선 안 된다."라고 말했습니다. 홍익표 민주당 수석대변인은 2013년 페이스북에 "민주주의를 이끄는 두 축은 언론의 자유와 선거권"이라고 했습니다.

문재인 대통령은 2017년 세계언론 자유의 날을 기념해 페이스북에 "언론의 침묵은 국민의 신음으로 돌아온다."라고 썼습니다. 고민정 전 청와대 대변인은 2017년 고발뉴스 인터뷰에서 "언론이라는 건 비판 기능 살아 있어야 언론, 자기검열 무서워"라고 말했습니다. 조국 전 장관은 2013년 "공인검증과정에서 부분적인 허위가 있었음이 밝혀지더라도 법적 제재가 내려져선 안 된다.", "제멋대로의 검증도, 야유와 조롱도 허용된다."라고 트위터에 적었습니다.

"시민과 언론은…법적 제재가 내려져서는 안 된다"

"편집과 망상에… 야유와 조롱도 허용된다"

---

137) 2013년 4월 29일 한국일보 기자들이 장재구 회장을 업무상 배임 등의 혐의로 검찰에 고발함. 이에 대한 조치로 장 회장이 용역업체를 고용해 기자 편집국 문을 폐쇄한 사건.

어떻습니까? 언론의 자유를 정말 소중하게 여기는 분들 아닙니까? 현 정권 인사들은 언론에 대해 하나같이 "자유"를 존중하고 보장되어야 하는 가치로 생각합니다. 그런데 작금의 상황은 어떻습니까? 가짜 뉴스 근절이라는 미명하에 언론의 비판 기능을 없애고 정권 비판에 재갈을 물리는 악행을 저지르고 있습니다. 국민들을 위한 언론 개혁이 아닌 자신들의 권력 유지를 위해 언론을 길들이고 있습니다. 지금처럼 '언론 개혁 3법'을 밀어붙이면 언론의 자유가 침해되고 비판 기능이 축소되어 민주주의 본연의 가치가 실현되기 어려운 상황에 이르게 될 것입니다. 참담합니다. 이미 MBC와 KBS로 인해 우울함을 경험하고 있긴 하지만 남조선중앙방송을 볼 날이 다가오는 것 같아 마음이 더 무겁습니다. 집안에 텔레비전을 버려야 하는 날이 올 수도 있겠습니다.

2017년 2월 9일 JTBC 〈썰전〉에서 문재인과 전원책의 대화

전원책: 만약 대통령이 된다면 납득할 수 없는 비판, 비난도 참을 수 있나?

문재인: 참아야죠, 뭐.

위와 같이 권력을 쟁취하기 전에는 언론에 대해 천사 같은 말을 하던 분들은 정권을 잡더니 전혀 다른 사람이 됐습니다. "정치적 표현의 자유를 보장하겠다."라던 대통령은 자신을 모욕했다며 30대 청년을 고소했습니다.

조국 전 장관은 자녀의 입시 비리 의혹과 부인의 사모 펀드 투기 의혹 제기

가 한참일 때 언론사들을 고소하면서 "따박따박 민·형사 소송을 진행하겠다."라고 했습니다. 이런 표리부동表裏不同한 인간들은 한 번도 경험해 보지 못했습니다. 정치인과 지도자들의 말은 기록된다는 걸 명심하시기 바랍니다.

이번에는 여권 인사들의 가짜 뉴스 생산과 그에 대한 반응을 살펴보겠습니다. 유시민 이사장은 유튜브 방송과 라디오 인터뷰에서 "대검 반부패강력부가 2019년 11월 말 또는 12월 초 자신과 노무현재단 계좌를 불법 추적했다."라고 주장했습니다. 2019년 12월 유시민 이사장은 자신이 진행하는 유튜브 방송에서 "검찰이 노무현재단 은행 계좌를 들여다본 것을 확인했다. 개인 계좌도 다 들여다봤을 것으로 짐작한다."라고 말했습니다. 이런 발언이 나올 당시는 조국 전 장관의 범법행위가 만천하에 드러나고 있었고 이로 인해 진보 좌파 정권의 신뢰와 도덕성이 바닥을 치고 있을 때였습니다. 자기네 편을 수사했던 검찰을 악으로 만들어야 자신들이 살 수 있었기 때문이죠. 피해자 코스프레로 위기를 모면하고자 한 것입니다.

당시 반부패강력부는 한동훈 검사장이 책임자였습니다. 한동훈 검사장은 윤석열 검사와 박근혜 국정농단 수사를 함께하며 윤 총장의 최측근으로 알려져 있습니다. '한동훈 악마화 = 윤석열 악마화 = 조국 수사는 부당하고 악의 적'이라는 식이 성립합니다. 유시민 이사장이 근거도 없는 허위 사실을 떠벌리고 다닌 이유가 여기 있는 겁니다.

유시민 이사장은 "제기한 의혹을 입증하지 못했고 사실이 아니었다고 판단한다."라며 "어떤 형태의 책임도 겸허히 받아들이겠다."라고 사과했습니다. 이 사건으로 유시민 이사장은 허위 발언으로 한동훈 법무연수원 연구위원의 명예를 훼손한 혐의로 검찰에 불구속 기소됐습니다. 이에 유 이사장은 "사실이 아닌 의혹 제기로 검찰이 저를 사찰했을 것이라는 의심을 불러일으킨 점에 대해 검찰의 모든 관계자들께 정중히 사과드린다."라고 밝혔습니다. 이와 별개로 한동훈 검사장은 서울중앙지법에 유 이사장을 상대로 5억 원의 손해배상청구 소송을 제기했습니다.

유시민 노무현재단 이사장이 검찰에 기소되자 김용민 더불어민주당 최고위원은 "검찰의 정치적 의도가 의심된다."라며 음모론을 펼쳤습니다. 유 이사장이 이런 주장을 할 때 '사찰'을 운운하며 검찰을 공격했던 더불어민주당 홍익표 의원은 꿀 먹은 벙어리가 됐습니다.

이런 사례 말고도 여권 인사들의 가짜 뉴스 생산은 더 있습니다. 2021년 초 '북한 원전 건설 추진 문건'이 세상에 공개됐습니다. 북한에 원자력 발전소를 건설해 준다는 내용이 포함되어 있어 상당한 파장을 일으켰습니다. 문건의 주체가 '담당 공무원과 산업통상부'이냐, 아니면 '청와대 차원의 개입이 있었느냐'가 큰 이슈였습니다. 이 사건으로 정부와 여당은 곤란에 처하게 됩니다. 이때 더불어민주당 윤준병 의원은 "북한 원전 건설 문건은 박근혜 정부에서 검토됐다."라고 주장했으나 산업통상부는 이 주장을 거짓이라고 했습니다. 위기에 처한 여권을 구하기 위해 한 주장이 거짓으로 드러났음에도 윤준병 의원은 침묵 중입니다.

2016년 박근혜 정부 '국정 농단'사건으로 세상의 주목을 받았던 '최순실의 숨겨진 재산이 300조'라고 주장했던 사람이 있습니다. 바로 더불어민주당의 안민석 의원입니다. 2017년 안민석 의원은 독일·스위스·리히텐슈타인·오스트리아·헝가리 등 유럽 5개국을 8박 9일 동안 돌며 최씨 일가의 재산을 추적했습니다. 모 방송국과의 인터뷰에서 "페이퍼 컴퍼니가 500개 정도로 확인됐다."라며 "네덜란드 페이퍼 컴퍼니는 실질적으로 국내에 있는 최순실 일가의 회사로 2,000억 원 투자된 것이 사실"이라고 말했습니다. 앵커가 최순실 씨의 재산 은닉 규모를 묻자 "지금 돈으로 300조 원이 넘는 돈"이라고 말했습니다.

 그런데 지금 최순실 씨의 은닉재산이 해외에서 발견됐다는 이야기 들어 보셨나요? 안민석 의원이 다녀왔다는 8박 9일이라는 시간 동안 페이퍼 컴퍼니를 500개 확인하고 그 많은 나라를 돌아다닐 수 있다고 생각하시나요? 아무말 대잔치였습니다. 안민석 의원은 이것 말고도 '장자연 사건'의 거짓 증언 피의자 '윤지오'를 옹호한 장본인입니다. 윤지오 씨는 현재 캐나다에 도피 중입니다. 최순실 은닉 재산 추적하러 해외에 다녀온 것처럼 캐나다로 가서 윤지오를 잡아 오십시오.

 2021년 9월 안민석 의원은 최서원(최순실)이 제기한 허위 사실 유포에 의한 손해배상 청구 소송에서 패했습니다. 법원은 안 의원이 최 씨에게 1억 원을 지급하라고 판결했습니다. 재판에서 패소하자 안 의원은 "국정 농단 주범 명예도 존중해야 하나."라고 말합니다. 인권을 존중해야 하는 대한민국의 입법부 국회의원이 맞는지 의심스로운 발업입니다. 덧붙여 "본질인 최순실 은닉 재산을 찾아야 한다."라고 거듭주장하며 스위스 은행에 숨겨둔 비자금을 추적하기 위해 '최순실 은닉재산조사 특별법'이 필요하다고도 했습니다. 안 의원 특별법 사랑은 이뿐만이 아니었습니다. 민주화 유공자 배우자와 자녀에게 교육·취업·의료·대출 지원을 하자는 '민주 유공자 예우에 관한 법률[138]'의 공동발의자로 참여하기도 했습니다. 법을 사적인 감정의 해소책과 내편 특권 대물림 수단으로 사용하는 안민석 의원님 정신 차려야 합니다. 오만한 권력은 국민의 심판을 받게 마련입니다.

아직도 유신 독재·군사 정권 아래에서 민주화 투사들이 정권을 향해 투쟁하는 것처럼 행동하는 국회의원이 있습니다. 바로 더불어민주당의 김남국 의원입니다. 김남국 의원은 모 방송프로그램에서 추미애 법무부 장관 아들에 대한 특혜 의혹을 제기하는 야당(국민의힘)에 대해 "국민의힘에 군대를 안 다녀온 분이 많아서 그런 것 같다."라고 발언했습니다. 특권과 반칙으로 병역을 면제받은 사람들이 많은 정당이라 군 명령체계를 잘 모른다는 취지였습니다. 이 발언은 진짜일까요? 아닙니다. 가짜입니다.

이런 선사시대 사고방식으로 상대 정당에 나쁜 이미지를 각인시키는 저질 프레임 전략을 우리는 익히 잘 알고 있습니다. 그 전략을 누가 잘 활용하는지도 잘 알고 있습니다. 바로 더불어민주당입니다. 논리가 안 통하면 이런 식의 저질 프레임 씌우기 전략을 사용합니다. 가끔 저는 인터넷에서 근거 없는 이야기를 하시는 분들에게 사실을 알려 주곤 합니다. 그때마다 팩트로 반박한 저에게는 '친일파', '일베', '국짐당원'등의 공격적인 말이 나옵니다. 토론 내용과는 아무 관계 없이 상대를 '악마화'해 버립니다. 토론은 무용지물이요 반성과 사

---

138) 더불어민주당 설훈 의원이 대표발의하고 민주당 68명을 포함 범여권 73명이 공동발의함. <'민주화운동 관련자 명예회복 및 보상 등의 관한 법률'에 따라 민주화운동 관련자로 심의·결정된 사람을 대상으로 함. 민주유공자와 그 유족 또는 가족에 대해 교육 지원과 대부, 취업·의료·양로·양육 지원 및 그 밖의 부문을 지원하는 내용> 운동권 특혜 대물림이라는 비판이 일고 있음.

과은 찾아볼 수 없는 집단입니다.

　김남국 의원이 말했던 '국민의힘 군 미필자가 더 많다'에 대해 팩트 체크 시작하겠습니다. 21대 국회의원 중 군 미필자는 더불어민주당 34명, 국민의힘 12명입니다. 군 미필자는 더불어민주당이 국민의힘 보다 세 배 많습니다. 프레임 전략은 잘 사용하지만, 가끔 이런 헛발질도 잘합니다.

　과거 국회의원 조상들의 친일파 행적을 조사한 적이 있습니다. 조사하자고 한 당사자는 지금의 더불어민주당이었죠. 결과는 어땠을까요? 결과는 더불어민주당이 더 많이 나왔습니다. 이번 LH 사태 때 더불어민주당에서 부동산 투기 전수 조사하자고 제안했죠? 아무도 없을 것처럼 큰소리쳤는데 결과는 어떻게 됐습니까? 상상을 초월할 정도로 많이 나왔습니다. 내로남불에 항상 자기들은 선善이고 정의正義라고 이야기하지만 막상 파헤쳐보면 나쁘고 더러운 짓은 골라서 하는 사람들입니다.

　국회의원이라면 사실 여부를 검증하고 발언해야 하는 거 아닙니까. 우리나라 예산의 절반 정도인 300조를 개인이 부정축재했다는 둥, 타임머신을 탔는지 짧은 시간동안 5개국을 돌아다니며 페이퍼 컴퍼니를 500개 확인했다는 등의 공상만화에 나올 만한 이야기를 진실처럼 받아드리는 희한한 세상입니다. 국회의원 군 미필자 수를 과거 군사정권 시절과 연계하여 가짜 뉴스를 퍼트리는 사람들. 앞으로 저 두 사람이 한 말은 거짓말이라 여기고 패싱하겠습니다.

　진심으로 언론 개혁을 주장하려면 스스로가 떳떳해야 합니다. 가짜 뉴스 생산하는 장본인이면서 가짜 뉴스를 생산하는 사람들을 옹호해 주는 그런 사람들이 언론 개혁을 외치다니 참으로 어이가 없습니다. 거짓을 사실처럼 왜곡하고 방관하는 자들이 참과 진실 추구를 생명으로 여기는 집단에 족쇄를 채우려합니다. 개혁의 대상들이 개혁을 외치니 개혁이 제대로 된다는 보장도 없습니다. 아니, 안 될 것이 확실합니다.

내 편은 보호, 상대편은 무차별 조사. 검찰 개혁, 사법 개혁, 언론 개혁은 그들에 의한 그들을 위한 그들만의 개혁일 뿐입니다. '언론 개혁 3법'이 반드시 통과돼야 하는 이유는 바로 저 사람들입니다.

'언론의 자유는 한 나라의 민주주의 수준을 가늠하는 척도다.'

본회의 통과만 남은 언론중재법

2021년 7월 27일 언론중재법이 문체위 소위를 통과하고 약 한 달 뒤인 오늘 8월 19일 문체위 전체위원회를 통과했습니다. 이제 본회의만 통과하면 법적 효력을 지닌 법이 됩니다.

본회의에서 표결로 통과될 가능성은 100%입니다. 180석의 거대 여당이 있기 때문이죠. 언론의 중대과실로 인한 오보로 언론에 의해 피해를 본 사람은 언론사를 상대로 5배의 손해배상청구가 가능하게 됩니다. 더불어민주당은 "가짜 뉴스로부터 국민들을 보호한다."라는 취지라고 이야기합니다. 이유는 상당히 그럴듯합니다. 그런데 속을 들여다보면 그렇지 않습니다.

많은 언론학자들과 언론종사자들은 '언론중재법(징벌적 손해배상법)'이 '언론 탄압', '언론 재갈법'이 될 거라 비판하며 입법 추진에 반대했습니다. 이 법이 통과되면 '진실 추구'를 생명처럼 여기는 언론 보도, 사회적 강자와 정권의 부정부패를 탐사하는 보도는 꿈도 꿀 수 없게 됩니다. 진실을 밝히기 위해서는 의혹부터 제기되는 것이 순서인데 사회 어두운 곳의 의혹을 잘못 터뜨렸다가는 이 법에 걸릴 수 있기 때문입니다. 언론의 진실을 위한 탐사보도는 위축될 수밖에 없습니다.

또 정권의 부패와 부정, 정책 실패에 대한 보도가 사라질 것입니다. 그동안 힘 있는 정권을 감시하고 견제하는 역할은 언론이 큰 역할을 해 왔습니다. 정권의 부정·부패가 언론을 통해 드러났고 성난 민심은 정권을 쓰러뜨렸습니다. 만약 이 법이 통과되면 언론과 표현의 자유가 사라지고 민주주의는 후퇴할 것이며, 권력자들은 더욱더 자신들의 권력을 공고히 하기 위해 언론과 국민을 탄압할 것입니다. 정권을 잡은 자들과 그들을 맹목적으로 따르는 광신도들은 막대한 액수의 징벌적 손해배상을 무기 삼아 언론을 겁박할 것이 뻔합니다. 이에 시민들의 알 권리는 줄어들 것입니다.

'언론중재법'이 외신에 적용되는지 아직 확실히 알 방법은 없으나 이왕 이렇게 된 거 법 통과가 유력하다면 외신도 포함됐으면 좋겠습니다. 『뉴욕타임스』, 『워싱턴포스트』, 『아사히신문』, NHK 등 언론의 자유가 보장되는 나라에서 전 세계 유례없는 법에 어떤 반응을 보일지 궁금합니다. 전 세계에 널리 널리 알려지고 언론의 자유도가 곤두박질쳐서 저들이 그렇게 사랑하는 북한과 같은 처지에 놓였으면 좋겠습니다.

'언론중재법'을 밀어붙이는 더불어민주당과 열린민주당 의원들은 과거 군사·독재 정권의 언론 탄압을 비난했습니다. 자신들이 이룩했다고 입버릇처럼 말하는 대한민국의 민주화가 이제는 그들의 손에 의해서 만들어진 '언론징벌법'으로 독재의 시대로 회귀하려 합니다.

권력을 잡아 보니 권력의 속성을 알게 되고 그 단맛을 잊을 수가 없는 모양입니다. 놓치지 않고 싶은 마음 충분히 이해합니다. 권력을 상대편에게 빼앗겼을 때 어떤 일이 일어나는지 지난 4년 반 동안 눈으로 확인했으니, 또 정권을 잃은 이들에게 어떻게 했는지 본인들이 더 잘 알기에 얼마나 두려워하는지도 충분히 알고 있습니다. 민주적이고 공정한 방법으로 정권을 재창출해야지 이런 야비한 방법으로 정권을 연장하려 합니까.

지금 아프가니스탄에서는 방송국, 신문사를 탈레반이 점령하고 언론을 통제한다는 소식이 들려옵니다. 지금 대한민국은 총 없는 탈레반에게 언론을 갖다 바친 입법부 사람들이 있습니다. 암울합니다.

찐시민 여러분!

독재로의 회귀를 막아야 합니다. 민주주의와 언론의 자유가 질식 위기에 처해 있습니다. 비판이라는 숨구멍이 막히면 정권을 비판하는 세력이 몰살되고 민주주의는 후퇴됩니다. 민주주의의 근간을 무너뜨리는 행위는 여기서 멈춰야 합니다. 찐시민의 용기있는 행동이 들깨시민들이 활개치는 천하를 뒤집을 수 있습니다.

검찰 개혁의 속도,
적폐 수사 때는 시속 10㎞,
조국 가족범죄단 수사 때는 시속 100㎞

여러분 검찰 개혁은 왜 필요합니까? 여기에 대해 명확히 아시는 분께 개인 과외를 받고 싶을 정도로 궁금한 게 많습니다. 검찰 개혁을 주장하는 정치인 들의 입에서 "'일반 시민', '국민'들이 무소불위의 검찰 때문에 피해를 당했기 때 문에 '검찰 개혁'이 시급하다."라는 말을 들어 본 기억이 없습니다. '검찰 개혁' 이 가장 많이 회자됐던 시기를 소개해 드리겠습니다.

조국은 본인 가족들의 범죄행위가 조금씩 드러나자 검찰 개혁을 더욱더 속도 감 있게 추진합니다. 그들이 말하는 전 정권 적폐 수사 때는 손 놓고 있었던 모 습과는 사뭇 달랐습니다. 그중 제일 먼저 추진한 것이 '피의사실 공표 금지(공개 소환 금지)'였습니다. 조국이 법무부 장관에 임명되자 속도감 있게 추진된 검찰 개혁 안입니다. 이때 문재인 대통령은 '인권을 존중하는 검찰권 행사', '검찰 개 혁안 마련'을 지시했고 여권과 대통령에게 검찰 공격의 빌미를 주지 않기 위해 윤석열 총장은 전국 검찰청에 '공개 소환'을 전면 폐지할 것을 지시했습니다.

조국 민정 수석 당시 적폐 수사로 이재수 전 국군기무사령관은 법원의 영장

실질심사를 받는 과정에서 포승에 묶인 장면이 그대로 노출된 뒤 자살했습니다. 변창훈 변호사는 국정원 댓글 사건 방해 의혹으로 이른 아침 자녀들이 보는 앞에서 집을 압수 수색 당하고 언론에 피의사실이 공표되자 극단적 선택을 했습니다. 적폐 수사라는 미명하에 피의사실 공표 금지는 지켜지지 않았습니다. 이것으로 인해 자살한 사람만 4명입니다.

2017년 최순실 국정농단 사건 때 검찰은 입시 비리와 관련해 최순실의 딸 정유라를 공개 소환했습니다. 그런데 조국 가족범죄단 사건 때 같은 입시 비리 혐의를 받고 있는 조국 아들과 딸은 모두 비공개로 소환했습니다. 또 2019년 10월 조국 가족범죄단의 핵심피의자 정경심도 비공개 소환됐습니다.

적폐 수사로 4명이나 자살할 동안 손 놓고 있던 검찰 개혁이 조국 가족범죄단 수사가 이어지자 속도감 있게 추진되었고, 그 검찰 개혁의 첫 번째 수혜자가 조국의 부인 정경심이 됐습니다. 적폐 수사 당시 피의자들이 섰던 포토라인에 서지도 않고 검찰청 지하주차장으로 드나들었습니다.

검찰의 공개 소환 폐지가 조국 일가의 수사가 진행될 때 이뤄지는 것은 공정하지 않습니다. 법무부는 적폐 수사 과정에서 전 대통령들과 피의자들이 포토라인에 서서 공개 소환되며 전 국민에게 중계방송까지 됐음에도 이를 제지하지 않았습니다. 이렇게 적폐 수사 당시에는 별 반응이 없다가 정권 핵심 인물의 가족이 수사를 받게 되자 급작스럽게 추진하는 것은 의도가 순수하지 않다는 의심을 받기에 충분했습니다.

포토라인을 없애고 공개 소환을 금지하는 것이 왜 하필이면 조국 일가가 수사받을 때 인지 국민들은 의아해합니다. 그리고 분노합니다. 이게 조국, 문재인의 나라입니까? 적폐 수사로 4명이나 극단적인 선택을 할 때는 삶은 소 대가리처럼 눈감고 있다가 마음에 빚을 지고 있는 조국의 가족이 수사를 받게 되자 피의자 인권 보호를 운운하는 이중적인 자세는 공정과 정의를 외치던 대통령의 모습이 아닙니다.

아무리 꼼수를 부려 법치를 망가뜨려도 아직 대한민국에는 법치주의자들이 있어 다행스럽습니다. 얼마 전 조국의 아내 정경심은 검찰에서 기소한 일곱 가지 범죄행위 모두가 서울고등법원 2심 판결에서 인정되어 징역 4년이 선고되었습니다. 아직 대법원판결이 남아 있긴 합니다만 대법원 판결은 법리 싸움이라 크게 달라지지 않을 겁니다.

아울러 조민의 입시 비리 혐의에 대해 소극적으로 반응했던 부산대 의학전문대학원과 고려대 측에서도 조민 씨의 입학 취소 결정 심의에 들어갔습니다. 너무나도 당연한 길을 2년이라는 세월 동안 빙빙 돌아온 느낌입니다.

조국의 부인 정경심과 조민에 대한 불리한 증언이 나올 때마다 페이스북에 글을 올렸던 조국 씨는 요즘 부쩍 글 쓰는 활동이 늘었습니다. 자신만의 세계에 갇혀 비논리적 사고로 무죄를 주장하는 글을 많이 쓰고 있습니다. 심지어 조국 가족범죄단에 대한 수사 과정이 부당했음을 알리는 『조국의 시간』이라는 책도 출간했습니다. 참… 저렇게 많은 범죄를 저지르고도 할 말이 그리 많다고 하니 어이가 없습니다. 조국 가족이 저지른 입시 비리로 조민과 같이 시험을 쳤던 꿈 많은 어느 평범한 집안의 자식은 입시 탈락이라는 쓴맛을 보았고 진로를 바꿔야 했을 수도 있습니다. 양심을 갖고 항변하는지 궁금합니다.

'대깨문' 여러분, 저런 범죄자를 옹호하면 사회가 범법행위에 대해 관대해지고 권력을 잡은 사람들은 도덕적 감수성을 상실해 더 큰 범죄를 저지릅니다. 권력자들이 저지른 범죄의 가장 큰 피해자는 국민입니다. 우리 모두 정신 차립시다. '유사 이래 최고의 위선자 조국'이라는 말이 신문 기사 댓글에 많이 등장합니다. 광화문 광장에 세종대왕 동상 대신 조국 가족범죄단 동상이 세워지는 날이 올지도 모르겠습니다.

문재인 대통령은 취임사에서 "기회는 균등하고 과정은 공정하며 결과는 정의로워야 한다."라고 말했습니다. 조국 사태는 과정에서 공정이 아닌 편법과 탈법치의 표준이 됐으며 정의는 사라지고 부정만 난무했습니다.

개혁이라는 화두의 중심에는 동서고금을 막론하고 국민이 있어야 합니다. 일반 선량한 국민들은 검찰과 마주할 일이 극히 드뭅니다. 비리 정치인들은 검찰의 단골 손님이죠. 검찰 개혁의 중심에는 국민보다는 정치인에 무게가 실려 있습니다. 비리와 부패로 얼룩져 있지만 백지장처럼 하얗다고 항변하는 정치인인들이 바로 그 정치인들이구요. 그 정치인들이 국민들을 호도하며 검찰을 악마화하며 개혁을 외치는 것이죠. 선량한 들깨시민들은 자기가 지지하는 부패 정치인들이 검찰 개혁을 외치니 덩달아 같이 외칩니다.

그들이 검찰 개혁을 외치는 이유는 이렇습니다. 검찰 개혁이 완성되면 그들은 더러운 비리를 저질러도 죗값을 치르지 않습니다. 검찰 개혁으로 검찰을 무력화했고, 수사권을 가진 경찰을 자기 수족처럼 부릴 수 있는 시스템을 완성했기 때문입니다. 고위 공직자 수사하라고 만들어 놓은 공수처가 상대편 대선 후보 윤석열과 관련된 수사만 4건 이상 진행하고 있는 사실, 이성윤 중앙지검장이 공수처로부터 황제 조사받은 사실, 황운하 울산지방경찰청장이 울산시장 선거에 개입한 의혹이 있음에도 국회의원이 된 사실을 보시면 납득되실 겁니다.

자기들 마음에 안드는 재판 결과가 나오면 사법 개혁까지 외쳐 댑니다. 정권에 불리한 판결이 나오면 깨시민들은 사법 개혁을 외쳐 대고 판사의 신상을 공개하고 비난합니다. 사법부의 독립을 위협하는 위험한 발상이며, 민주주의의 견제와 균형의 원칙을 훼손하는 행동입니다. 이 정권의 핵심 인사들의 부정부패비리 재판이 달팽이 기어가듯 느리게 진행되는 이유가 여기 있을 수도 있습니다. 사법부도 장악된 듯합니다. 김명수 대법원장의 임성근 판사 탄핵관련 거짓말이 들통난 것으로 이미 사법부의 독립성은 훼손됐다고 보는 게 맞습니다.

검찰의 강압적인 수사, 민간인 무차별 통신조회는 더 악랄해지는 모습입니다. 검찰 개혁을 외쳐서 검찰 개혁을 했음에도 대장동 사건으로 검찰조사를 받던 몸통도 아닌 꼬리들이 두 분이나 자살했습니다. 검찰 개혁이 아직 미완이라고 변명하겠지요. 각종 과거사 진상조사위원회가 짧게는 몇 년, 길게는 몇십 년을 진상조사만 하고 결론은 흐지부지인 것처럼 검찰개혁도 수십 년 우려먹을 겁니다. 범죄 혐의 없이 성실히 회사를 경영하는 정용진 신세계 회장은 SNS에 "미안하다, 고맙다."라고 썼다가 중앙지검과 인천지검으로부터 두 차례 통신조회를 당했습니다. 과거 문재인 대통령이 세월호 희생 학생들에게 했던 "얘들아 미안하다, 고맙다."를 패러디했다는 이유로 추정됩니다. 대장동 비리 몸통의 최측근 정진상은 공소시효 만료가 끝나는 최근까지 검찰 조사 한 번 받지 않았습니다.

저는 검찰 개혁이 왜 필요한지 알게 됐습니다. 검찰 개혁은 조국 가족범죄단을 수호하고, 정권의 비리를 덮고 국민의 입에 재갈을 물리기 위한 것.

나치에게는 '게슈타포'
문재인에게는 '공수처'

1933년 독일 나치가 집권한 후 첩보활동 강화를 목적으로 '게슈타포'라는 이름의 기관을 만들었습니다. 일년 뒤 하인리히 힘러가 게슈타포 장관으로 취임한 후 보안 경찰의 하부조직으로 편입되며 전국적인 비밀경찰 기구로 발전했습니다. 게슈타포(비밀경찰)은 나치 정권에 맞서는 반反나치 인사들을 사찰하고 죄를 뒤집어씌워 정치적 사형을 단행했습니다. 유대인들의 집단 거주지를 감시하고, 작은 잘못이 발견되면 추방하고 살인했습니다.

권력기관을 개혁한다는 미명하에 설치된 고위공직자범죄수사처(이하 '공수처')가 사찰논란으로 시끄럽습니다. 무소불위의 검찰을 견제한다는 설립취지가 무색해질 정도로 무법 권력을 행사하고 있습니다. 민간인들을 사찰한 사례가 드러나면서 공수처의 존립에 의문을 제기하는 국민들이 많아지고 있습니다. 이성윤 서울지검장의 공수처 황제 조사를 탐사보도했던 조선일보 기자가 통신조회를 당했습니다. 야당 국민의힘 다수 의원 108명 중 86명이 '전화 뒷조사'를 당했습니다. 민간학회 회원, 외국계 기업 임원, 외신기자 등 공직 비리와 무관한 민간인도 통신조회 대상이 됐습니다. 윤석열 대선 후보 부부의 통신기록도 들춰봤습니다.

공수처를 출범시키기 위해 여당은 "공수처가 야당을 탄압하기 위한 것이라 하는 것은 오해다. 공수처 수사대상인 고위공직자는 대부분 정부 여당"이라고 했습니다. 하지만 현 시점 이들의 말은 거짓임이 드러났습니다. 공수처 통신자료 조회 대상 정치인은 모두 야당 인사였습니다. 적당히 섞어 가며 했었어야지 이렇게 티나게 행동하면 어쩝니까. 공수처가 멍청하다는 얘기가 나올 법합니다.

공수처 출범 후, 1호 수사대상으로 서울교육감 조희연을 지목했습니다. 저는 그 뉴스를 듣는 순간, '아! 국민들을 속이기 위한 액션을 취하는구나'라는 생각을 했습니다. 친여권 인사를 상징적으로 수사 대상 1호로 지목하고, 다음 수사는 야당으로 향할 것이라는 추측을 했습니다. 아니나 다를까 공수처의 조희연 수사는 트릭이 맞았습니다. 거물급이 아닌 고위공직자 비리는 현 정권에서 차고 넘치지만 공수처는 엉뚱하게도 야당과 관련된 수사만 진행하고 있습니다. 그 중 윤석열 후보와 관련된 사건만 네 개 입니다. 이는 선거 중립 위반이며, 명백한 선거 개입입니다.

공수처의 이런 편향된 수사에 사찰과 미행을 악惡으로 여기던 민주화 건달들은 침묵하고 있습니다. 오히려 두둔하고 있습니다. 자신들이 민주화 운동할 때 사찰과 미행은 불법이지만 자기들이 권력을 잡은 뒤에 권력 유지를 위한 비밀 사찰은 용인하고 있습니다. 이래서 민주화 건달이란 말이 나오는 겁니다.

나치 독재의 게슈타포가 다시 되살아나고 있습니다. 여러분의 통신기록은 안녕하십니까? 오늘부터 일주일 단위로 통신사 홈페이지에서 내 통신기록을 누가 조회했는지 살펴봐야겠습니다. 검찰 개혁을 줄기차게 외쳐대던 이유가 바로 여기에 있었습니다. 권력유지를 위해 정적을 제거하는 역할을 공수처가 하고 있습니다. 깨시민 여러분, 당신들은 아직도 들겠습니까? 자칭 깨어 있는 시민이라는 분들이 들고 일어나야 합니다. 못하겠다구요? 촛불은 이럴 때 드는 겁니다.

에필로그

7월 한 여름 무더운 더위 속에 쓰기 시작한 책이 쉴 틈 없이 달려와 마무리 되었습니다. 탈고하는 과정 속에 수면 부족과 과로로 병을 얻기도 했습니다. 아직도 진행 중이라 몸과 마음이 지쳐 있지만 틀렸다고 생각하는 것에 대해 할 말을 하니 속이 후련합니다. 주변에서 저와 함께 뜻을 같이해 준 동지들에게 깊은 감사의 말씀 올립니다.

사실적시 명예훼손과 저작권이라는 장애물 때문에 책을 완성하고도 출판을 미룰 수 밖에 없었던 시기에 법률 검토를 맡아 주신 변호사님께 진심으로 감사의 말씀 올립니다. 이 책이 나오기까지 옆에서 응원하고 생각을 나눈 평생 동반자와 가족 및 동지 여러분(화천대유, 뇌천대장, 천화동인 1~7호), 출판 과정에 도움을 주신 여러분들께 깊은 감사의 말씀 올립니다. 아울러 반일 선동에 대한 비판 자료를 인용할 수 있도록 허락해 주신 이영훈 전 서울대 교수님과 주익종 박사님께 진심으로 감사드립니다.

출판을 위해 여러 출판사들과 접촉했습니다. 출판에 난색을 표하는 출판사들이 꽤 있었습니다. 책의 내용은 좋으나 정권을 비판하는 내용이 많아 부담스럽다는 이유였습니다. 표면적으로 드러나는 보복보다는 은근한 보복이 많아 겁이 난다고 했습니다. 예전 정권은 지금처럼 이렇게 공인에 대한 비판을 억압하지 않았다고 합니다. 전 정권보다 지금이 더 냉혹하다는 말도 들었습니다. 출판문화산업진흥원은 출판 문화를 장려해야 하는 책무가 있습니다. 저와 출판 계약을 맺으려 했던 출판사가 출판문화산업진흥원에 몇 가지 자문을 구했더니 법적 다툼의 여지가 많고 정치인 비판이 너무 많다는 이유로 출판을 하지 않았으면 좋겠다는 답변을 받았다고 합니다. 무엇이 그리 두렵습니까? 결국 저는 독립 출판을 해야만 했습니다. 모든 법적 책임은 제가 집니다. 혼자서 싸우더라도 할 말을 해야겠습니다. 멍하니 앉아서 '독재의 길', '노예의 길'로 가는 여정에 동참하기에는 피 끓는 심장이 생생합니다.

어쩌다 이렇게 내 생각도 자유롭게 표현할 수 없는 세상이 된 것인지, 안타까운 마음 표현할 방법이 떠오르지 않습니다. 지금 정권은 그들 스스로 민주화를 이룩했다고 자부하는 세력들입니다. 그들은 민주화 시대라고 말하는데 왜 국민들은 동감할 수가 없는 것이죠. '광화문 광장에서 김일성 만세를 외쳐도 용인되는 세상'을 누군가 말했을 때 환호했던 사람들 아닙니까. 지나간 역사에 대해서 획일된 생각만을 획책하며, 다른 생각은 금기시하는 세상으로 만들어 버렸습니다. 내 생각을 소신껏 말했다가는 범죄자가 됩니다. 국민들의 입을 틀어막고, 그들만의 왕국을 만들려는 시도는 이제 끝나야 합니다. 찐시민들이 침묵하지 않고 심판할 시기가 언젠가는 오겠지요.

어렸을 적 〈유머 일번지〉에 나오던 '회장님 회장님 우리회장님'에서 보던 정치 풍자를 요즘은 볼 수 없습니다. 군부독재 시절에도 암묵적으로 허용되던 정치 풍자를 코미디언들이 시도할 엄두조차 내지 못하고 있는 현실입니다. 연예인들이 정권의 눈치를 보면서 정치 풍자도 못하는 시대는 군부독재시대 입니까, 민주화 시대입니까. 정권에 아부하며 기생하는 연예인들은 지방자치단체의 강연을 돌면서 1회 강연료로 수천만 원을 수령하기도 합니다. 어떤 코미디언은 정권에 우호적이지 않다는 이유로 말솜씨가 출중하고 위트가 넘치지만 여러 방송에서 하차했습니다. 정치 풍자를 포기하는 연예인이 사라진 이유는 여기에 있습니다. 정권에 편승하면 승승장구, 정권을 비판하면 쪽박.

정치적으로 풍자할 사안들은 이전 정권보다 지금 정권이 훨씬 더 많습니다. 부동산 투기 내로남불, 입시 비리 내로남불, 반일 선동 내로남불 등의 풍자 소재는 다양하지만 전 정권의 실정을 비판하던 연예인들은 입을 꾹 다물고 있습니다. 오히려 현 정권의 실정을 부정하고, 아부하며 기생하는 코미디언들이 넘쳐납니다. 개그콘서트가 얼마 전 폐지됐습니다. 코로나 영향도 컸겠지만 정부의 정책 실패로 삶이 힘든 국민들의 가슴을 시원하게 뚫어 줄 정치 풍자가 없었기 때문이라 생각합니다.

대답 없는 메아리처럼 허망한 것이 없습니다. 소리를 쳤으면 메아리가 있어야지요. 비판도 마찬가지입니다. 대안이 있어야 이유있는 비판이라 생각합니다.

첫째, 내로남불 감시기구를 운영하십시오. 이번 정권은 내로남불로 망해 가고 있습니다. 폭망할 겁니다. 그것도 아주 폭망할 겁니다. 전 정권이 대통령과 주변 몇몇 사람들의 실책으로 정권을 잃었지만 이번 정권의 실수는 규모가 엄청납니다. 실책들을 감시하는 역할을 제대로 못했기 때문입니다. 이번 정권의 실책은 다음 정권의 타산지석이 되어야 합니다. 내로남불을 감시하고 제어할 수 있는 기구를 만들어 대통령에게 직언 할 수 있는 통로를 마련해야 합니다.

조국의 실책을 2019년에 깨끗하게 처리하겠다는 대통령의 의지만 있었다면 지금 이 지경에 이르지는 않았을 겁니다.

둘째, 부동산 급등은 이제 되돌릴 수 없는 현실이 됐습니다. 지금 현 시점은 부동산 안정 대책보다는 은행 금리 상승으로 인한 가계 부채 부담이 증가하고 부실로 이어지는 고리를 사전에 방지하는 대책이 필요한 때입니다. 은행 금리가 5%대 까지 오른다는 전망이 있습니다. 현실화된다면 대한민국에 곡소리가 울려 퍼질 겁니다. 정부가 알고도 방치한다면 민심 이탈을 각오해야 할 겁니다. 또한 부동산 안정을 위한 수도권 아파트 공급을 늘릴 수 있도록 규제를 완화해야 합니다.

셋째, 미국과의 동맹을 강화해야 합니다. 세계는 글로벌 스탠다드가 아니면 살아남기 어렵습니다. 글로벌 스탠다드와 반대로 간 나라들은 어김없이 나락으로 떨어졌습니다. 기업의 자유로운 경제활동을 보장하고, 인권 보호를 위해 법을 준수하며, 언론과 출판 집회의 자유를 보장하는 것이 글로벌 스탠다드의 한 부분이라 할 수 있습니다. 중국은 이와는 반대로 하고 있습니다. 중국의 여러 기업인들이 몇 달간 사라졌다가 등장하고, 신장위구르와 티베트의 독립을 막기 위해 인권을 탄압하고, 홍콩의 자유로운 출판집회의 자유를 억압하고 있습니다. 우리와 무역 규모가 상당하다는 이유만으로 중국을 택해서는 안 됩니다. 언젠가는 국제사회로부터 외면당할 것이 뻔합니다.

넷째, 북한과의 관계를 개선해 협상의 테이블로 끌어들여야 합니다. 끌어들이는 방법은 무조건적인 지원과 달래기가 아니라 북한 스스로 들어오게끔 해야 합니다. 미사일 도발과 같은 스스로 무덤파는 행위를 하더라도 모르는 척해야 합니다. 목마른 놈이 우물판다는 말이 있습니다. 이밥에 고깃국을 인민들에게 먹이려면 경제 성장을 해야 하는 북한이 스스로 협상 테이블로 나오도록 해야 합니다. 제발 파블로프의 개처럼 반응하지 맙시다.

다섯째, 자유시장경제체제의 근간을 흔드는 전체주의적 정책들을 배척해야 합니다. 자영업자의 어려움을 덜어 주기 위해 '음식점 총량제'를 하겠다는 발상의 결말은 뻔합니다. 음식점을 해서 생계를 이어 가겠다는 국민들의 자유의지를 제한하겠다는 것으로, 음식점이 줄어들면 소비자는 비싼 가격에 음식을 구매할 수 밖에 없으며, 음식점 간의 경쟁이 없으므로 맛 있는 음식을 기대할 수 없습니다. 자유와 경쟁은 인류를 발전시킨 원동력입니다. 자유와 경쟁을 금기시하고 국가가 통제를 하면 어떤 일이 벌어지는지 우리는 알고 있습니다.

하고 싶은 말이 정말 많은데 여기서 멈춰야 하는 것이 아쉽습니다. 이 글을 보고 불편한 감정을 갖는 분들이 많을 거라 생각됩니다. 평범한 가정의 아줌마와 아저씨들이 대한민국 집권 세력의 잘못을 꼬집은 것이라 생각해 주시기 바랍니다. 자본주의의 폐해가 있는 것은 사실이나 지금까지 나온 가장 안정적인 사회 시스템이라 생각합니다. 자유가 억압되고, 국가가 모든 일을 통제하는 곳에 사는 국민들의 삶은 피폐합니다. 우리 자식들에게 그런 사회를 물려주고 싶진 않습니다. 내 생각을 마음껏 표현할 수 있고, 도전 정신으로 사회를 변화시키려는 건강한 생각을 가진 사람들이 넘쳐나는 세상을 그려 봅니다.

욕설은 형수에게 지껄이고 사과는 국민에게, 잘못은 조국 가족이 하고 사과는 그분이 대신하는 비정상적인 세상입니다. 일자리는 정부가 아닌 기업이 만든다는 간단한 기본 상식을 5년 만에 깨닫고 바른 말하는 그분. 입바른 소리 잘하기로 소문난 사람이 5년 전에는 왜 침묵하고 있었나요. 기독교인의 표를 얻고 싶어 10년 동안 한 번도 출석한 적 없는 교회의 장로라 자랑하는 그분. 민간 부동산 개발업자들이 푼돈 투자해서 수천 억 원의 부동산 개발이익을 볼 수 있도록 설계했지만 단군 이래 최대 공익환수 사업이라 포장하는 그분. 단군 이래 최대 공인환수 사업을 같이 한 부하 직원들을 모르쇠로 일관하지만 30년 전 투자한 작전주는 기억하시는 그분. 인생의 걸림돌이 된다면 눈에 넣어도 아깝지 않은 친아들도 남이라며 손절하는 그분. 친형을 손절하고 형수에게 쌍욕을 퍼붓던 그분. 대한민국 국민이라고 손설 예외가 될 수 없습니다. 국민들도 쌍욕의 예외가 될 수 없습니다.

요즘 유난히도 '자유'라는 단어가 패싱되는 광경을 자주 목격합니다. 2018년 개헌 초안, 역사교과서 국가 정체 서술에서 '자유'가 빠질 뻔했습니다. 자유에 갈망하는 시대가 올지도 모르겠습니다. 민간인을 권력기관이 정당한 사유없이 사찰하고, 언론인을 통제하고, 야당 정치인을 뒷조사하며, 말 잘듣는 언론사에 공공기관 광고를 몰아준다고 합니다. 언론중재법(징벌적 손해배상제)을 도입해 언론의 정권비판 역할에 수갑을 채우려 합니다. 범죄 혐의도 없고 재판에 회부되지 않은 기업인이 "미안하다, 고맙다."라는 글을 SNS에 올리며 현 정권을 비판하자 통신조회를 당했습니다. 이는 명백히 언론과 국민, 기업인의 입을 틀어 막으려는 시도입니다. 문비어천가를 부르며 우상화도 서슴치 않습니다. 국민들의 사상을 통제하고 표현의 자유를 억압하며, 독재자를 우상화하는 과정. 독재 정권으로 가는 전형적인 루트입니다. 우리 할아버지 할머니들이 목숨 걸고 피로 지켜낸 자유 대한민국이 사라질지도 모릅니다.

나라 곳간에서 돈을 빼갈 정책만 궁리하며, 채워 넣을 생각은 없는 정책들이 판을 칩니다. 생명이 위독한 암환자는 건강보험적용을 받지 못하는 약 때문에 온 집안이 풍비박산 날 지경인데, 생명과 아무 지장 없는 탈모 증상을 겪는 탈모인의 표를 얻기 위해 탈모 치료를 국가에서 책임진다고 합니다. 쌍꺼풀 수술도 건강보험에 적용되는 시대가 멀지 않았군요. '암환자가 먼저다'라고 알려 주고 싶습니다. 3년 내 건강보험적립금이 바닥난다고 합니다. 더 빨라질 수도 있겠습니다.

누군가가 말했습니다. "베네수엘라행 특급열차를 탈지도 모른다." 베네수엘라행 기차의 기관사는 여러분이 원하는 대로 운전할 뿐입니다. 기관사는 목적지에서 벌어지는 일에 대해서는 책임지지 않습니다. 내 책임이 아니라고 손절하겠지요. 배급과 포퓰리즘에 길들여진 '노예의 길'을 택한 사람들이 넘쳐나고, 단군 이래 한 번도 경험해 보지 못한 세상을 자랑거리로 내세울지도 모릅니다. 여러분 지옥을 경험하고 나서 2022년을 떠올리려 하십니까?

오늘은 멸치와 콩을 사러 이마트에 가야겠습니다. 우리 아이들이 좋아하는 자반고등어와 유부도 사야겠습니다. 어떤 나라에서는 자반고등어와 유부를 돈 주고도 살 수 없다고 합니다.

독자 의견 및
내로남불 제보

읽어 주셔서 감사합니다. 문의하실 내용이나 비판, 내로남불 제보는 아래의
QR 코드를 활용하시면 됩니다.